KB274812

자본의 시대에서 인간의 시대로

21세기 글로벌 캐피털리즘의 실체

이해준 지음

들어가는 말
자본주의의 새로운 유령, 글로벌 캐피털리즘

자본주의가 낳은 새로운 유령이 지구촌을 떠돌아다니고 있다. 이 유령은 한 사회 또는 국가에 서서히 다가와 그 사회체제를 완전히 다른 모습으로 바꿔놓는가 하면, 한 사회에 일정한 틈이 보이면 느닷없이 나타나 기존질서를 송두리째 흔들어버리고 만다. 일단 이 유령의 사정권 안에 들어서면 아무리 강력한 자라도 여기서 벗어날 수 없다. 움직이면 움직일수록 몸을 조여오는 특수한 형틀처럼, 여기에서 벗어나기 위해 몸부림을 치면 칠수록 이것이 가져다주는 고통은 더욱 커진다.

유령의 지시와 요구에 따라 사회체제를 완전히 바꿈으로써, 그 유령이 만족할 만한 자유를 누리며 자신을 확대 재생산하도록 해야만 한다. 그러면 그 유령은 자신의 분신—동시에 더욱 강력한 파괴력과 더욱 넓은 활동공간을 지닌 분신—을 생산해 다른 공격목표를 향해 지구촌 사회를 다시 배회한다. 사냥감을 노리는 사자처럼, 끈덕지게 달라붙는 하이에나처럼, 이 유령은 지구촌 사회의 허점을 찾아 한시도 쉬지 않고 움직인다. 지금까지 지구촌 곳곳이 간직해왔던 독특한 문화와 생활양식은 더 이상 의미가 없다. 오로지 이 유령이 만들어내는 새로운 질서, 새로운 가치만이 의미를 지닐 뿐이다.

그러나 이 유령은 험상궂은 모습으로 다가오지 않는다. 항상 합리주의라는 탈을 쓰고 다가온다. 때문에 엄청난 파괴력에도 불구하고 그 실체를 제대로 파악하기 힘들다. 또 이 위장된 합리주의에 대한 숭배자들이 지구촌 곳곳에서 소리 높여 이 유령을 칭송한다. 때문에 이 유령의 잠재적 파괴력은 더욱 더 커진다.

이 유령이란 과연 무엇인가. 바로 '신(新)자유주의', '미국식 자본주의'를 지도이념으로 하는 '글로벌 캐피털리즘'이라는 유령이다. 이전에는 경험해보지 못한 새로운 자본주의 체제가 우리 앞에 다가오고 있는 것이다. 현대 자본주의가 위기에 봉착한 1980년대 초부터 모습을 드러내기 시작한 이 유령은 20년 가까운 세월동안 나름대로의 논리를 개발하면서 세계 곳곳을 단계적으로 지배해왔다. 1990년대 들어서는 서방자본의 지원과 여기서 형성된 막강한 힘까지 행사하며 본격적으로 세계질서를 개편해 이제 '유령의 제국', 즉 '자본의 제국'을 만들고 있다.

그 유령은 1997년 말 국제통화기금(IMF) 관리체제라는 이름으로 우리 사회에 찾아왔다. 수십 년 동안 쌓아온 경제기반이 하루아침에 허물어지면서 많은 사람들이 직장을 잃고 가정을 잃었다. 유령에 포위돼 아예 삶의 희망을 잃어버린 사람들은 혼자 또는 가족이 함께 목숨을 끊기도 했다. 보험금을 타내기 위해 제 아들의 손가락을 자르고, 멀쩡한 자신의 다리를 자르는 어처구니없는 일들도 벌어졌다.

다른 한편에서는 '이대로'를 외치며 늘어나는 부(富)를 즐기는 부류가 생겨났다. 첨단기술을 개발해 수십억, 수백억 원의 '떼돈'을 번 성공사례가 잇따라 소개됐고 주식 옵션(Stock Option)으로 수십억 원의 연봉을 챙기는 기업경영인들도 속속 등장했다. 국민들은 현재의 일자리를 잃을까 노심초사하면서 이러한 '떼돈'의 신기루를 찾아 주식시장으로, 부동산시장으로 뛰어들었다.

혼란스럽기만 하던 IMF 체제가 1년 반 정도 지나자 우리 사회는 외면상 다시 금융위기 이전으로 돌아간 듯한 모습을 보이기 시작했다. 주가는 연일 몰려드는 '뭉칫돈'에 힘입어 폭등세를 연출해 금융위기 이전 수준을 훌쩍 뛰어넘었고 금리는 당시보다 훨씬 더 떨어졌다. 정부는 달러가 넘쳐 오히려 원화가치가 평가절상되는 것을 우려하는 상황이 되어버렸다. 1999년 1·4분기 경제성장률도 외환위기 이전보다 높은 4.6%를 기록했다. 한때 한국시장에서 서둘러 철수하던 외국자본이 속속 돌아오는 가운데 자동차는 물론 백화점과 고급의류 등의 판매고도 급신장했고 골프장은 다시 만원이 되었다.

그러나 우리 사회는 이전의 모습으로 돌아간 것이 아니었다. 그 이면에는 고실업의 고통과 빈부격차의 확대, 사회적 소외, 국가정체성의 상실, 인륜파괴적 범죄 등이 더 늘어나고 심화되었다. '경쟁우위'와 '높은 생산성'만이 유일한 가치로 받아들여지면서 황금만능주의가 판을 치고 인간성과 사회공동체는 파괴되었으며, 만인에 대한 만인의 투쟁이 일상화되고 있다. 지표상 경제가 회복되더라도 이러한 사회지표는 쉽게 개선될 것으로 보이지 않는다. 오히려 더 악화되고 고착화될 가능성이 높다. 이런 가운데 우리 경제의 대외의존도는 더욱 높아지고 있다. 주식시장은 미국 금융시장 변화에 따라 춤을 추는 등 외적 충격에 쉽게 휘둘리는 체제가 되었다.

그것은 미국식 자본주의, 즉 규제완화, 시장개방, 공기업 민영화 등 시장원리를 절대적인 것으로 여기는 신자유주의적 IMF 구조조정 프로그램이 가져온 당연한 결과이다. 이른바 '글로벌 캐피털리즘'이라는 새로운 유령이 IMF 체제를 통해 우리 사회를 장악한 것이다. 이는 멕시코, 브라질 등 남미를 비롯해 아프리카, 동구, 그리고 다른 아시아 국가들이 이미 경험한 것으로 우리나라도 이들의 전철을 밟고 있는 것이다.

이제 이에 대한 진지한 반성을 할 때가 되었다. 시장경쟁원리가 가져다주는 경제적 효율성의 장점을 수용하면서도 그 이면에서 독버섯처럼 자라나는 각종 사회문제를 동시에 고려하는, 보다 넓은 시각에서 우리 사회의 장기적인 발전전략을 모색해야 한다. 그래야만 뼈를 깎는 구조조정 작업이 진정으로 인간다운 사회를 만드는 기초가 될 수 있기 때문이다.

이러한 문제의식에 입각하여, 한국경제 구조조정은 물론 세계자본주의 체제개편의 이념적 기반이 되고 있는 신자유주의, 미국식 자본주의와 이를 기반으로 형성되고 있는 글로벌 캐피털리즘 체제를 비판적으로 고찰하려는 데에 이 책의 1차적인 목적이 있다. 나아가 이를 통해 경제적 효율성과 시장의 원리만을 절대적인 것으로 여기는 글로벌 캐피털리즘의 한계를 뛰어넘어, 진정으로 인간다운 사회를 건설하기 위한 하나의 준거를 제시하고자 한다.

이 책은 모두 4부로 구성되어 있다. 제1부에서는 세기말 자본주의가 글로벌 캐피털리즘이라는 새로운 체제로 변화될 수밖에 없는 세 가지 역사적 필연성을 다루었다.

제2부에서는 자본주의 체제개편의 현장과 그 기저에 흐르는 큰 변화를 살펴보았다. 특히 1997년 하반기 동아시아 금융위기에서부터 1998년 말~99년 초 세계경제위기가 최고조에 달할 때까지의 상황을 중심으로 이를 추적했다. 자칫 상호연관성이 없는 것처럼 보이는 당시의 격변이, 사실은 글로벌 캐피털리즘을 향해 가는 거대한 물줄기의 한 지류였다는 사실이 명백히 드러날 것이다. 마치 IMF 체제를 벗어난 것과 같은 현재의 입장에서 바라보면 '한때의 소란'으로 치부될 수도 있지만, 당시의 상황은 세기말 자본주의 체제개편 작업이 급속도로 이루어지던 한편의 드라마와 같았다.

제3부에서는 이러한 격변을 통해 모습을 드러내고 있는 글로벌 캐피털리즘의 실체를 다루었다. 분명히 글로벌화는 인류역사의 발전적인 측면을 지니고 있음이 분명하다. 그러나 고삐 풀린 자본이 그 변화를 주도하고, 인간은 오히려 자본의 논리, 시장의 논리에 종속되면서 점점 불행에 빠지고 있다. 제3부는 이 불행한 현장의 기록

이며 불행의 원인에 대한 논리적 재구성이다.

제4부는 자본주의 체제개편 과정에서 나타나는 국지적 순환공황과 미국식 자본주의의 운명, 그리고 이를 극복할 대안을 다루었다. 특히 70년대 이후 주기적으로 나타나고 있는 국지적 공황이 세계체제 개편과정과 어떤 관계를 지니고 있는지 살피는 데 중점을 두었으며, 서유럽 신좌파들의 제3의 길이 지니고 있는 의미와 글로벌 캐피털리즘을 극복하고 새로운 대안을 마련하기 위한 기본틀을 살펴보았다.

이 책이 이러한 모든 궁금증에 대해 명쾌한 답변을 제시하고 있다고는 생각하지 않는다. 다만 명쾌한 답변을 찾기 위해 반드시 필요한 자본주의 체제개편의 본질에 대해 일관된 틀을 가지고 분석하려 했다. 분석의 객관성을 높이기 위해 국내외의 사례를 최대한 소개하려고 노력했다. 현장의 변화사례를 하나의 분석 틀 속에 용해시킴으로써, 사물을 바라보는 새로운 시각을 제시하는 것이야말로 저널리스트의 중요한 역할 중 하나라고 믿는다. 이들 사례를 다시 한 번 되짚어보는 것만으로도 체제개편의 본질에 한 발 가까이 다가가는 지름길이 될 것으로 생각한다.

현장감각만을 지니고 있던 한 기자의 다듬어지지 않은 생각들이 한 권의 책으로 꾸며지기까지 많은 사람들의 도움을 받았다. 1998년 여름 이 책의 주제에 관한 필자의 생각을 들어주고 밤새워 토론을 벌인 역사문제연구소의 연구위원들은 책의 골격을 가다듬는 데 큰 도움을 주었다. 국제경제 동향에 관한 귀중한 자료들을 선뜻 제공해준 삼성경제연구소 관계자들에게도 감사의 마음을 전한다. 2년여 동안 내외경제신문 뉴욕 특파원으로 근무하며 국제금융시장 동향을 현장에서 취재해온 김영한 선배와 최근까지 월간 ≪순국≫의 편집책임을 맡아왔던 김미영 씨는 필자의 생각이 지니고 있는 논리적 함정을 날카롭게 지적해 바로잡도록 해주었다. 가족과 아내에 대한 고마움도 빠뜨릴 수 없다. 책을 쓴답시고 명절 때조차 제대로 찾아뵙지 못한 고향의 부모님께 이 자리에서나마 용서를 빌며, 장인 장모님께서는 자식을 잃은 슬픔에서 하루빨리 벗어나시길 빈다. 몇 개월 동안 가정을 내팽개치다시피 하고 이 일에 몰두할 수 있도록 허락해준 아내에게는 뜨거운 사랑을 전한다. 박사학위 논문을 준비하느라 눈코 뜰 새 없이 바빴던 아내는 사랑하는 사람들을 떠나보내는 슬픔 속에서도 필자를 헌신적으로 도와주었다. 이 밖에 여기에서 언급하지 못한 많은 선후배, 그리고 동료기자들의 격려와 질책이 없었다면 이 책이 나오지 못했을 것이다. 난삽한 글을 깔끔한 한 권의 책으로 만들어준 도서출판 한울의 편집진에게도 감사의 뜻을 전한다. 여러 사람들의 지적에도 불구하고 미처 고치지 못한 결함들은 오로지 필자의 책임이라는 점을 아울러 밝혀둔다. 마지막으로 이 책은 한국언론재단의 언론인 연구저술활동 지원으로 출판되었음을 밝힌다.

모쪼록 이 책이 방향감각을 잃고 방황하는 세기말의 독자들에게 진정으로 인간다운 삶이 무엇인가를 발견하고, 함께 고민하는 자극제가 되기를 감히 빌어본다.

1999년 7월

이해준

자본의 시대에서 인간의 시대로 /차례
—21세기 글로벌 캐피털리즘의 실체

제1부

세계자본주의의 재편성

제1장 왜 글로벌 캐피털리즘인가?

소도시에 불어닥친 해고바람

미국 앨라배마 주의 먼로 카운티는 수려한 자연환경과 풍부한 천연자원으로 유명하다. 애팔래치아 산맥 남쪽 끝자락에서 발원한 앨라배마 강이 침엽수림으로 빽빽이 들어찬 산야를 지나 먼로 카운티를 가로지르고, 그 사이사이에 별장처럼 늘어서 있는 주택들은 그야말로 미국의 전형적인 전원풍경 그 자체이다. 한 여인이 어린 시절을 회상하는 방식을 빌려 인종차별 문제를 다룬 소설 『앵무새 죽이기(*To Kill a Mockingbird*)』로 1961년 퓰리처 상을 받은 여류작가 하퍼 리의 고향이자 이 소설의 무대이기도 하다. 경제적으로도 이곳은 풍부한 삼림자원을 바탕으로 안정된 성장을 구가해왔으며 2만5천 명의 주민들은 평온하게 살아왔다.

이런 먼로 카운티에 1998년 1월에 느닷없이 태풍이 몰아쳤다. 이 지역 주민들이 처음으로 경험한 신종 '태풍'이었다. 그것은 태평양 건너 인도네시아에서 불어왔다. 먼로 카운티의 주민들에게 당시 동아시아에서 벌어지고 있던 금융위기는 그야말로 '바다 건너 불'만 같았다. 그러나 그것은 남의 일이 아니었다. 바로 이웃 동네의 일보다 더 밀접한 관련이 있는 '자신의 일'이었다. 금융위기로 인도네시아가 펄프수입을 사실상 중단하자 먼로의 앨라배마 리버 펄프공장과 앨라배마 파인 펄프공장이 경영난에 봉착, 일시적으로 문을 닫는 바람에 9백 명의 노동자 가운데 7백 명이 하루아침에 일자리를 잃어버린 것[1]이었다.

뉴욕에 근거지를 두고 있는 대형 제지업체인 파슨스 앤드 휘트모어(P&W)의 면로 공장은 연간 매출이 15억 달러 상당으로 이 지역 주민들에게 많은 일자리를 제공하고 있었다. 특히 이전의 주력산업이었던 의류가 중남미 국가들의 저임금 공세로 타격을 받은 1980년대 말부터 펄프 및 제지산업은 이 지역 주민들의 중요한 삶의 터전으로 자리잡고 있었다.

이 지역의 펄프와 종이는 주로 인도네시아로 수출되고 있었는데 금융위기로 인도네시아 루피아화가 달러당 2,400루피아에서 16,000루피아로 무려 80%나 폭락하자 인도네시아로의 수출이 중단되어버린 것이었다. 파슨스 앤드 휘트모어 사에서 상당량의 펄프를 수입했던 인도네시아의 아시아 펄프·제지회사(APP)는 반대로 펄프 재고분으로 종이를 생산, 수출에 나서기까지 했으니 파슨스 앤드 휘트모어 사가 받은 타격을 헤아리고도 남는다. 동아시아 금융위기의 태풍이 태평양을 횡단해 면로 지역을 강타한 것이었다. 앨라배마 주 산업개발청의 통계에 따르면, 이로부터 1년이 지난 1999년 1월 현재 면로 카운티의 실업률은 미국 평균보다 3배 이상 높은 15%를 기록해[2] 이 충격이 얼마나 컸던가를 가늠케 했다.

태평양을 횡단해온 이 태풍은 미국 남중부의 이 한적한 도시 주민들에게 세계지리 공부를 새롭게 시킨 계기가 되었다. 그러나 동아시아 금융위기 덕분에 세계지리 공부를 다시 한 사람들은 이들만이 아니었다. 비슷한 시기에 호주의 목축업자들은 동아시아, 특히 한국

---

1) "Impact of Asia's Turmoil Reaches Distant Shores", *Asian Wall Street Journal*, 1998. 3. 17.

2) 앨라배마 산업개발청(Alabama Industrial Development Office) 홈페이지. (http://www.frontiernet.net/~mcido/).

이 육류 수입을 사실상 중단3)하는 바람에 가격이 폭락하자 소를 공개 도살하는 시위를 벌이기도 했다. 알래스카의 어민들은 한국을 비롯해 동아시아 주민들이 선호하는 어묵용 어류의 수출이 격감해 울상을 지었다. 미국의 하이테크 업체들은 성장가도를 질주하던 아시아 시장의 갑작스런 상실로 막대한 손실을 입었고, 중동지역은 원유 수요가 급격하게 줄면서 가격이 폭락해 재정이 파탄위기에 몰렸다. 이러한 사례는 수없이 많아 일일이 열거하기조차 어려울 정도이다.

이제 특정지역의 경제가 자국보다 바다 건너의 환경변화에 더 민감하게 반응하는 시대가 되었다. 지구촌 경제(global economy)가 현실로 다가오고 있는 것이다. 먼로 카운티의 주민들은 미국경제가 아무리 호황을 구가해도 인도네시아가 펄프 수입을 재개하지 않는 한, 아니면 다른 수출선을 찾지 못하는 한 어려움을 겪을 수밖에 없고, 호주의 목축업자들도 한국, 일본 등 육류수입국의 경제여건에 더 많은 관심을 가질 수밖에 없다.

오늘날 유기체로 변한 세계자본주의는 이러한 상호작용의 차원을 넘어 특정국가가 독자적인 경제정책을 시행하는 것을 어렵게 만들기도 하는 아주 복잡한 양상을 띠고 있다. 발가락 사이에 난 작은 티눈이 정상적인 신체활동을 어렵게 하듯이, 지구촌 한구석의 경제적 어려움은 이제 그 지역만의 문제가 아니다. 그것은 그 지역의 문제일 뿐만 아니라 바로 세계경제의 문제이다. 기존의 경제학 이론으로는 해석하기도 어려울 뿐만 아니라 상황을 제대로 판단할 수 없는 일들이 지구촌 곳곳에서 벌어지고 있다. 세계최대의 채권국인 일본이 동아시아 금융위기의 수렁에 휘말려 들어가던 과정은 오늘날 세계자본주의 체제의 현주소를 아주 선명하게 보여준다.

---

3) 동아시아 금융위기로 한국경제가 파탄 지경에 몰렸던 1998년 1~2월 사이에 한국의 대호주 육류수입 규모는 670톤으로, 1년 전인 1997년 1~2월 사이의 9,330톤에 비해 10분의 1도 안 되었다. 호주육류공사 자료, *Asian Wall Street Journal, op. cit.*, 1998. 3. 17.

'일본경제'는 없다?

동아시아 각국이 금융위기의 수렁에서 헤어나지 못하던 1998년 6월, 요란한 비상벨이 일본열도를 뒤흔들었다. 국제금융시장의 투기꾼들과 외환딜러들이 일본 엔화를 무차별적으로 매각해 엔화가 폭락하기 시작했던 것이다. 불과 3년 전에만 하더라도 달러당 80엔까지 치솟았던 엔화 가치는 달러당 140엔대로 고꾸라졌다. 거의 9년만의 최저치였다. 태국에서 출발해 인도네시아, 한국을 거쳐 북상해온 금융위기가 드디어 일본에 상륙하는 것 아니냐는 분석과 함께 이대로 가다가는 전세계 금융시장이 통제할 수 없는 공황국면에 처할지도 모른다는 우려가 높아졌다.

국제금융시장의 전문가들은 일본이 금융개혁에 미온적인 태도를 취하고 있다고 비판했다. 또 일본은 수출중심의 경제구조에서 내수중심의 경제구조로 바꾸어야 하며 이를 위해서는 소득세를 낮추어야 한다고 주장했다. 미국의 클린턴 대통령과 로버트 루빈 재무장관, 그리고 국제통화기금(IMF), 세계은행 등 각종 국제기구의 수뇌부들도 나서서 일본에 대해 금융개혁을 포함한 경제개혁을 시급히 추진하고 소득세를 낮추라며 압력을 가했다. 엔화가 하락할 경우 그 타격을 받게 되는 동남아시아 각국도 '일본은 국제금융계의 요구를 수용함으로써 엔화를 조속히 안정시켜 금융위기의 확산을 막아야 한다'고 촉구했다. 그럼에도 불구하고 하시모토 류타로(橋本龍太郎) 정부가 경제개혁에 미온적인 태도를 보이자 이에 실망한 투자자들이 엔화를 내던지기 시작한 것이다.

엔화 가치하락을 일정하게 용인함으로써 수출부문을 활성화해 침체된 경제에 활력을 불어넣으려던 하시모토 정부는 궁지에 몰리지 않을 수 없었다. 동아시아 금융위기로 불안에 떨고 있던 전세계 지도자들이 모두 일본정부에 화살을 들이대며 '과감한 정책수정'을 요구하고 있었기 때문이었다. 더욱이 엔화 폭락이 세계금융공황의 진원지로 거론되는 마당에 일본정부로서도 자신의 입장만 고집하며 팔짱을 끼고 있을 수 없는 상황이었다.

결국 하시모토 정부는 국제금융시장과 국제사회의 요구조건을 들어주기로 약속하고 미국으로부터 엔화 방어를 위한 시장공동개입을 얻어냈다. 세계 2위의 경제대국 일본이 드디어 미국과 국제금융시장의 파상공세에 두손을 드는 순간이었다.

이처럼 엔화 가치가 폭락하면서 일본정부가 궁지에 몰리게 된 데에는 언뜻 이해하기 힘든 부분이 많았다. 물론 일본은 1990년대 초반 이후 거품경제 붕괴의 후유증으로 몸살을 앓고 있었던 데다, 경제관계가 밀접한 동아시아 각국의 잇따른 몰락으로 심각한 타격을 받고 있었다. 하지만 일본의 경제규모는 단일국가로는 미국 다음으로 컸고 외환보유고는 2,300억 달러로 세계최대였다. 게다가 일본은 강력한 국제경쟁력을 바탕으로 당시 막대한 무역수지 흑자를 내고 있었고 대외채무는 거의 없는 상태로, 한마디로 달러가 흘러넘쳤다. 국내총생산(GDP) 대비 국내저축률은 30%대로 다른 선진국인 미국이나 영국, 독일에 비해 10% 이상 높았다.

이에 비해 미국은 세계최대의 채무국으로 1997년 말 현재 순외채가 1조 달러에 달한 데다 1천억 달러가 넘는 막대한 무역적자를 냈고, 그 규모 역시 눈덩이처럼 불어나고 있었다. 물론 미국이 달러 발행권을 지니고 있는 국가이긴 하지만 공식 외환보유고는 645억 달러로 일본의 3분의 1에도 미치지 못했다. GDP 대비 국내저축률은 세계에서 가장 낮아 50여 년간 줄곧 하향곡선을 그려 1997년엔 17%에 머물렀다.

일본과 미국의 무역수지나 국내저축률 등 기존의 경제학 이론이 중시하는 지표들만 놓고 보면 일본 엔화는 강세를 보여야 마땅했다. 높은 저축률은 금리를 떨어뜨리고 투자를 촉진함으로써 경제발전을 이끌어내는 것으로 간주되기 때문이다. 일본의 막대한 무역흑자도 엔화 가치를 끌어올리는 요인이었다. 그러나 이와 달리 일본경제는 침체에 빠졌고 엔화는 약세를 거듭한 반면, 미국경제는 탄탄대로를

걸어갔다. 오히려 미국이 일본에 대해 전후 천문학적인 혹자를 가능
케 했던 정부—금융기관—기업 복합체 형식의 '일본주식회사' 시스템
을 걷어치우라며 큰소리를 쳤고, 일본은 쩔쩔매다 항복하기에 이르
렀다. 왜 그런가?

거기에는 물론 여러 가지 경제 내·외적인 이유가 있지만 가장 큰
원인은 역설적이게도 일본인들이 상품을 해외에 팔아 벌어들인 돈
을 일본에서 쓰지 않은 데 있었다. 일본인들은 소비하지 않고 열심
히 저축했다. 이렇게 모인 돈은 세계적인 금융기관들을 통해 더 높
은 수익을 찾아 미국으로, 유럽으로, 다른 아시아국가로, 중남미로
빠져나갔다. 특히 당시 수익률이 6% 안팎이었던 미국 국채는 가장
안전한 투자대상으로 일본 금융기관들이 무려 3천억 달러 어치 이
상을 보유하고 있었다.

기업의 수익률(주가상승률 또는 배당률) 면에서도 일본은 미국에 비
교가 되지 않았다. 미국기업들은 1980년대 초부터 진행된 가혹한
구조조정과 지속적인 규제완화로 경쟁력을 키워 최고의 이익을 내
는 조직으로 탈바꿈한 반면, 일본기업들은 종신고용제를 거의 그대
로 유지하고 있었고 전통적인 관치금융으로 경제효율성도 떨어졌다.

미국의 경우 저축률이 낮지만 기업에 대한 투자수익률이 높기 때
문에 세계금융시장을 떠도는 자금들이 몰려들어 지속적인 투자가
가능했고, 이에 따라 전후 최대의 호황을 구가할 수 있었다. 더욱이
미국인들의 왕성한 소비는 내수시장을 팽창시켜 경기확장을 이끌어
내는 핵심적인 역할을 했다. 반면 일본은, 국민들이 소비하지 않고
너무 열심히 저축해 부진한 경제를 더욱 어렵게 만들었고, 나아가
세계경제에도 짐을 지웠던 것이다.

이는 국민들의 저축률이 해당 국가의 경제발전에 더 이상 큰 문
제가 되지 않는다는 사실을 보여주고 있다. 기업의 수익률만 높이면
된다. 오히려 활발한 소비는 경제를 활성화시키고 투자를 촉진시키
며 고용기회를 늘린다. 일본인들은 불투명한 장래를 위해 더욱 열심

히 저축(내수 위축)함으로써 경제를 어렵게 만들고, 반대로 미국인들은 더욱 열심히 소비(내수 확장)함으로써 자국경제를 팽창시키는 새로운 현상이 나타나고 있는 것이다.[4]

따라서 국제금융시장과 미국, 그리고 IMF를 필두로 한 국제기구들은 일본에 대해 적극적인 소비진작책을 포함한 경제개혁을 단행해야 한다고 주장했던 것이며, 일본도 '글로벌 경제의 책임 있는 일원'으로 참여하기 위해서는 이 요구를 받아들이지 않을 수 없었던 것이다.

결국 독립적인 일본경제란 없는 셈이다. 오로지 세계경제 속의 지역경제만이 존재할 수 있고 또 의미를 지닐 수 있다. 국가경제와 세계경제의 패러다임이 근본적으로 바뀌고 있는 것이다. 여기서 벗어나 독자적인 길을 가려 할 경우 국제금융시장은 물론 세계자본주의 체제가 이를 허용하지 않는다.

글로벌 캐피털리즘 시대

이런 현상은 오늘날 한 국가의 단일경제가 어떻게 새롭게 규정돼야 하는가를 잘 보여준다. 나아가 기존의 사고방식으로는 국제경제는 물론 국내경제조차 제대로 설명할 수 없게 되었다. 이제 근본적인 사고의 혁신만이 새로운 시대에 맞는 새로운 인식의 지평을 열수 있게 된 것이다. 세계자본주의가 이전과는 다른 새로운 체제로 바뀌고 있기 때문이다. 이것이 바로 경제의 세계화(Globalization)를 통해 형성되는 지구촌 단일경제체제, 즉 '글로벌 캐피털리즘(Global Capitalism)'이다.

증기 터빈과 방직기 개발을 통한 대량생산체제의 형성, 즉 산업혁명으로 지구상에 모습을 드러낸 자본주의는 본질적·태생적으로 세계화의 경향성을 지니고 있었다. 끊임없는 이윤의 확대와 가치증

---

4) "The Vice of Thrift", *The Economist*, 1998. 3. 21.

식을 자신의 존재기반으로 하는 자본은 이를 충족시키기 위해 탄생
초기부터 새로운 시장을 찾아 다른 지역, 또는 다른 나라로 확장해
나갔다. 무역확대라든가 자본수출, 또는 정치권력을 앞세운 제국주
의의 식민지 경영 등이 모두 이러한 자본의 세계화 속성을 반영한
것이었다.

외형으로만 본다면 '세계화'는 사실 새로운 게 아니다. 오히려 19
세기말~20세기초에 오늘날보다 더 활발한 세계화가 이루어졌다.
하지만 당시의 세계화는 오늘날의 세계화와 근본적으로 다르다. 동
시에 오늘날의 세계화는 2차 세계대전 이후 전개된 세계화와도 다
르다. 이 차이점은 세기말 글로벌 캐피털리즘의 모습을 살피는 데
도움을 준다.

자본주의 체제의 1차 세계화 시기라고 할 수 있는 1880~1914년
사이 팍스 브리타니카를 구축했던 영국의 GDP에서 자본수출규모
가 차지하는 비중은 평균 5%에 달했으며 일시적으로 7% 또는 9%
에 이른 경우도 있다. 같은 시기 프랑스와 독일은 자본수출규모가
상대적으로 작아 각각 3%와 2%를 기록했다. 전체적으로 1870년부
터 1차 세계대전 직전인 1914년까지 40여 년 동안 주요 자본수출국
의 GDP대비 자본수출 비율은 3.3%에 달했다. 이는 20세기말 세계
화가 급격하게 진행된 1990~96년 사이의 선진국 평균 2.6%에 비
해 훨씬 높은 것이다.

자본수입국의 해외자본 의존도도 19세기말에 매우 높아 1880년
대 호주의 경우 GDP의 9.5%에 달했고 캐나다는 6%를 기록했다.
1870~1914년 사이에 뉴질랜드는 국내투자의 3분의 1을, 호주와
스웨덴은 약 25%를 해외자본으로 충당했다. 이에 비해 1990년대
이머징 마켓(신흥성장시장)의 국내투자 대비 해외자본 의존도는 평균
10%에 불과했다.[5] 한마디로 지표상의 세계화는 20세기말보다 오히

---

5) IMF 보고서, *International Capital Market-Development, Prospect, and Key Policy
Issues*, 1997. 11., pp. 234~245.

려 19세기말에 더 활발히 전개되었던 셈이다. 인구의 국경간 이동도 매우 활발했다. 제국주의의 식민지 경영을 둘러싼 대규모 인구이동, 캐나다와 뉴질랜드, 호주 등 '신세계'로의 집단이주가 봇물을 이루었다.

하지만 19세기말~20세기초 '빅토리아 여왕 시대'의 세계화는 단순한 시장확대 또는 제국주의의 식민지 장악에 중점을 둔 것이었다. 세계화가 진행되더라도 이것이 세계경제 구조를 근본적으로 바꾸지는 못했다. 교통과 통신이 발달하지 않아 이러한 변화의 물결이 닿지 않는 곳에서는 여전히 이전의 생활양식과 경제방식이 유지됐다. '구세계' 사람들이 생활에 만족하지 못할 경우 새롭게 개척할 수 있는 북미와 기타 지역의 '신세계'가 남아 있었으며, 실제로 많은 사람들이 이를 찾아 떠났다. 한마디로 공업화가 이루어지지 않은 신개척국가의 일부지역만을 중심부 경제권에 편입시키는 '연안의 세계화'가 진행되었던 것이다.6)

그러나 오늘날의 세계화는 19세기말과 같은 도피처를 제공하지 않는다. 더 이상 신세계를 허용하지 않는, '퇴로가 없는 세계화'가 진행되고 있다. 이제는 교통과 정보통신기술의 비약적인 발달에 힘입어 중국과 인도의 오지를 비롯한 지구촌 전역의 수십억 명의 사람들을 지구촌 단일경제체제에 편입시키는 '내륙의 세계화'가 진행되고 있다.

20세기말의 세계화는 1, 2차 세계대전을 치른 후 1970년대까지 30여 년간 진행된 세계화 과정과도 다르다. 2차 세계화 과정이라고 할 수 있는 냉전시대의 세계화는 주로 관세인하나 무역장벽 철폐를 통한 국가간 상품이동의 확대 또는 차관확대처럼 독립적인 국가와 경제단위들이 세계시장에 참여하는 형태를 띠었다. 또 사회주의권을 제외한 세계인구의 3분의 2만을, 그것도 제한적으로 편입시킨

---

6) "Who's afraid of globalisation", *Financial Times*, 1998. 1. 8.

반쪽의 세계화였다.

이에 비해 1980년대 이후의 세계화는 상품과 자본, 서비스 등의 자유로운 이동을 보장하기 위한 실질적인 국경 제거작업을 동반하고 있다. 시장개방을 비롯한 무역규범에서부터 금융, 투자, 재정, 회계, 조세, 노동, 기술, 환경, 범죄, 독점규제 등 모든 경제분야에 대한 국제규범을 제정함으로써 언제, 어디서나 단일한 시스템 아래에서 경제활동이 이루어질 수 있도록 자본주의 체제 자체를 개편하는 작업이 진행되고 있는 것이다. 1990년대 들어서는 구사회주의권까지 포함하는 전지구적인 차원으로 확대되고 있다.

특정국가의 무역제도나 조세제도 또는 노동제도가 국제기준에 맞지 않으니 뜯어고치라는 얘기가 이젠 심심치 않게 들리고 있고 이것을 내정간섭이라고 주장하는 것은 뉴스거리—그만큼 내정간섭적인 일이 일상화되고 있다—가 될 정도이며 내정간섭이라는 말 대신 '세계내정(內政)'이라는 말이 일반화하고 있다. 1999년 3월 나토(NATO)의 유고공습은 이의 단적인 표현이었다. 유고는 국경을 넘어 다른 국가에 대한 침략이나 적대행위를 하지 않았다. 어찌 보면 알바니아계 코소보의 문제는 유고 내부의 민족갈등 문제일 따름이었다. 그렇지만 나토(NATO)는 '인권수호'라는 인류의 보편적 가치를 내세우며 '주권국' 유고를 공습했다. 이러한 형태의 '개입'은 전후 처음 일어난 것으로 지구촌 시대의 '내정'이 어떻게 이루어질 것인가를 짐작케 한다.

한마디로 이전의 세계화가 국가의 자기정체성(identity)을 기반으로 세계경제에 참여하는 '외연적 세계화' 과정이었다고 한다면, 오늘날의 세계화는 국가정체성 자체를 세계기준에 맞도록 변화시키는 '내면적 세계화', '총체적 세계화'라고 할 수 있다. 이것이 글로벌 캐피털리즘과 이전의 세계경제가 근본적으로 다른 점이다.

이러한 과정을 거쳐 세계는 단일한 생산공장이자 소비시장으로 통합되면서 새로운 유기체로 탈바꿈하고 있다. 거대한 생산공장처럼 오늘날의 지구촌 경제는 효율성을 높이기 위해 표준화를 추진하고, 이 표준화를 거부하는 단위들은 퇴장할 것을 요구받으며, 강제퇴출을 막기 위해서는 엄청난 충격에도 불구하고 표준안을 받아들여야 한다. 동시에 어느 한 공정에 문제가 생기면 전체 공장가동에 지장이 생기듯이 이제 특정지역, 또는 특정국가에서 문제가 생길 경우 이것이 세계경제에 연쇄적인 영향을 미치며 복잡한 상호작용을 일으킨다. 세계경제의 새로운 시스템, 즉 글로벌 캐피털리즘이 '작동'하고 있는 것이다.

그렇다면 글로벌 캐피털리즘이 20세기말 세계경제를 특징짓는 자본주의의 새로운 단계로 자리잡게 된 것은 무엇 때문인가? 이 문제, 즉 글로벌 캐피털리즘 형성의 필연성은 앞으로 제2~4장에서 살펴볼 핵심주제이다. 물론 오늘날 자본주의 체제개편을 촉진하는 요인은 수없이 많지만, 그 중에서도 가장 중요한 자본주의 체제 내·외적인 요인으로 다음의 세 가지를 꼽지 않을 수 없다. 그 첫째는 세계 단일시장을 필요로 할 정도로 광범위하게 축적된 서방선진국의 비대한 자본이며, 둘째는 현실 사회주의 붕괴로 인한 지구촌의 전일적인 자본주의 체제화이다. 셋째는 인류역사의 3차 혁명으로 간주되는 정보통신기술의 비약적 발달이다. 이들 자본주의 체제개편의 3대 필연성은 과거 인류역사의 어느 시기에도 찾아볼 수 없는 20세기말의 특징적인 현상이다. 이들은 상호작용을 일으키며 경제의 세계화를 가속화시켜 자본주의 질서의 근본적인 재편을 이끌어내고 있다.

제2장 넘치는 자본, 좁은 시장

시장이 너무 좁다

오늘날 자본은 숨쉴 공간이 필요하다. 자국영토라는 닫힌 공간에서는 더 이상 움직일 수조차 없을 정도로 비대해졌다. 이제는 이를 뛰어넘는 더욱 넓고 광대한 시장이 필요하다. 물론 자본이 한 나라의 소화능력을 뛰어넘을 정도로 비대해진 것은 벌써 1백 년 전의 일이지만 지금은 차원이 다르다. 상품을 판매할 수 있는 전통적인 개념의 '시장'뿐만이 아니라, 생산기지도 필요하고 축적된 자본을 투자할 수 있는 대상, 즉 '자유로운 활동공간'이 필요하다. 이 요구를 충족시킬 수 있는 것은 세계 단일시장밖에 없다.

미국의 경제전문지인 ≪포천≫에 의해 세계 최대기업으로 선정[1] 된 제너럴 모터스(GM)의 1년간 매출액(1997년 기준)은 1,781억 달러, 자산총액은 2,288억 달러이다. 종업원이 60만8천 명에 달하며 연간 9백만 대의 자동차를 생산한다. GM의 매출액은 세계 24, 25위를 오르락내리락하는 덴마크와 핀란드의 국내총생산(GDP)을 크게 웃돈다. 1년간 생산한 재화의 총가치가 GM이라는 한 미국기업의 매출액에도 미치지 못하는 국가가 150개국이 넘는다는 얘기다. 이는 세

---

1) "1998 Global 500", *Fortune*, 1998. 8. 3.

계 11대 경제대국이었던 한국이 외환위기에 직면할 당시 짊어지고 있었던 총외채 1,500억 달러를 크게 웃도는 것이기도 하다.

GM 다음으로 큰 포드자동차는 매출액이 1,536억 달러, 일본의 미쓰이(三井)는 1,426억 달러, 미쓰비시는 1,298억 달러이다. 영국과 네덜란드 자본의 합작기업인 로얄 더치 셸 그룹은 매출액이 1,281억 달러에 자산가치가 1,137억 달러이다. 그러나 1998년 12월 정유업체인 엑손과 모빌이 합병함으로써 순위는 다시 바뀌었다. 이들의 매출액은 엑손이 1,223억 달러, 모빌이 599억 달러로 둘을 합치면 1,822억 달러로 GM을 능가한다. 초대형 기업간의 인수합병(M&A)이 줄을 이음에 따라 업체 순위는 수시로 바뀌고 있다.

기업이 보유하고 있는 자산을 보면 세계적 기업들의 비대한 몸집이 더욱 선명히 드러난다. 일본 도쿄-미쓰비시 은행이 이 분야의 선두주자로 자산이 6,904억 달러에 달한다. 한국의 1997년도 GDP 4,422억 달러[2]를 훌쩍 뛰어넘는다. 연간 이 한 회사의 자산규모 이상을 생산하는 국가가 10개국밖에 안 된다는 얘기다. 도이체방크의 자산은 5,799억 달러, 스미토모 은행은 4,827억 달러, 크레딧 스위스는 4,727억 달러나 된다.

이들 거대자본들을 한 나라의 국경에 가두어놓는 것이 가능한 일일까? 물론 불가능하다. 이들을 묶어둔다면 질식해버리고 말지도 모른다. 비대해진 자본들도 가만히 있지 않는다. 자신의 생존은 물론 끊임없는 이윤추구와 가치증식이라는 본래의 목적을 달성하기 위해 새로운 활동공간을 개척해나간다. 그것이 자본의 본질임은 말할 나위가 없다.

이러한 자본의 양적 축적이 오늘날 자본주의 체제의 질적 변화를 요구하는 첫째 요인이다. 바로 자본주의 내부로부터 가장 강력한 체제개편의 필연성이 나온다는 얘기다. 이미 일국 시장의 소화능력을

---

2) "OECD Statistics", 1998(OECD 홈페이지, http://www.oecd.org).

뛰어넘을 정도로 팽창한 자본이 이제 체제개편이라는 새로운 자본축적 방식을 찾은 것이다. 그 동안 유지돼왔던 각국의 국민경제를 파편화하면서 국경이 없는 단일한 체제, 즉 글로벌 캐피털리즘을 만들어내야만 위기에 처한 자본의 자기증식 욕구를 충족시킬 수 있기 때문이다.

양적 축적과 질적 변화의 변증법

자본주의 체제는 지난 수백 년 동안 많은 변화를 겪어왔다. 그 변화의 원동력은 자본의 양적 축적이었다. 자본의 양적 축적이 자본주의 체제의 질적 변화, 즉 축적방식의 변화를 가져왔고 이것이 다시 한 차원 높은 자본의 양적 축적을 가능하게 하는 변증법적 과정이 지속되어온 것이다. 물론 이러한 과정은 주기적인 위기를 동반했으며, 특히 자본축적이 한계에 도달할 때마다 격렬한 형태를 띠었다. 바로 이러한 주기적 위기와 축적방식의 변화가 자본주의 역사인 셈이며 글로벌 캐피털리즘은 그 정점에 해당하는 단계라 할 수 있다.

거의 무정부적인 이윤추구와 자본축적이 가능했던 초기 자본주의는 빠르게 제국주의화의 길을 걸으며 1차 축적위기를 극복해나간다. 아시아와 아프리카, 중남미 등 자본주의 생산양식이 뿌리내리지 않은 세계 곳곳을 식민지로 개척하면서 더 많은 자본을 축적할 수 있었다. 하지만 제국주의는 식민지 경영을 둘러싸고 세력간 충돌을 낳았으며 이것이 1, 2차 세계대전이라는 끔찍한 결과이자 자본주의의 위기를 초래했다.

전후 국제경제 질서를 규정해온 브레튼우즈 체제가 1970년대 초 붕괴된 것은 '자본주의 황금기'라고 불리는 1950~60년대에 이루어진 광범위한 자본축적, 특히 민간금융 분야의 자본축적이 가져온 역사적 필연이었다. 브레튼우즈 체제는 금에 대한 미국 달러화의 태환을 보장하고 다른 통화를 여기에 고정시킨 일종의 고정환율체제였다. 그러나 축적된 자본을 바탕으로 국가간 무역이 확대되면서 이의 모순이 나타나기 시작했다. 고정환율제는 변화하는 각국의 경제상황을 제대로 반영할 수가 없었다.

황금기 동안 축적된 자본, 특히 민간 금융자본이 이러한 절름발이식 고정환율제를 그대로 놓아둘 리 없었다. 무역규모가 크지 않았던 초기에만 하더라도 고정환율제가 큰 문제가 되지 않았지만, 무역이 확대되면서 자본축적을 방해하는 요소로 등장한 것이다. 더 많은 자본을 축적하기 위해서는 이를 바로잡아야 했다. 그러나 그것은 자연스럽게 이루어지지 않았다. 필연적으로 '위기'를 동반할 수밖에 없었다.

때마침 터진 1차 석유파동은 이를 실현할 수 있는 중요한 기회가 됐으며 황금기 동안 광범하게 축적된 금융자본이 체제개편의 전면에 나섰다. 금융자본은 경제여건이 취약해진 국가의 통화를 무차별적으로 공격(매각)함으로써 화폐의 평가절하를 압박했다. 1960년대 수차례 금융자본의 공격을 받은 영국이 가장 먼저 1967년 파운드를 평가절하하자 각국이 줄줄이 평가절하 또는 절상을 단행해 브레튼우즈 체제에 금이 가기 시작했다. 결국에는 늘어나는 국제수지 적자를 보전하기 위해 달러를 남발했던 미국이 1973년 11월, 달러의 금태환 정지를 선언함으로써 이 체제는 사실상 붕괴된다.[3)]

고정환율제가 붕괴되자 금융자본은 새로운 금융상품과 거래기법을 개발해 독자적인 축적의 길을 걷기 시작한다. 고정환율제 아래에서는 투자대상이 될 수 없었던 통화가 새로운 투자 또는 투기의 대상으로 등장했고 선물, 옵션, 스왑 등 파생 금융상품도 등장했다. 각국의 금리와 환율차이에 따른 재정거래 등 신종 거래기법도 만들어냈다. 브레튼우즈 체제의 붕괴라는 질적 변화를 계기로 금융자본이 축적방식을 바꾸어 더욱 더 광범위한 자본축적을 이룰 수 있었다.

이 과정에서 돈, 즉 화폐의 개념도 바뀌기 시작했다. 전통적으로

---

3) 이찬근, 『IMF시대 투기자본과 미국의 패권』, 연구사, 1998, pp. 104~107.

화폐는 가치를 저장하고, 상품교환을 비롯한 각종 거래를 보조하거나 대외거래의 지불수단으로 인식돼왔다. 그러나 자본이 팽창하면서 독자적인 운동논리를 갖기 시작했다. 이른바 '돈이 돈을 버는' 투기자본화 현상이 빠르게 진행됐다. 자본축적이 심화되면 될수록, 그리고 새로운 금융기법이 등장하면 할수록, 금융자본은 실물경제로부터 유리되어 자체 운동법칙에 따라 움직이기 시작했다.

이들 금융자본이 본격적으로 국경을 뛰어넘어 자유롭게 움직이는 데는 상당한 준비기간이 필요했다. 2차 석유파동이 발생한 1980년대 초까지는 주로 선진국 내에서 움직여야만 했다. 1982년 멕시코의 모라토리엄(대외채무지불유예)을 필두로 남미가 외채위기에 휩싸이는 등 개도국 또는 제3세계 시장이 워낙 불안정했던 데다 이들이 비동맹세력을 형성하며 서방에 반기를 들고 있었기 때문이었다. 따라서 이 기간 중 선진국에서 개도국으로의 자본이동은 주로 정치·군사적 목적과 결부된 차관의 형태4)를 띠었다.

그렇지만 1980년대 들어 선진국 경제가 성숙기에 진입하면서 자국시장만으로는 자본축적에 한계를 보이자, 개도국에 대해 본격적인 개방 압력을 넣기 시작한다. 비약적으로 발전하고 있던 개도국에 대한 투자 확대를 통해 축적 위기를 극복하고자 한 것이다. 1980년대 후반 선진국의 압력으로 개도국이 하나 둘 시장을 열자 기다리고 있던 자본이 쏟아져 들어가기 시작했다.

이들은 투자대상도 중남미에서 동아시아로 확대했으며 1980년대 남미의 경제위기 이후에는 주로 동남아에 집중했다. 홍콩, 싱가포르, 대만, 한국 등 이른바 '아시아의 네 마리 용'은 연 10%를 오르내리는 비약적인 성장을 거듭해 가장 매력적인 지역으로 떠올랐고 이들을 추격하는 태국, 말레이시아, 인도네시아 역시 탐나는 지역이었다. 1990년대에 들어서면서부터는 중국까지 가세해 팽창된 서구자본의

---

4) IMF 보고서, *op. cit.*(1997. 11.), pp. 239~240.

본격적인 동진(東進)이 이루어졌으며 특히 직접투자와 단기차익을 노린 주식, 채권, 파생상품 등에 대한 포트폴리오 투자가 급격히 늘어났다.

서구자본은 이러한 자체운동과 함께 여기에 맞는 새로운 세계질서를 필요로 하게 된다. 이것이 반영된 것이 1986년부터 시작된 우루과이라운드(UR)였다. UR은 무역자유화 품목을 일반상품에서 농산물은 물론 금융, 서비스, 지적재산권까지로 확대하고 이에 적합한 새로운 무역규범을 제정하기 위해 시작된 다자간 무역협상이다. 이를 통해 선진국 자본은 개도국에 대한 투자위험을 최소화할 수 있는 새로운 경제질서를 창출하고자 했다. UR 협상은 개도국과 선진국의 경제격차와 이로 인한 현격한 입장차이로 7년이 넘는 기간을 거쳐 1994년 말 타결에 이르게 된다.

UR 타결과 함께 전후 국제무역질서를 규정해온 GATT(관세와 무역에 관한 일반협정) 체제는 역사적인 막을 내리고 세계무역기구(WTO) 체제가 탄생하게 된다. 세기말 새로운 자본주의 역사가 시작됐음을 알리는 신호탄이었다. 각국의 독자적인 무역장벽을 사실상 철폐하고 무역, 투자, 금융, 서비스, 기술, 노동, 환경 등 각 분야에서 세계공통의 규범을 만들어 동일하게 적용하는 새로운 단계로 진입한 것이다. 이를 전후로 발발한 멕시코의 페소화 위기(1994년 말)와 1997년 하반기의 동아시아 위기는 새로운 체제로 진입하는 과정에서 나타나는 일반적인 위기의 한 형태였다.

세계경영의 시대

자본의 양적 축적이 자본주의 체제를 부단히 바꾸어오는 동안 자본의 성격도 많은 변화를 겪었다. 초기 민족자본에서 다국적자본으로, 다시 다국적자본에서 초국적자본으로 바뀐 것이다. 물론 자본의 '성격'이 변화됐다고 해서 자본의 '본질' 자체가 바뀐 것은 아니다. 무한한 이윤추구라는 자본의 본질에는 변함이 없되, 이를 실현하는 방법이 시대에 따라 달라졌을 따름이다.

자본의 성격이 초기에 민족적 성격을 띨 수밖에 없었던 것은 국가를 기반으로 한 국민경제의 틀 안에서 자본축적이 주로 이루어졌기 때문이었다. 각각의 민족자본이 자국시장에서의 자본축적의 한계를 극복하기 위해 세계화를 추진한 것이 바로 식민지 확장이었다.

다국적자본으로의 변화는 두 차례의 세계대전과 자본주의 황금기를 거치며 본격적으로 나타나기 시작했다. 본사를 미국에 두고 일본이나 영국, 멕시코 또는 한국에 자회사를 설립하거나, 본사가 일본에 있는 기업은 미국이나 독일, 태국 또는 한국에 자회사를 두는 방식으로 자본축적의 한계를 극복해나갔다. 각각의 자회사는 현지에 맞는 경영방식으로 운영하되 이익을 모기업에 집중시킴으로써 더욱더 광범위한 축적을 이룰 수 있었다.

이때에도 자본은 각국의 일정한 통제 아래 놓여 있었으며 해외기업에 대한 투자도 극히 제한적으로 이루어졌다. 최소한 1970년대까지만 하더라도 미국이나 유럽기업이 개도국의 은행, 증권, 보험 등 금융기관이나 정보통신, 철강산업 등에 투자하는 데도 제약이 많았으며 주식을 자유롭게 매매하는 것은 더더욱 어려웠다.

하지만 국가간 경제적 장벽이 허물어지면서 자본은 국가의 통제에서 해방된 초국적자본으로 새롭게 자기변신을 하게 된다. 여기에는 냉전체제의 붕괴와 정보통신기술의 발달이 큰 역할을 했다. 비대해진 자본이 단일한 시스템으로 세계시장을 경영하고, 국경을 자유롭게 넘나들 수 있게 된 것이다. 각국에서도 이제 자본의 출생지보다는 그 자본이 해당 국가에서 얼마나 많은 고용을 창출하고 얼마나 많은 세금을 내는가에만 관심을 가져 초국적자본의 움직임을 당연한 것으로 받아들이는 분위기이다. 개념으로서가 아니라 실체로서의 '세계자본(World Capital)'이 등장하고 있는 것이다.

더욱이 국제금융시장을 떠도는 초국적투기자본은 어느 국가의 통제도 받지 않는다. 수조 달러의 금융자본을 특정국가가 통제한다는 것도 사실상 불가능하다. 오히려 자본이 가공할 만한 파괴력을 지니고 특정국가의 구조조정을 요구하는 단계에 이르렀다. 인간의 삶을 보조해주는 도구로 출발한 자본이 세계질서를 지배하는 새로운 '권력자'로 군림하게 된 것이다.

초국적자본은 그 동안 똑같은 시장을 놓고 치열한 경쟁을 벌이던 다국적자본이 경쟁 대신 협력을 선택함으로써—초대형 기업간 또는 타국 기업간의 M&A를 통해—그 모습을 드러내기도 하고, 국제금융시장을 광속으로 움직이며 특정국가의 지배에서 완전히 벗어나 기존의 '국적' 개념을 완전히 탈색시키기도 한다. 초국적자본의 형성과 이들이 글로벌 캐피털리즘 체제의 형성과 어떠한 관련을 갖고 있는가는 제8장에서 구체적으로 살펴보겠지만, 이 초국적자본은 자본주의 체제의 변화를 이끄는 원동력이자, 자본주의 체제변화에 대한 자본의 대응방식이기도 하다. 이 둘은 동전의 양면처럼, 또는 '무용'과 '무용수'의 관계처럼 떼려야 뗄 수 없는 관계로 상호 상승작용을 일으키며 지구촌 경제를 근본적으로 변화시키고 있다.

제3장 냉전해체와 고삐풀린 자본

반(反)자본주의 진영의 소멸

1989년 11월 1일. 44년 동안 동·서독을 갈라놓았던 베를린 장벽이 붕괴되었다. 20세기 인류 분단역사의 상징물이 허물어진 날이었다. 동독이 힘없이 무너지며 서독에 흡수 통합된 지 2년 만인 1991년 11월 말, 사회주의 모국이었던 소비에트사회주의연방(소련)이 지도에서 사라졌다. 대신 러시아공화국을 필두로 독립국가연합(CIS)이 지도상에 새롭게 나타났고 카자흐스탄을 비롯한 중앙아시아 국가들이 잇따라 독립했다. 그리고 이들 독립국가들은 일제히 사회주의 계획경제 노선에서 벗어나 자본주의 시장경제를 도입하기 시작했다. 19세기말에서 20세기초 제국주의에 맞서 노동자와 농민 등 이른바 무산자계급이 중심이 되어 새로운 이상사회를 건설하려던 사회주의, 공산주의 세력이 지구상에서 사라져갔다.

자본주의와 사회주의 체제의 이념상 차이나 어느 체제가 우월한가 하는 체제우월성 논쟁을 떠나, 현실 사회주의는 20세기 자본주의 역사에서 떼어놓으려야 떼어놓을 수 없는 중요한 위치를 차지하고 있었다. 1917년 10월혁명으로 지구상에 실체를 드러낸 현실 사회주의는 70년 동안 때로는 자본주의에 대한 대항세력으로, 때로는 자본주의에 대한 대안으로, 혹은 노동운동을 비롯한 사회변혁운동에 힘을 실어주는 강력한 세력으로 존재해왔다. 또 자본가들에게 "자극과 공포를 줌으로써 그들 자신을 개혁시키고 경제계획의 인기를 확립하여 그들에게 개혁 절차들 중 일부를 제공"해 자본주의가 권위주의적이고 파시스트적인 체제로 변질되는 것을 막으면서 동시에 자본주의권의 기술진보에 박차를 가하게 만드는 경쟁자로서의 역할[1]도 했다.

사회주의 진영이 실체적 세력으로 자본주의 진영과 본격적인 대립관계에 들어간 것은 2차 세계대전 이후였다. 종전과 함께 동구진영이 대거 사회주의 진영으로 넘어갔고 구식민지에서 독립한 아프리카의 많은 국가들도 사회주의 진영에 속속 합류했다. 세계최대의 인구를 지닌 중국도 4년 동안의 내전을 거쳐 중국공산당이 본토를 장악, 중화인민민주주의공화국으로 자본주의 진영에 등을 돌렸다. 2차 세계대전 이후 수년 만에 전세계 인구의 3분의 1 이상이 사회주의 진영으로 넘어가 자본주의를 위협하는 현실적인 세력으로 자리잡았다.

당시만 하더라도 소련을 포함한 사회주의 세력은 자본주의 진영의 노동자 농민들, 특히 약소국 민중들의 희망이었고 새로운 사회의 대안을 제시하는 등불 같은 존재였다. 그도 그럴 것이 1917년 10월 프롤레타리아 혁명을 일으킨 러시아 사회주의자들은 혁명적 열정으로 사회개혁을 추진, 자본주의 사회를 능가하는 경제발전과 인민생활의 향상을 가져왔다. 이들은 최소한 1960년대까지 자본주의 진영이 도저히 따라올 수 없을 만큼 비약적인 경제발전을 이루어냈다. 심지어 자본주의 진영의 지도자들조차 "자본주의가 사회주의 소련을 따라잡는 것은 불가능하다"고 토로했을 정도로 사회주의 진영은 눈부신 성장을 이루어냈다. 또 제국주의시대 자본가로부터의 수탈과 극심한 빈부격차, 굶주림 등으로 고통받아야 했던 노동자와 농

---

1) 에릭 홉스봄, 『극단의 시대: 20세기 역사(상)』, 이용우 옮김, 1997, 까치, p. 22.

민, 그리고 빈민층의 삶도 엄청나게 향상되었다. 이런 상황에서 구식민지 체제에서 벗어나 새로운 독립국가를 건설하려던 약소국들이 사회주의 진영에 눈길을 돌렸던 것이다.

사회주의 진영의 세력확장은 역으로 자본주의 진영의 치열한 자기반성을 촉발시켰다. 자본주의 진영으로 하여금 사회주의적 요소를 가미한 이른바 복지국가 모델을 탄생하게 했다. 복지국가는 자본가들의 자발적인 선택이 아니라 사회주의로부터 자본주의 경제체제를 지키고 노동자들의 '사회주의 오염'을 막기 위한 정치·이데올로기적 대응에서 비롯된 것[2]이었다. 동시에 19세기말~20세기초의 자유방임주의에서 벗어나, 국가가 적극적으로 경제정책에 개입하는 케인즈주의를 불가피한 선택으로 만들었다.

자본주의 체제를 능가하는 사회주의 진영의 발전은 1970년대에 들어서며 역전되기 시작한다. 사회주의 진영은 자본주의에 대항하기 위해 군사부문에 막대한 자원을 쏟아부은 데다, 체제의 경직성과 관료화로 경제적 효율성과 기업의 생산성이 저하되었다. 반면에 자본주의 진영은 전후의 어려움을 극복하면서, 정부의 강력한 경기회복책과 기업들의 지속적인 기술개발 및 경영혁신을 통해 생산력을 빠르게 신장시켰다. 상대방과의 경쟁에서 이겨야만 생존할 수 있는 자본주의체제와, 인민의 공존공생을 위한 집단주의적 사고가 지배하는 사회, 그것도 인류역사상 아무도 가보지 않은 길을 스스로 찾아서 가야만 했던 사회주의 비(非)경쟁체제 사이의 경쟁에서 자본주의가 앞서가는 것은 어쩌면 당연한 일이었는지도 모른다.

결국 소련은 생산성 향상을 위해 자본주의적 생산양식을 부분적으로 도입하며 생산력 확대를 모색했고, 중국은 1979년 '죽의 장막'을 걷어치우며 개혁·개방의 길을 가기 시작했다. 소련은 특히 고르바초프의 페레스트로이카 정책이 각 정파간의 의견대립 속에

---

2) 원용찬, 『사회보장발달사─포스트복지자본주의와 패러다임』, 신아, 1998, pp. 42~47.

무계획성, 무원칙성, 비일관성3)으로 참담한 실패를 겪으면서 나락으로 떨어지기 시작했다. 1991년 8월 보수 공산계의 쿠데타를 저지하면서 급진파가 정권을 장악, 자본주의 시장경제로의 급격한 이행기에 진입했고 곧이어 독립국가연합(CIS)으로의 분할로 소련은 지도에서 사라졌다. 중국은 '사회주의 시장경제'라는 확고한 지도노선과 강력한 지도력을 유지하면서 점진적인 시장경제로의 이행을 시도하고 있으나 과연 성공할지는 아직 미지수로 남아 있다.4)

고삐에서 해방된 자본

20세기 역사의 최대사건인 현실 사회주의 진영의 몰락은 냉전체제의 해체와 함께 자본주의 경제질서에 근본적인 변화를 불러왔다.

먼저 사회주의 진영의 몰락, 사회주의 계획경제의 실패는 현실 사회주의에 대한 반성의 계기를 제공하기보다는, 자본주의 시장경제의 승리로 받아들여지며 시장원리에 대한 맹신을 불러왔다. 일부 논자들은 사회주의의 붕괴가 소련을 필두로 한 현실 사회주의, 달리 말해 자본주의와의 대립이라는 특수상황 속에서 관료체제로 변한 20세기 사회주의 세력의 붕괴를 의미할 뿐이며 궁극적으로 자본주의에 대한 사회주의 이념의 패배를 의미하는 것은 아니라고 주장하기도 했으나 현실은 그렇게 받아들이지 않았다. 사회주의를 적으로 규정했던 자본주의 진영에서는 이를 사회주의에 대한 자본주의의 완전한 승리로 해석하고 냉전시기에 접어두었던 순수 자본주의의 운영원리를 다시 끄집어내어 이를 절대화하기 시작했다.

이들은 국가의 경제개입은 필연적으로 자원배분의 왜곡을 낳는다며 참담하게 무너진 현실 사회주의를 그 대표적 사례로 제시했다.

---

3) 성원용, 「러시아 신자유주의와 시장경제로의 이행」, ≪동향과 전망≫, 1997년 겨울호(통권 36호), p. 11.

4) 사회주의 시장경제노선을 걷고 있는 중국 내부의 문제에 대해서는 이 책의 제7장 「방황하는 체제전환국」을 참조하시오.

사회주의야말로 공산주의 이상사회 건설을 위해 국가의 기능을 극대화한 체제였으며 이 과정에서 관료주의가 고착화되고 경제효율성이 떨어져 궁극적으로 자체붕괴의 과정을 거쳤다는 것이다. 반면 경제운영을 민간에 맡기고 경쟁을 촉진할 때 자본의 효율성과 생산성이 높아진다며 국가는 더 이상 시장에 개입하지 말고 퇴각할 것을 주장했다. 이는 미국과 영국을 필두로 한 자본주의 진영의 경제구조 개혁에 더욱 강력한 이론적 기반을 제공하는 한편 이를 토대로 한 범세계적 경제구조조정을 가속화하는 역할까지 하게 된다.

이는 또 사회주의와의 대립기 동안 유지되어왔던 일종의 세력균형, 즉 자본과 노동의 세력균형에 균열을 가져왔다. 최소한 형식적이나마 노동자를 역사의 전면에 내세운 사회주의 세력의 존재는 자본주의 체제에서 이들의 입지를 강화시켜주는 역할을 했다. 노동자의 단결권과 단체교섭권, 단체행동권 등 이른바 노동권을 옹호하는 법체계가 확립된 것도 이와 무관치 않다. 그러나 사회주의 붕괴는 이러한 균형을 일거에 무너뜨리고 자본의 힘과 자본의 논리, 즉 시장원리에 대한 절대적인 신뢰를 낳게 되었다.

자유주의 운영원리가 사회주의 출현에 따라 수정주의, 즉 혼합경제로 변했다가, 사회주의가 몰락하면서 다시 이전의 자유주의, 그러나 고전적 자유주의와 구별되는 신(新)자유주의로 회귀한 것이다. 사회주의 몰락으로 자본주의 질서가 20세기 이전의 시기로 돌아간 듯한 느낌마저 주는 것도 이런 측면에서 당연한 일인지도 모른다. 무제한적인 자본의 욕망이 사회발전의 원동력으로 작용하는 사회, 바로 제국주의화한 서방선진 제국들이 개도국을 식민지로 개척해나갔던 19세기말과 비슷한 양상이 사회주의 붕괴와 함께 오늘날 재현되고 있다. 이것이야말로 사회주의 붕괴가 가져다준 역사적 의미인 셈이다.

다음으로 사회주의 진영의 붕괴는 그 동안 자본주의 이외의 길을 모색해왔던 아시아와 중남미, 그리고 아프리카 등지의 제3세계 국가들에게 사실상 자본주의 이외의 길을 모색할 수 없도록 만들었다. 심지어 사회주의를 자본주의의 모순을 극복한 새로운 사회발전 단계로 인식했던 구사회주의 진영조차 자본주의로 "역사의 수레바퀴를 거꾸로 돌리는" 입장이 되어버렸다. 대안을 상실한 것이다.

그 동안 제3세계 국가들은 비동맹세력을 형성하며 때로는 미국과, 때로는 소련과 협력하면서 나름대로의 생존방식을 찾아왔다. 미국을 중심으로 하는 자본주의 진영과 대립할 경우 최후의 수단으로 소련과 교역하거나 사회주의권의 지원을 받아 경제개발을 추진할 수 있었다. 그러나 사회주의 모국이 붕괴함에 따라, 이젠 세계자본주의 체제에서 아예 떨어져나와 힘겹더라도 자력갱생을 모색하거나, 아니면 자본주의 진영과 협력하고 서방자본에 기대거나 둘 중의 하나를 선택해야만 하는 처지에 놓이게 되었다. 자본주의가 아니면 혼자 살아야 하는, 따라서 자본주의가 사실상 유일한 생존방식으로 자리잡게 된 것이다.

자국경제가 국제 핫머니의 공격으로 엄청난 충격을 받더라도, 서방선진국이 상품과 자본, 서비스시장에 대한 무리한 개방요구를 하면서 이를 들어주지 않을 경우 경제보복 조치를 취할 것이라고 엄포를 놓더라도, 이에 대항할 뾰족한 방법이 없다. 위기에 처한 동아시아 국가들이 IMF와 서방선진 자본의 요구가 아무리 부당하다 하더라도, 대안이 없기 때문에, 또한 이를 지원해줄 대체세력이 사라졌기 때문에, 싫어도 받아들이지 않을 수 없는 현실에 오늘날 제3세계가 직면해 있다.

대안을 찾을 수 없는 상태에서 홍콩이나 멕시코, 아르헨티나 같은 국가에서는 아예 자국통화의 유통을 폐지하고 미국 달러화를 공용통화로 채택하려는 움직임5)까지 나오고 있다. 대안이 없는 마당에 아예 경제주권을 미국에 넘기고 미국의 통화블록에 들어가버림

---

5) "Hanging On A Peg—Hong Kong Faces Dilemma In Options For Currency", *Asian Wall Street Journal*, 1998. 9. 7.

으로써 경제운명을 강대국에 맡기자는 주장이다. 이렇게 하면 극심하게 동요하는 자국의 금융 불안, 특히 환율 불안을 원천적으로 막을 수 있다. 그러나 자국의 산업이 어려움을 겪거나 수출이 위축되고 실업자가 늘어나게 될 경우 해당국가는 이에 대응할 수 있는 힘을 잃게 된다. 한 나라의 경제주권이 상실되는 것으로 이는 종속구조의 완결을 의미한다. 이처럼 기존의 정치적 식민지나 경제식민지에서 한 걸음 더 나아가 경제주권을 스스로 강대국에 넘기자는 주장이 20세기말에 다시 등장하는 것은 모순이 아닐 수 없다.

결국 19세기의 제국주의 국가가 군사력과 정치력을 앞세워 식민지를 개척했다면, 오늘날에는 식민지 개척의 강력한 무기가 '자본'으로 변했을 따름이다. 그러나 그 '자본의 지배'는 이전의 정치·군사적 지배보다 훨씬 더 교묘하고 철저하게 사회 구석구석을 파고들어가고 있다. 구사회주의권은 물론 개도국, 저개발국을 글로벌 캐피털리즘 체제에 강고하게 편입시켜 여기에서 한 발짝도 벗어나지 못하도록 하는 것이다. 이러한 현상은 지구촌을 더욱 가깝게 만드는 정보통신기술의 발달에 힘입어 더 빠르게 진행되고 있다.

제4장 디지털 혁명

증기 터빈에서 디지털 혁명까지

"저는 지금 해외출장 중입니다. 급한 용건이 있으신 분은 이리듐 위성통신을 이용해주십시오."

한 위성통신 서비스업체의 이 선전 문구대로 정보통신기술은 지구를 하나의 세계로 연결시키고 있다. 한국이건, 미국이건, 홍콩이건, 심지어 아프리카 정글의 오지까지도 거미줄처럼 얽힌 네트워크를 통해 하나의 세계가 되고 있다. 기존의 시간적·공간적 장벽은 더 이상 의미가 없게 되었다. 이제 통신망에 연결된 컴퓨터 한 대만 있으면 세계 어느 곳에서 어떤 일이 일어나는지를 한눈에 알 수 있다. 지중해 연안의 휴양지나 아프리카 오지 또는 북극의 설원 어디에서도 월가의 움직임을 한눈에 들여다볼 수 있고, 한국정가에서 어떤 일이 벌어지는지를 리얼타임(실시간)으로 파악할 수 있다. 회사업무는 물론 거래처와의 구매상담도 벌일 수 있다. 현대는 바로 네트워크의 시대이다. 인간은 '생각하는 동물'에서 '네트워크 상의 존재'로 바뀌고 있다.

이를 가능케 하는 것이 바로 컴퓨터와 통신기술의 결합이 이루어내는 정보통신혁명, 즉 디지털 혁명이다. 1초에 수억 회의 연산능력을 갖춘 컴퓨터와 1초에 백과사전 수만 권 분량의 데이터를 전송할 수 있는 통신기술—물론 이 연산 및 전송능력은 바로 1년 후에 얼마나 더 향상될지 알 수 없을 정도로 빠르게 발전하고 있다—의 결합이 오늘날 인류의 삶을 근본적으로 바꾸어놓고 있는 것이다.

디지털 혁명은 농업혁명, 산업혁명에 이은 인류역사의 3차 혁명이라고 할 만하다. 이전에 이루어진 두 차례의 혁명이 권력구조, 즉 사회체제의 근본적인 변화를 불러왔듯이 이번의 정보통신혁명도 자본주의 체제의 근본적인 변화를 불러오고 있다. 디지털 혁명을 제대로 이해하지 않고는 오늘날의 세계 경제변화, 사회변화, 그리고 궁극적으로 인간 삶의 변화를 이해할 수 없다.

증기 터빈의 발명으로 산업혁명의 출발을 알린 것은 1712년이다. 그로부터 120년 후인 1831년 인류는 처음으로 전기를 이용하기 시작했다. 증기 터빈의 발명은 노동력의 획기적인 절감을 가져왔고, 전기는 공장시설의 지역적 한계를 허물어버렸다. 무엇보다도 수력이나 연료, 또는 원료가 풍부한 지역에 공장을 지을 필요가 없어졌다. 그러나 이를 위해서는 송전시설이 필요했다. 1880년대가 돼서야 전기 송수신시설이 갖추어져, 전력을 원활히 이용하는 데까지 50년이 더 걸린 셈이었다. 이렇듯 산업혁명은 18세기 초에서 19세기 후반까지 1백여 년에 걸쳐 본격적인 모습을 드러냈다.

하지만 이 기간을 거치며 인류는 그 이전의 수천 년, 아니 수만 년간 이루어낸 변화보다도 더 깊고 넓은 변화를 겪었다. 생산력은 이전과 비교할 수 없을 정도로 향상되었고 운송기술의 발달로 상품교역이 급증했다. 농장주와 농노로 구성되어 있던 봉건제도는 허물어졌고, 공장노동자들이 새로운 사회계급을 형성했다. 생산수단을 소유한 자본가계급이 지배층으로 등장했고 근대적 금융제도도 생겨났다. 분업이 일반화되면서 생산, 유통, 서비스 전문기업이 등장했고 이들이 한곳으로 밀집하며 도시화가 급격하게 진행되었다. 사회구조는 물론 이를 구성하는 사람들의 생활도 근본적으로 바뀌었다.

증기 터빈이 발명된 지 230여 년, 전기를 사용한 지 110여 년 만에 처음으로 컴퓨터가 등장했다. 제2차 세계대전 직후인 1946년 에니악(ENIAC)이라는 컴퓨터가 발명된 것이다. 이 컴퓨터의 크기는 10피트(3m) 높이에 150피트(45m) 길이의 초대형으로 가격도 수백만 달러에 달했다. 초당 연산능력은 5천 회로 당시로서는 놀라운 속도였다. 인간의 한계를 뛰어넘는 새로운 지능의 탄생이었다. 그러나 이는 산업혁명에 이은 인류 역사의 3차 혁명, 즉 디지털 혁명의 시작을 알리는 아주 작은 종소리에 불과했다.

에니악이 개발된 지 25년 만인 1971년에 인텔이 처음으로 컴퓨터의 뇌에 해당하는 마이크로 프로세서를 개발했다. 그러나 그 크기는 12평방 밀리미터에 불과했다. 반면 연산능력은 에니악의 12배에 달했고 가격은 에니악의 1만분의 1도 안 되는 2백 달러였다. 컴퓨터의 본격적인 세대교체는 여기에서부터 시작되었다. 286에서 386으로, 다시 486에서 586(펜티엄)으로 세대교체가 이루어지는 데 필요한 시간이 10년에서 5년으로, 다시 2~3년으로 급격하게 단축되었다. 1990년대 중반에 등장한 펜티엄 프로세서는 손톱만한 크기로 줄었지만 연산 능력은 초당 4억 회에 달한다. 50년 전에 등장한 에니악과는 비교할 수조차 없다. 인텔이 처음으로 개발한 20년 전의 프로세서는 골동품으로 취급받고 있다.

정보전송기술은 또 어떠한가? 1980년대 말까지만 해도 구리로 된 전화선으로 전송할 수 있는 최대 정보량은 초당 A4 용지 한 장에 불과했다. 그러나 불과 10여 년이 지난 오늘날 머리카락 굵기의 광섬유를 통해 초당 백과사전 9만 권 분량의 정보를 전송할 수 있게 되었다. 미국과 유럽의 선진국들은 물론 개도국들까지 나서 광통신망을 통한 초고속 정보고속도로 구축에 경쟁적으로 매달리고 있다. 이 광통신망 구축에 앞서 기존 구리선보다 수십 배의 정보전송능력을 지니고 있는 케이블망으로 새로운 부가통신 서비스를 실시하려는 움직임도 구체화되고 있다.

물론 아직도 지구 곳곳에는 구리로 된 전화선조차 가설되지 않은 곳이 많다. 인류의 절반 정도는 이러한 정보통신혁명과 거리가 먼 생활을 하고 있다. 그러나 이들도 네트워크에 흡수될 날이 멀지 않았다. 전화선이나 케이블망 또는 광통신망을 구축하기 어려운 밀림이나 극지방 등을 잇는 무선 이동통신망이 거미줄처럼 구축되고 있기 때문이다. 지구상공에 70~80개의 저궤도 위성을 쏘아올려 지구 어디에서나 정보를 송수신할 수 있는 이른바 위성통신사업이 이미 상용화에 들어갔다. 이리듐, 글로벌스타 등의 이름으로 행해지는 이들 위성통신은 이제 지구를 하나의 생활공간으로 만들어가고 있다.

디지털 혁명은 인류에게 제3의 활동공간, 즉 사이버 스페이스를 제공한다. 대표적인 사이버 스페이스가 바로 인터넷이다. 인터넷은 보급된 지 10년도 안 되어 기업은 물론 일반인들의 생활에서 빼놓을 수 없는 삶의 도구로 자리잡아가고 있다. 전세계 인터넷 사용인구는 1996년 말 4천만 명에서 1997년 말에는 1억 명을 넘어 1년 사이에 2.5배로 늘어났다. 인터넷에 접속하여 정보를 주고받거나 업무를 보고 상품을 구입하는 등의 교통량 규모는 100일마다 2배로 뛰고 있다. 미국 상무부는 2005년 인터넷 사용인구가 10억 명에 달하고, 이보다 앞선 2002년에는 인터넷 상거래규모가 3천억 달러에 달할 것으로 추산했다.[1]

인터넷이 지구촌을 하나의 세계, 하나의 사회로 통합해나가자 기업들도 이에 발맞춰 지구촌을 하나의 경영단위로 하는 새로운 경영시스템을 구축하고 있다. 사이버 스페이스, 사이버 가수, 사이버 은행, 가상현실(virtual reality), 사이버 쇼핑 등, 불과 3~4년 전만 하더라도 들어보지 못한 용어들이 우리 가까이 와 있으며 이러한 변화의 물결은 더욱 더 빠른 속도를 내며 인간의 삶을 변화시키고 있다.

---

1) 미국 상무부(US Department of Commerce) 보고서, *The Emerging Digital Economy*, 1998, pp. 21~23.

21세기 신경제의 생장점

디지털 혁명을 이끌어내고 있는 정보기술(IT: Information Technology)산업, 즉 컴퓨터와 소프트웨어 및 통신산업은 오늘날 경제성장을 이끄는 주력산업으로 자리를 잡았다. 어느 시대, 어느 국가를 막론하고 각각의 시기에 경제성장의 주력산업이 있었으며, 그것은 대체로 경공업에서 중화학공업, 전자산업으로 이전되어왔다. 각 시기마다 주력산업이 성장하면서 신규 수요를 창출하고 나머지 산업은 이 신규 수요를 충족시키는 범위—인구증가에 따른 기본수요 증가분을 제외하고—내에서 성장이 이루어졌다. 화학, 철강, 자동차, 조선, 섬유 등 이른바 전통산업이 성장한계에 이른 오늘날에는 정보기술산업이 새로운 수요를 창출하고, 나머지 산업의 수요를 끌어올리며 경제성장을 주도하고 있다.

미국의 경우를 보면 1993~98년 사이 정보기술산업의 실질경제성장 기여도는 25%를 넘었다. 1992년에 26%이었던 기여도가 1995년에는 무려 41%로 뛰어올랐으며 1996년에는 34.7%, 1997년에는 28%를 기록한 것으로 미국 상무부는 분석했다. 이로 인한 신규 고용창출 규모는 이 기간 중 무려 1,500만 명에 달했다. 1996년에는 미국기업 전체투자의 45% 이상이 정보기술 장비에 대한 투자였으며 특히 통신, 보험, 투자중개업의 경우 75% 이상이 이 분야에 대한 투자였다.[2]

자동차나 철강 등의 전통산업에서는 수요가 거의 정체되어 공장 신설이나 증설과 같은 투자가 매우 부진했던 반면 정보기술 분야에서는 엄청난 투자가 진행된 것이다. 기업들이 생산성을 높이기 위해 인사, 재무, 영업, 재고관리, 연구개발(R&D) 등의 각종 업무에 컴퓨터시스템을 적용하고 인트라넷(인터넷을 통한 사내 정보통신망)을 비롯한 새로운 정보통신망을 구축했다. 기존에 손으로 하던 작업을 컴퓨

---

2) 미국 상무부(US Department of Commerce) 보고서, *ibid.*, pp. 6~7.

터로 대체하면서 컴퓨터와 통신장비 등 하드웨어는 물론 소프트웨어에 대한 수요가 폭발적으로 늘어났고 새로운 기술이 등장할 때마다 끊임없이 대체수요가 창출되었다.

개인소비에 있어서도 정보기술산업은 수요증가를 이끌어내는 핵심적인 역할을 수행하고 있다. 선진국은 물론 개도국까지도 개인용 컴퓨터(PC)와 이동전화, 인터넷 등 새로운 통신수단에 대한 수요가 비약적으로 늘어나고 있다. 선진국의 경우 의류를 비롯한 경공업분야는 말할 것도 없고 주택이나 자동차, 가전제품 등의 분야에서 신규 수요가 거의 창출되지 않는 반면 정보통신시장에서만은 아직도 무궁무진한 시장이 남아 있다. 자동차나 전화, TV가 생활필수품으로 자리잡았듯이 각종 정보기술장비가 생활필수품으로 자리를 잡아가고 있기 때문이다.

더욱이 이 분야는 수요가 공급을 유발하는 시장이 아니라 공급, 즉 새로운 기술이 수요를 유발하는 독특한 구조를 지니고 있다. 새로운 기술이 개발되면 개발될수록 수요가 끊임없이 이어지는, 그러면서 낡은 기술은 더 이상 쓸모가 없어지는 분야이다. 앞으로 컴퓨터 성능이 얼마나 향상될지, 통신속도가 얼마나 빨라질지, 그리고 어떠한 새로운 기술이 등장해 일상생활을 변화시킬지 예측하기 어렵듯이 정보기술 분야가 어느 정도까지 세계경제를 성장시킬지 예측하기가 그리 쉽지 않다.

미국 상무부는 18세기 이후 도로, 철도, 전기 등에 대한 국가와 기업들의 투자가 활발히 진행되면서 산업혁명의 꽃이 활짝 피었듯이 지구촌 전역을 연결하는 각종 정보통신망을 비롯해 컴퓨터, 소프트웨어, 위성통신, 위성방송, 전자상거래 등 정보기술산업에 대한 국가와 기업의 투자가 활발히 이루어지면서 디지털 혁명이 꽃을 피울 것으로 보고 있다. 또 정보기술산업이 앞으로 10년 동안 130만 개의 일자리를 창출하게 될 것이며, 이것은 현재 자동차 빅3에서 일하는 노동자보다 많은 것이라고 지적했다. 결국 정보기술산업이야말로 미국경제를 이끌어가는 원동력이 될 것이란 얘기다.

미국의 이른바 신경제(New Economy)는 바로 여기에서 출발한다. 미국이 정보기술산업이라는 새로운 경제성장의 원동력을 발견했으며 특히 이 분야에서 세계시장의 주도권을 쥐고 있기 때문에 21세기에 들어서도 3%의 지속적인 경제성장이 가능하다는 것이다. 미국의 ≪비즈니스 위크≫는 1998년 8월 말 21세기 경제를 전망하는 특집기사에서 정보기술산업이 주도하는 신경제는 이제 초기단계에 불과하다며, 1990년대에 나타나고 있는 고성장과 저실업, 저물가의 3박자가 결코 요행이 아니었다고 주장했다.[3] 더욱이 정보기술산업과 함께 미래 성장산업이라고 할 수 있는 생명공학, 금융 등의 분야에서 미국이 월등한 경쟁력을 지니고 있어 지속성장이 가능하다고 강조했다.

이런 예측이 과연 맞아떨어질지, 그리고 그것이 인류의 삶을 얼마나 질적으로 향상시킬지는 더 두고봐야 하겠지만 어쨌든 디지털 혁명이 세계경제지도를 바꾸어놓고 있는 것은 분명해 보인다. 디지털 혁명은 산업혁명이 초래한 것보다 더 광범위한 변화를 몰고 오고 있으며 동시에 지금까지의 변화보다 더 심대한 변화를 예고하고 있다.

3차 혁명과 경제활동의 지구화

디지털 혁명은 이처럼 경제지도를 바꾸어놓을 뿐만 아니라 경제활동방식과 정치, 사회, 문화, 일상생활 등 모든 분야의 패러다임을 바꾸어놓고 있다. 국가의 개념에서부터 기업의 활동, 일반인들의 생활방식에 이르기까지 이전 수백 년에 걸쳐 이루어진 변화보다 훨씬 근본적이고 폭넓은 변화를 주도하고 있다.

디지털 혁명은 먼저 중세 봉건제가 무너지면서 형성된 민족국가,

---

3) "The 21st Century Economy", *Business Week*, 1998. 8. 31.

국민국가의 독자적 통치권을 위협하고 있다. 정보통신의 세계에는 국경이 없다. 정치, 경제정보는 물론 기술, 상품정보를 포함한 모든 정보와 음악, 영화, 비디오 등 각종 문화상품이 시간과 공간을 초월하여 움직인다. 수조 달러의 국제금융자본이 광속(光速)으로 국경선을 넘나들며 국가의 통치력을 위협하는 것도 디지털 혁명이 없다면 불가능했을 것이다.[4]

지구촌을 거미줄처럼 연결하고 있는 정보통신망은 또 기업경영 방식에도 영향을 미친다. 디지털 혁명이 자유화와 규제완화의 바람과 접목되면서 글로벌 마켓(Global Market)이 형성되고 있으며 자본의 초국적화를 촉진하고 있다. 특정지역이나 국가의 법규나 규제에 제한 받지 않고 글로벌 스탠더드에 따라 사업을 영위하는 '세계경영'이 일반화되고 국경을 뛰어넘는 사이버 스페이스를 누가 장악하느냐에 따라 기업판도는 물론 세계경제의 판도가 달라지기도 한다.

세계 최대의 자동차 제조업체 제너럴 모터스(GM)의 월드와이드 헤드쿼터는 미국 디트로이트에 있다. 자동차의 도시 디트로이트에서 GM의 자동차 개발계획이나 판매계획, 경영전략이 수립된다. 그러나 엔지니어들은 꼭 디트로이트에만 있을 필요가 없다. 이들은 디트로이트는 물론 프랑크푸르트, 도쿄, 또는 인도의 봄베이 등에 흩어져 있다. 그렇지만 자동차 개발을 위한 공동작업을 어느 엔지니어보다도 잘 수행한다. 다른 사람이 진행하는 작업을 화면으로 보면서 의견을 개진할 수도 있고 직접 수정을 가할 수도 있다. 봄베이에 있는 엔지니어의 설계도 수정작업을 도쿄에 있는 다른 엔지니어가 지켜보면서 자신의 의견을 개진할 수도 있다. 이들 엔지니어들은 마치 하나의 사무실에 빙 둘러앉아 업무를 수행하듯 연구개발 작업을 진행한다. 이런 과정을 통해 최종적으로 완성된 설계도는 전세계 구석구석에 자리잡고 있는 부품공장과 조립공장으로 곧바로 전송되어

---

4) Walter B. Wriston, "Bits, Bytes, and Diplomacy", *Foreign Affairs*, 1997. 9∼10., Vol. 76, No. 5.

작업라인에 적용된다. 많은 시간이 필요 없다. 몇 차례의 컴퓨터 버튼을 누르는 것으로 엔지니어들이 작성한 설계도는 생산공정에 적용된다.

전자상거래는 이제 출발점에 서 있지만, 기업의 경쟁력을 좌우하는 핵심요소로 부각되면서 맹위를 떨치고 있다. 자재의 조달에서부터 마케팅에 이르기까지 전과정을 온라인 상에서 수행함으로써 구매비용과 재고, 마케팅 비용을 줄이고 생산기간을 단축함은 물론 효율적인 고객서비스를 제공할 수 있기 때문이다. 제너럴 일렉트릭(GE)은 온라인 조달시스템으로 조달가격과 인건비 등 각종 비용을 20~30%나 줄여 경쟁력을 획기적으로 높였고 자동차업체들은 디자인에서 대량생산까지 걸리는 시간을 30개월이나 단축하고 있다. 인터넷 서점 아마존처럼 '.com'으로 끝나는 이른바 인터넷 관련기업들은 가장 비약적으로 성장하며 주식시장의 최대 인기종목으로 부상하기도 했다.

디지털 혁명은 전쟁방식에도 근본적인 변화를 몰고 올 것으로 보인다. 미국은 본토의 한 공군기지 시뮬레이션 센터에서 한 병사가 전투현장과 똑같은 화면을 보고 각종 기기를 조종하면 중동이나 동구에서는 실제 전투기가 날고 포탄이 작렬하는 사이버 전투도 연구하고 있다. 전쟁은 지구 반대편에서 진행되고 있지만 병사는 컴퓨터 앞에서 이를 수행하는 전혀 새로운 개념의 전쟁이 펼쳐질 날도 멀지 않았다.

디지털 혁명은 이와 함께 일반인들의 삶에도 영향을 미친다. 산업혁명 이후 농업 중심에서 제조업으로, 다시 서비스업으로 변해온 고용구조는 정보기술부문 중심으로 바뀔 전망이다. 정보통신망을 바탕으로 한 재택근무도 크게 늘어나 고용형태도 크게 바뀌게 된다. 미국 상무부는 1998년 7백만 명에 달한 재택근무자가 2008년에는 1,500만 명으로 늘어날 것으로 전망한다.

물론 이러한 혜택을 누리는 사람은 소수에 불과할 수밖에 없다.

전통적인 제조업이 수천 명에서 수만 명의 노동자를 필요로 하는 것과 달리 정보기술산업은 특성상 그렇게 많은 인력을 필요로 하지 않기 때문이다. 또 고급 정보기술을 보유한 인력과 그렇지 못한 인력간의 격차는 더욱 확대될 수밖에 없다. 고급기술을 보유한 소수의 엔지니어와 경영자들은 갈수록 세련된 관리기법을 동원해 노동자들을 통제하면서 상대적으로 많은 부가가치를 가져갈 수 있다. 반면 노동자들은 치밀하게 짜여진 조직과 컴퓨터로 관리되는 시스템 아래에서 더욱 더 강도 높은 노동을 해야 한다.

이는 디지털 혁명이 인간의 삶을 향상시키는 긍정적인 역할을 하기도 하지만 어떻게 사용되느냐에 따라 엄청난 재앙을 불러올 수도 있다는 사실을 보여주는 것이기도 하다. 산업혁명이 생산력의 비약적 발전을 불러왔지만 자본가와 노동자의 대립, 노동자의 궁핍화, 빈민층의 양산, 환경파괴 등 많은 문제들을 초래했듯이 오늘날의 디지털 혁명도 그 이면에는 많은 문제를 잉태하고 있다. 이러한 부작용을 어떻게 최소화하느냐가 앞으로 해결해야 할 문제이지만, 어쨌든 디지털 혁명이 세기말 자본주의 사회를 근본적으로 바꾸어놓는 핵심적인 역할을 하고 있는 것만은 분명하다.

제2부

글로벌 캐피털리즘의 형성과정

제5장 금융위기와 글로벌 워크아웃

1. 세계자본의 공습과 아시아 용들의 침몰

강 건너 불

1997년 7월 2일. 이날은 홍콩이 155년에 걸친 영국의 식민지배에서 벗어나 중국으로 반환된 바로 다음날이었다. 홍콩과 중국, 대만은 물론 태국, 인도네시아, 말레이시아 등 동남아국가 화교들의 뇌리에는 역사적인 홍콩 반환장면이 아직도 생생히 남아 있었다. 홍콩의 마지막 총통인 크리스 패튼은 찰스 왕세자, 토니 블레어 총리와 함께 황실 전용요트인 브리타니아 호를 타고 정확히 1일 자정을 기해 영국으로 떠났다. 보슬비마저 추적추적 내려 반환장면의 운치를 더해주었다. 1백 년이 넘는 식민시대를 청산한 홍콩은 이들 동남아 주민들에게 서구 제국주의를 다시 한 번 떠올리게 했다.

세계언론들은 홍콩의 중국반환이야말로 금세기 역사의 최대 사건이라며 아편전쟁으로 시작된 서구열강의 중국침략에서부터 중국공산화, 덩샤오핑(鄧小平)과 대처 수상의 반환협약, 그리고 홍콩과 중국의 장래에 대해 연일 대서특필했다. 나아가 '동방의 진주(東方明珠)'이자 '세계의 금융중심지'로 자리잡은 홍콩이 이제 '대중화(大中華)경제권'의 전초기지로 새롭게 태어날 것이라며 동남아 화교들의 기대를 한껏 고조시켰다.

그러나 화교들이 중심을 이루고 있는 태국 방콕의 금융가는 불과 하루 전의 기념비적 사건을 완전히 잊은 듯 이날 아침부터 아연 긴장감이 감돌았다. 이미 3~4개월 전부터 바트화를 공격하기 시작한 국제금융시장의 투기세력들이 한동안 뜸한 모습을 보였다가 며칠 전부터 다시 공격에 나섰기 때문이었다. 태국의 차왈릿 융차이웃 정부는 서방 투기자본의 무차별적 공세를 힘겹게 방어해왔으나 이젠 여력이 바닥났다는 분석도 나왔다. 만약 바트화 방어를 포기할 경우 태국경제가 크게 동요함은 물론, 1980년대 후반부터 10여 년 동안 피땀 흘려 가꾸어온 성장기반마저 허물어질 게 분명했다.

태국정부는 3월부터 시작된 국제투기자본의 바트화에 대한 집요한 공격에 대응해 보유외화를 집중 매각하는 한편, 금리를 기습인상(태국의 단기금리는 한때 1,300%까지 치솟았다)하는 등 힘겨운 싸움을 벌여왔다. 태국정부의 이러한 대응은 국제투기자본에 맞서는 국가의 일반적인 방어전략과 맥을 같이하고 있었다.[1]

일반적으로 투기세력들은 달러를 들여와 이를 담보로 현지통화를 대출받은 다음, 이를 금융시장에 집중 매각(달러를 재매입)하는 방식으로 통화를 공격한다. 투기세력들의 공격을 받는 정부에서는 1차적으로 보유외화를 매각해 통화를 방어하며 2차적으로는 금리를 대폭 인상해 현지통화의 조달비용을 높임으로써 투기세력에게 일격을 가한다. 특히 투기세력들이 현지 금융기관에서 빌린 자금을 상환해야 하는 시점에 통화를 환수하고 금리를 기습인상, 투기세력에 타격을 가하는 방법을 사용하기도 한다.

태국도 이같은 방식으로 투기세력들과 한판 승부를 벌여나갔다. 그러나 시간이 흐를수록 보유외화는 바닥을 드러냈다. 3월과 5월 바트화를 방어하기 위해 총 3백억 달러 가까운 보유외화를 거의 대

---

1) IMF Research Department Staff, "Capital Flow Substantiality and Speculative Currency Attacks", *Finance & Development*, 1997. 12., Vol. 34, No. 4.

부분 소진했다. 투기세력과의 싸움이 지속되면서 고금리 현상이 지속되어 기업들의 어려움도 가중되었다. 그렇지 않아도 1996년 이후 경기가 위축돼 어려움을 겪고 있었던 기업들은 연쇄 부도위기에 몰렸다. 한마디로 경제기반이 위협받고 있었던 것이다.

아니나 다를까 금융시장 딜러들이 이날의 거래를 위해 바쁘게 움직이던 오전 8시 30분, 태국중앙은행 총재가 바트화의 환율방어를 중단하고 이를 시장 움직임에 맡기겠다고 발표했다. 태국정부가 투기꾼들의 공격에 무릎을 꿇는 순간이었다. 순간적으로 딜러들은 깊은 침묵 속으로 빠져들었다. 이미 예견된 일이었으나 정작 바트화 방어포기 발언을 접한 딜러들은 순간적으로 방향감각을 잃어버린 듯했다. "태국정부가 드디어 서방 투기자본에 백기를 들었구나" 하는 말만이 이들의 뇌리에 어지럽게 오갈 뿐이었다. 그러나 냉정한 금융시장에서 침묵할 수 있는 시간은 그야말로 일순간에 불과했다. 곧이어 시장은 아수라장으로 변하기 시작했다. 전화통으로 달려간 딜러들은 '바트 매각─달러 매수'를 소리 높여 외쳤다. 기다렸다는 듯 바트화는 걷잡을 수 없는 나락으로 떨어지기 시작했다. 바트화는 하루 만에 18%나 폭락했고 곧 이어 주가도 자유낙하를 시작했다.

이때까지만 해도 이것이 20세기말 지구촌 경제를 뒤흔들 아시아 금융위기의 전주곡이었다는 사실을 알고 있었던 사람은 별로 없었다. 그저 태국이라는 동남아시아의 조그만 나라에서 일어난 일회적 사건에 지나지 않을 것이라며 '강 건너 불 구경' 식으로 바라보았다. 그러나 이것이 얼마나 순진한 생각이었는지를 깨닫는 데는 그리 많은 시간이 필요하지 않았다.

붕괴 도미노와 구제금융 시대의 개막

바트화 공격으로 자신감을 얻은 투기자본은 곧바로 경제사정이 비슷한 이웃 인도네시아와 말레이시아 통화에 대한 공격을 시작했다. 동남아와 한국에 투자돼 있던 단기투자자금(주식, 채권과 선물, 옵션 등 파생금융상품에 투자한 포트폴리오 투자자금)도 마치 썰물처럼 빠져 나가기 시작했다. 각국 정부도 태국과 마찬가지 방법으로 자국통화의 방어에 나섰으나 계속되는 서방자본의 이탈로 곧 한계에 직면할 수밖에 없었다. 주가는 바닥을 모르고 연일 하락세를 거듭했고, 자국통화를 방어하기 위해 보유외화를 내다팔아 외환보유고는 바닥을 드러냈다. 결국 바트화 방어포기선언 이후 10여 일 만에 필리핀(7월 11일)과 인도네시아(7월 11일), 말레이시아(7월 14일)가 통화방어를 포기하거나 환율변동폭을 확대하기에 이르렀고 태국과 인도네시아는 더 이상 버티지 못하고 IMF에 손을 벌리는 처지로 전락했다.

다음 공격목표는 아시아에서 가장 튼튼하고 투명한 경제구조를 지니고 있는 홍콩, 155년의 식민역사를 청산하고 중국의 품으로 돌아간 바로 홍콩이었다. 당시 홍콩은 통화환율을 미국 달러화에 연동시키는 일종의 고정환율제(페그제)를 택하고 있었다. 투기자본의 공격이 시작되자 홍콩정부는 페그제 방어원칙에 입각, 1차적으로 보유외환을 바탕으로 시장에 개입하기 시작했다. 당시 홍콩의 외환보유고는 960억 달러로 세계 7위였다. 세계에서 두번째로 많은 1,400억 달러의 외화를 보유하고 있는 중국도 홍콩 환율을 방어하겠다며 지원사격에 나섰다. 홍콩은 이어 금리를 기습 인상해 국제투기자본에 일격을 가했다. 경제력이 취약한 동남아국가들이 힘없이 무너진 것과 달리 홍콩은 강력하게 반발하며 일단 통화방어에 성공했다.

그러나 문제는 그것으로 끝나지 않았다. 페그제 방어를 위해 홍콩이 1997년 10월 23일 금리를 3배로 인상하는 바람에 주가가 10년 전의 블랙 먼데이(암흑의 월요일) 이후 가장 큰 폭인 14%나 떨어진 것(검은 목요일)이었다. 홍콩주가의 폭락은 세계증시에 '폭락 도미노'를 불러일으켰다. 인접한 말레이시아, 인도네시아, 태국, 필리핀 등 동남아에 이어 유럽, 미국으로 시차를 두고 도미노는 이어졌다. 더욱이 휴일을 지내고 난 10월 27일에는 또 다시 전세계 주식시장이 동반 폭락의 회오리에 휩싸였다. 전후 최고의 호황을 자랑하던 미국에선 통제불능의 주가폭락을 막기 위해 주식거래를 인위적으로 일시 중단시키는 역사상 초유의 사건이 발생하기도 했다. 10년 전의 블랙 먼데이 악몽을 떠올리게 하는 일이었으며, 이는 동남아에서 홍콩으로 번진 '아시아 쇼크'가 세계적인 금융위기로 확대되는 신호탄이었다.

그 동안 동남아 금융위기를 강 건너 불 보듯 하던 미국과 유럽 등 선진국도 이때부터 시각을 바꾸어 아시아 금융위기에 적극적으로 대응하기 시작했다. 8월 태국에 대한 172억 달러의 IMF 구제금융을 결정한데 이어 10월 말에 인도네시아에 430억 달러의 자금지원을 결정하며 진화에 나섰다.

그러나 IMF와 서방선진국들의 구제금융 결정도 동남아 금융불안을 차단하는 데는 별 효과를 보지 못했다. 금융불안은 인도네시아, 말레이시아, 홍콩을 거쳐 한국으로 북상을 계속했다. 특히 한국은 '선진국 클럽'인 경제협력개발기구(OECD)에 가입한 세계 11위의 경제국가로, 한국의 위기는 세계적인 금융위기로 이어질 게 분명했다. 그럼에도 재벌의 잇따른 부도와 기아 및 한보사태로 한국의 경제상황에 불안을 느낀 서방자본들은 단기투자자금을 계속 빼내갔고 투기자본들은 원화에 대한 무자비한 공격을 지속했다. 김영삼 정부는 달러 유출을 막기 위해 경제기본여건이 튼튼하다고 부르짖으며 주식시장의 문을 더욱 열어젖혔으나 이미 대세는 기울어진 상태였다.

최후의 순간까지 아시아 금융위기의 파장을 비켜가기 위해 외환보유고의 고갈을 숨긴 채 큰소리를 치던 김영삼 정부도 결국 손을 들고 말았다. 1997년 11월 21일 임창렬 신임 부총리 겸 경제기획원 장관은 더 이상 외환을 방어할 수 없다고 '항복'을 선언하고 IMF에 자금지원을 공식 요청했다. 그로부터 20일 후인 12월 10일 IMF, 세계은행 및 서방 선진 7개국(G7) 등과 570억 달러의 긴급구제금융을 받기로 합의했다. 이와 동시에 IMF와 한국정부는 본격적인 구제금융 협상에 들어갔다.

이렇게 동아시아 각국은 1997년을 극심한 금융혼란 속에서 마감해야 했다. 통제불능의 상태에서 주가와 통화가치가 수직 하락하는 금융혼란, 정확히 표현하자면 사실상의 '금융공황'은 이듬해인 1998년 1월까지 지속되었다. 1997년 7월부터 이때까지 약 7개월 동안 각국의 통화가치는 40~50% 떨어졌으며 상황이 가장 심각했던 인도네시아 루피아화는 달러당 2,400루피아에서 16,500루피아로 반년 만에 무려 85%나 폭락하며 거의 휴지조각으로 변했다. 1997년 6월까지만 해도 달러당 24바트를 기록했던 태국의 바트화는 달러당 54.50바트로, 한국의 원화는 달러당 800원대에서 최고 달러당 1,900원까지 폭락했다. 아시아 각국의 통화가 이처럼 순식간에 큰 폭으로 떨어진 것은 각국에 자본주의 화폐제도가 도입된 이후 사실상 처음 있는 일이었다.

잘못된 진단

그렇다면 성장가도를 질주하던 동아시아 용들이 이처럼 갑작스럽게, 그것도 연쇄적으로 침몰한 것은 과연 무엇 때문인가? 이에 대해서는 아직도 논란이 지속되고 있지만 대체로 다음과 같은 요인이 주로 제시되고 있다.

먼저 많은 경제학자들은 아시아 용들의 내부모순에서 위기의 원인을 찾고 있다. 1980년대 이후 연간 8% 안팎의 고성장을 누리면서 형성된 거품(특히 부동산과 주식)과 불합리한 금융관행, 정경유착, 무모한 중복 및 과잉투자에 따른 자본효율성 저하 등이 근본원인이라는 주장이다. 한국에서 재벌의 경제력 집중 등 구조적 문제를 집중적으로 부각시키는 시각도 이 범주에 속한다. 이들은 특히 엔화가 1995년 이후 2년여 동안 50% 이상 평가절하되면서 아시아 각국의 수출경쟁력이 하락, 경제성장률이 떨어지기 시작했고 이것이 잠재되어 있던 모순을 폭발시켰다고 보고 있다.

둘째로 지적되는 이유는 금융시장의 낙후성이다. 사실 동아시아 각국은 그 동안 고정환율제를 채택하거나 환율변동폭을 인위적으로 제한했다. 이에 따라 환율이 1990년대 중반 이후의 경기변화를 제대로 반영하지 못하는 중대한 문제가 발생했다. 자본주의 경제체제의 혈액에 비유되는 금융(돈)은 자유롭고 합리적으로 움직임으로써 경기를 조절하는 기능을 수행해야 한다. 그러나 동아시아에서는 정부의 과도한 개입으로 실물경제와 금융부문, 특히 환율의 괴리가 확대될 수밖에 없었으며 이의 조절과정이 파괴적인 형태로 나타난 것이 바로 금융위기이자 경제위기라는 분석이다. 이는 동남아 금융위기가 태국 고정환율제 폐지 및 평가절하에서 비롯되었다는 점에서 설득력을 얻고 있으며 동시에 IMF와 서방선진국들이 아시아 각국에 과감한 금융개혁을 요구하는 근거가 되고 있다.

금융시장의 낙후성에 대해서는 좀더 설명이 필요하다. 수출전략의 실패, 부정부패, 고속압축성장의 후유증이 결국 금융부문을 통해 집약적으로 표출되었기 때문이다. 따라서 이 부분을 구체적으로 살펴보면 당시 동아시아 각국의 경제가 얼마나 취약한 상태에 있었는지도 그대로 드러난다.

먼저 동아시아 각국은 환율안정을 당연한 것으로 여기고 미래위험에 대한 준비를 거의 하지 않았다. 국제결제은행(BIS) 조사에 따르면 1996년 말 현재 2년 이내에 만기 도래하는 대외채무가 태국의 경우 당시 외환보유액의 120%에 달했으며 인도네시아와 한국은 무려 200%에 달했다.2) 그런데도 불구하고 각국은 이에 대한 상환방안을 미리 세워놓지 못했고, 때문에 외국투자가들은 금융위기를 우려해 서둘러 자금을 회수했다.

정치권의 금융기관에 대한 과도한 개입은 관치금융, 정실자본주의(clony capitalism)를 낳았다. 물론 정부의 금융지배는 제한된 투자재원을 전략적으로 활용한다는 면에서 불가피한 측면도 있었지만 이

---

2) "How Far Is Down?", *The Economist*, 1997. 11. 15.

로 인해 심각한 금융 왜곡이 생겼다. 금융기관의 독자적인 사업타당성 평가보다는 정치권을 비롯한 이른바 '상부의 압력'에 의해 대출이 진행되는 경우가 대부분이었다. "한 차례의 식사대접이나 골프 회동이 재무상황에 대한 전문가의 분석보다 더 중요한 대출기준이 되는 아시아식 금융관행"[3]이 결국 금융위기의 묘혈을 판 것이다. 이는 동시에 금융기관의 비효율성을 조장하고 금융기법이나 기업분석 능력 등 전문성을 떨어뜨림으로써 궁극적으로 국제경쟁력을 저하시켰다. 대외적으로는 아시아 금융시장의 '불투명성'을 조장, 대외신뢰도를 떨어뜨리는 요인이 되기도 했다.

부동산을 담보로 한 대출의 비중이 높고 대규모 부동산 개발사업에의 지원이 너무 많았다는 점도 공통점으로 지적된다. 급속한 경제개발 과정 속에서 부동산시장의 활황만을 보아온 아시아 금융기관들로서는 부동산에 대한 신뢰가 절대적이었다. 사업타당성에 대한 과학적 조사능력이 결여된 상태에서 부동산 담보대출은 가장 안정적인 금융행위가 아닐 수 없었다. 그러나 경기하강과 함께 부동산시장이 침체되고 담보 부동산에 대한 매각도 여의치 않게 되자 잠재되어 있던 문제가 폭발했던 것이다. 실제로 1996년 이후 각국의 부동산 가격, 특히 태국과 인도네시아의 부동산 가격은 30% 이상 떨어져 대출금에 대한 담보능력을 상실해가고 있었다.

이로 인해 나타나는 현상이 바로 부실채권의 급증, 즉 금융기관의 부실화이다. 전체 대출자금 가운데 기업부도 등으로 회수가 불가능한 부실채권 비중을 보면 태국이 19%, 인도네시아가 17%, 한국이 16%, 말레이시아가 15%, 필리핀이 13% 안팎에 달했다. 아시아에서 비교적 건전한 금융거래관행을 유지하고 있는 싱가포르조차도 4%로 금융선진국인 미국의 1%에 비교할 수 없을 정도였다.[4]

셋째로 지적되는 아시아 금융위기의 원인은 국제투기 세력의 음

---

3) *The Economist, ibid.*
4) *The Economist, ibid.*

모라는 것이다. 특히 IMF 구제금융 지원을 거부한 말레이시아의 마하티르 총리는 세계적인 '투기꾼'인 미국 퀀텀 펀드의 조지 소로스 회장을 아시아 위기의 주범이라고 지목하고 일련의 금융위기 과정을 '제국주의의 음모'라고 몰아붙였다. 실제로 조지 소로스는 세계 금융공황 우려가 고조되던 1998년 하반기에 펴낸 책5)을 통해 자신이 관리하는 헤지펀드들이 1997년 초에는 태국 바트화와 말레이시아 링기트화를, 같은 해 7월에는 인도네시아 루피아화를 공매(short-selling)하는 방식으로 공격했다고 시인했다.

한때 비동맹국의 맹주이기도 했던 마하티르는 한 신문의 기고문에서 "높은 저축률, 직장에 대한 충성심, 평생직장제도 등으로 상징되는 아시아적 가치가 성장의 원동력이었지 결코 위기의 원인이 될 수는 없다. (아시아 기업들의) 외채에 의존한 경영관행도 이들이 마련한 외채상환계획 등이 제대로 이루어질 수 있는 경제시스템하에서는 비난받을 이유가 없다. 문제는 이들의 외채상환계획 등을 일시에 혼란으로 빠뜨린 환투기꾼들의 투기적 행태가 원흉이었음을 인식해야 한다"고 주장하고 "단언하건대 국제 투기꾼들이 통화나 주식시장을 공략하지 않았다면 아시아 위기는 일어나지 않았을 것"6)이라고 주장했다. 그는 자본의 이익만을 최고가치로 내세우는 '자본절대주의(absolute capitalism)'7)가 개도국경제를 망가뜨리고 있다며 자본주의 체제의 근본적인 문제점에도 화살을 들이댔다.

넷째는 국제금융자본의 휘발성(volatility)에서 위기의 원인을 찾고 있다. 조금이라도 높은 이익을 찾아 지구촌을 떠돌아다니는 국제금융자본이 동아시아에서 일시에 이탈하여 위기가 닥쳐왔다는 얘기다.

---

5) 조지 소로스, 『세계자본주의의 위기 — 열린사회를 향하여』, 형선호 옮김, 1998, 김영사, pp. 198~201.

6) 마하티르 말레이시아 총리 기고문, 「국제투기꾼이 세계경제 농락」, ≪한국경제신문≫, 1998. 10. 23.

7) "Mahathir Warns of 'Absolute Capitalism' as Emerging Ideology", *AFP*, 1998. 5. 28.

이른바 관객들로 가득 찬 극장에서 누군가 "불이야" 하고 외치자 관객들이 극장 출구로 한꺼번에 몰려들어 혼란이 빚어지듯이 아시아 금융시장에서도 이같은 상황이 나타났다는 지적이다. ≪비즈니스 위크≫는 일반상품의 자유무역과 돈의 자유무역을 구분해야 한다고 지적하면서 "돈의 자유무역은 군중심리, 편집증, 그리고 공황 등에 쉽게 좌우되는 금융투기의 변덕스러움에 실물경제를 저당잡히는 결과를 낳으며 이는 불안정하고 디플레이션적이다"라고 주장하기도 했다.8)

모두 맞는 지적이다. 그러나 그렇지 않다. 왜냐하면 이들 모두 부분적인 사실만 말하고 있을 뿐 본질규명에는 이르지 못하고 있기 때문이다. 위에서 적시한 모든 요인들이 복합적으로 작용하여 위기가 발생했다 하더라도 이것이 각기 상이한 경제구조를 지닌 동아시아 국가들에게 어떻게 연쇄적인 파장을 미쳤는지 설명되지 않는다.

따지고 보면 아시아에서 정경유착이 판을 친 것은 각국이 국가주도의 경제개발 전략을 펼치기 시작했던 1980년대, 아니 1970년대부터의 일이었고 금융시스템이 취약했던 것 역시 금융위기가 발발하기 직전 또는 1~2년 전에 갑자기 나타난 현상이 아니었다. 또 각국은 경제성장을 지속하면서도 주기적인 경기조절 과정을 거쳐왔다. 위의 분석대로라면 아시아는 훨씬 오래 전에 위기를 겪었어야 했다. 또 투기자본은 1970년대 중반 브레튼우즈 체제의 붕괴 이후 지구촌을 돌아다니며 각국 통화를 30차례 이상 위기에 몰아넣은 바 있다. 새로운 사실이 아니다. 더구나 동아시아 위기가 일본을 거쳐 러시아, 동구, 중남미로 확산되는가 하면, 세계적인 금융공황 위기로까지 번졌다는 점에서는 이러한 분석이 설자리를 잃어버리게 된다.

따라서 금융위기의 원인을 제대로 파악하기 위해서는 수년 동안 지속되어온 국제금융시장과 세계경제의 구조적 변화과정을 면밀히

---

8) "What Sank Asia? Money Sloshing around the world", *Business Week*, 1998. 7. 27.

살펴보아야 한다. 위에서 열거한 문제들도 이 변화과정 속에서 재구성되어야 한다. 동시에 세계경제의 변화를 이끌어오고, 나아가 IMF의 구제금융 프로그램에 그대로 반영된 서방선진 자본들의 동아시아 지배전략이 이와 어떠한 관련을 갖고 있는지도 살펴볼 필요가 있다. 그래야만 위기의 본질은 물론 구제금융 프로그램의 본질도 명확히 드러나기 때문이다. 동아시아 금융위기는 동아시아만의 문제로 발생한 것이 아니라, 세계자본주의 체제의 근본적인 개편과정에서 나타난 필연적인 산물이었기 때문이다.

자본자유화라는 유령의 덫

동아시아 금융위기가 고조되던 1997년 하반기 미국은 매우 느긋하고, 나아가 이를 즐기는 듯한 반응을 보였다. 한마디로 '동아시아 위기는 미국의 이익에 부합한다'는 것이 이들의 반응이었다. 미국의 앨런 그린스펀 연방준비제도이사회(FRB) 의장, 로버트 루빈 재무장관, 심지어 클린턴 대통령마저 이러한 견해를 피력했다. 그들은 동아시아 통화가치의 하락으로 이들 지역에서 미국으로 수출되는 상품의 가격이 떨어져 미국의 인플레이션을 진정시킬 것으로 분석했다. 나아가 '아시아 쇼크'가 과열조짐을 보이고 있던 미국경제의 과속성장을 진정시킬 것으로 보았다.

이것이 미국의 표면적 이익이라면, 금융위기를 통한 아시아 경제 장악은 미국의 본질적 이해관계와 맞닿아 있다. 이는 동아시아 금융위기에 대한 미국 수뇌부들의 논평 뒤에 항상 따라 다닌 말에서도 잘 드러난다. 그것은 "동아시아 각국이 금융위기를 극복하려면 경제의 투명성을 높이고 시장개방을 확대해야 한다"는 것이었다. 이들은 구체적인 방안으로 자본규제 중단, 외환거래 자유화, 중앙은행의 독립성 확보, 은행의 불건전 거래관행에 대한 감시기능 확대, 독점철폐, 시장개방, 공기업 민영화9) 등을 제시했다. IMF도 1997년 9월 발표한 1996~97 회계년도 연례보고서에서 시장개방 확대만이 동남아 금융위기의 해결방안10)이라고 주장했다. 금융위기를 계기로 미국자본의 숙원이었던 시장의 완전개방을 달성하고야 말겠다는 의도를 드러낸 것이다.

이는 1980년대 중반부터 일관되게 추진해온 미국의 동아시아 지역전략에 다름아니다. 미국은 특히 1980년대 말 냉전체제 붕괴로 개도국의 정치·군사적 가치가 희석되자 본격적인 개방압력을 가해왔다. 이는 선진국에서의 자본축적 한계를 개도국 진출을 통해 극복하려는 자본의 이해와, 천문학적 수준에 이른 무역적자를 해소한다는 정책적 목표가 결합하면서 노골적인 모습을 띠고 전개되었다. 특히 동아시아의 시장개방은 1980년대 초반의 경제위기로 남미시장을 상실한 후 마땅한 투자처를 찾지 못하고 있던 과잉자본의 이해와 일치했다.

미국은 아시아 호랑이로 급부상하던 한국과 태국을 우선 감시대상국으로 지정하며 개방압력을 가하는가 하면 우루과이라운드(UR) 협상과 세계무역기구(WTO) 등 국제기구를 통해서도 이를 집요하게 밀어붙였다. 미국의 끈질긴 요구와 압력으로 동아시아 각국은 자본시장의 문을 열기 시작했다. 동아시아 국가들도 경제개발에 필요한 자금을 조달해야 했기 때문에 개방은 가속도를 냈다. 특히 금융위기가 발발하기 2년여 전 WTO 체제가 출범하면서 아시아 지역의 자본자유화는 급속도로 추진되었고 한국은 경제협력개발기구(OECD)에 가입하며 자유화의 선봉에 섰다. 바로 여기에 동아시아 금융위기라는 세기말 비극의 비밀을 푸는 열쇠가 놓여 있다.

앞서 지적한 대로 1990년대 국제금융시장은 '자금 대이동의 시기'라고 할 정도로 이머징 마켓(신흥성장시장), 특히 동아시아로의 자금이동이 활발하게 일어났다. 1990년부터 1996년까지 7년간 이머징

---

9) 「금융위기 해법 안 풀리네」, ≪내외경제신문≫, 1997. 11. 4.
10) 「동남아 시장개방 확대해야—IMF 1996~1997 회계보고서」, ≪내외경제신문≫, 1997. 9. 10.

마켓으로 이동한 민간자본은 모두 1조550억 달러로 1973~81년에 이머징 마켓으로 이동한 것보다 7배 이상 많았다. 국내투자에서 해외자본이 차지하는 비율도 1990년 3%에서 1996년에는 13%로 늘어났다. 특히 아시아 지역으로의 이동이 40%를 차지, 가장 각광받는 투자대상지였다.

투자방식도 크게 바뀌었다. 1980년대까지만 해도 공공대출이나 은행대출의 형태를 띠었던 것이 자유화 바람을 타고 단기이익을 노리는 포트폴리오 투자의 형태로 변했다. 1990~96년 사이 주식, 채권과 파생금융상품에 대한 투자자금은 전체 아시아 투자자금의 39%를 차지했고 이 중 주식투자 규모는 1990년 10억 달러(전체의 3%)에서 시장개방이 확대된 1996년에는 160억 달러(전체의 7%)로 폭증했다.[11] 언제든지 손을 털고 떠나갈 수 있는 형태의 자금이 물밀듯이 동아시아로 몰려든 것이다.

그러나 문제는 이같은 급격한 자본자유화가 적절한 규제장치 없이 섣부르게 진행되었다는 점이었다. 이는 홍콩, 싱가포르처럼 미리 자본자유화를 실시한 국가(또는 지역)를 제외한 모든 동아시아 국가들에 공통된 현상이었다. 자본자유화만이 올바른 길로 인정되고, 더구나 서방자본들이 '규제'라는 말에 알레르기적인 반응을 보이는 상태에서 동아시아 개도국들은 자국 금융시장의 불안정성과 미성숙을 보완할 수 있는 '적절한 규제장치'를 마련하지 못했다.

이러한 문제는 경제성장이 지속되는 한, 그래서 자금유입이 지속되는 한 별 문제가 되지 않았다. 하지만 1990년대 중반 이후 엔화의 하락, 중국의 부상 등으로 수출부문에 적신호가 켜지면서 문제가 드러나기 시작했다. 이러한 상태에서 '자유'를 획득한 국제 투기자본들이 일확천금의 기회를 놓칠 리 없었다. 1970년대 이후 수차례에 걸친 통화투기로 짭짤한 수익을 올렸던 헤지펀드 등 투기자본들이

---

11) IMF 보고서, *op. cit.*(1997. 11.), p. 241.

이 틈새를 비집고 들어와 금융시장에 균열을 일으켰고 이것이 지진으로 확대되며 동아시아를 남에서 동북방향으로 관통해버린 것이다.

결국 동아시아 각국은 서방자본이 펼쳐놓은 덫에 꼼짝없이 걸리고 말았다. 주체적인 자유화·개방화의 길을 포기하고 서방자본의 요구대로 시장의 문을 열어젖힌 대가가 바로 혹독한 금융위기의 형태로 돌아온 것이다. 처음에는 미국을 비롯한 서방의 정치권력과 자본이 합작해 시장개방이라는 덫을 놓았고, 헤지펀드를 비롯한 투기자본들이 들락날락하면서 동아시아를 이 덫에 몰아넣은 것이다. 그 덫은 바로 러시아와 동구, 남미 등 개도국을 거의 예외 없이 위기에 빠뜨린 "취약한 금융시스템과 섣부른 자본자유화의 결합"12)이었다. "시장자유화에 대한 충분한 감독장치를 마련하지 못한 채, 글로벌 경제에 뛰어들면서 국제자본 흐름에 대한 통제를 완화한 데서 비롯된 위험이 현실로 나타난 것"13)이었다.

홍콩의 ≪아시아 위크≫는 이를 미국의 "사기"라며 동아시아에 투자되었던 서구자본을 "영국이 중국에 갖고 들어간 아편과도 같았다"고 지적한다. 첫째 단계로 미국과 유럽은 엄청난 양의 단기자본을 아시아에 쏟아부었고 둘째 단계로 헤지펀드 매니저들이 "위험하다!"고 외치며 단기자본을 서둘러 철수시킴으로써 공황(패닉)을 촉발시켰다는 것이다. 동아시아 국가들은 알게 모르게 금융아편(financial opiates)에 중독되고 말아 결국 위기가 초래되었다는 분석이다.14)

미국의 정부관리들이 동아시아 위기를 미국의 이익에 부합한다고 말했던 것은 부상하는 동아시아를 제어할 수 있는 기회를 잡았기 때문이었는지도 모른다. 그것은 이때를 전후로 미국과 유럽에서 벌

---

12) "Ins and Outs of Capital Flows", *Financial Times*, 1998. 6. 16.

13) "Lessons Learned: Asia's Financial Crisis Reflects, in Parts, the Rise of the Global Economy", *The Wall Street Journal*, 1998. 9. 28.

14) "Behind the Asian Crisis: Japan Must Help the Region Resist American Control", *Asiaweek*, 1998. 10. 16.

어진 '아시아발(發) 디플레이션 논쟁'에서도 잘 드러난다. 디플레이션이란 공급과잉과 수요위축에 따른 가격하락 및 이로 인한 경기침체 현상으로 이것이 장기화할 경우 공황으로 발전하는 것으로 알려져 있다. 1930년대의 대공황이 바로 이러한 경우로 대공황 후 60여 년이 지난 1990년대 후반, 한국과 대만, 태국, 인도네시아 등 이른바 '아시아 호랑이'들의 과잉투자로 디플레이션 재발가능성이 높다는 것이 논쟁의 출발이었다.

실제로 '아시아 호랑이'들은 1980년대 이후 섬유를 비롯한 경공업에서 철강, 자동차, 조선, 석유화학, 반도체, 전자에 이르기까지 각 분야에서 '무모한 투자'를 진행해왔다. 특히 반도체는 일본에 이어 한국과 대만이 가세, 치열한 경쟁을 벌이면서 공급과잉 현상이 발생해 메모리 반도체 가격이 1995년 중반 이후 2년여 만에 무려 90% 가까이 폭락했다. 자동차분야에서는 당시 전세계적인 과잉시설이 실제수요를 35%나 웃돌고 있는데도 한국의 현대, 대우가 인도네시아, 인도, 동구권에까지 진출해 생산을 확대했고 삼성까지 나서 수십억 달러 규모의 프로젝트를 진행했다.15) 이같은 공격적인 투자는 후발주자들이 선진국을 따라잡기 위해 불가피한 측면도 있었지만 서방자본의 입장에서는 우려할 만한 일이 아닐 수 없었다.

특히 선진국 자본이 많은 관심을 기울인 것은 이러한 공격적인 투자가 가져올 자국산업에 대한 직접적인 타격이었다. 값싼 노동력을 기반으로 한 이들 신흥공업국 제품이 자국산 제품을 위협했고 신흥공업국들의 자체 생산시설 확보는 이곳을 미래전략시장으로 설정했던 선진자본에게 '시장의 상실'을 의미하는 것이었다. 그런데 또 다른 문제는 여기에 들어가는 자금이 대부분 선진국에서 빌려온 자본이라는 사실이었다. 선진국의 저렴한 금융자본이 신흥공업국으로 흘러들어가 선진국 산업을 위협하는 일종의 '부머랭 현상'을 불

---

15) "The Threat of Deflation", *Business Week*, 1997. 11. 10.

러일으키고 있었던 것이다.

동아시아 금융위기는 바로 이러한 서방자본의 딜레마를 해결하는 결정적 계기가 되었다. 필리핀의 경제학자 월든 벨로는 1998년 3월 영연방학술원이 개최한 아시아·유럽 민중 포럼의 주제발표를 통해 "미국의 의도를 관철시킬 절호의 기회가 아시아 금융위기와 함께 찾아 왔고, 미국은 그 기회를 철저히 활용해 자유시장 개혁의 기치 뒤에 숨어 자신의 이익을 키우고 있다"고 주장하기도 했다. 이를 실현하는 방법이 바로 미국과 긴밀한 협조 아래 마련된 IMF의 구제금융 프로그램이었다.

IMF 구제금융의 참담한 기록

동아시아 호랑이들의 침몰에 맞춰 IMF는 기다렸다는 듯 곧바로 구제금융 프로그램을 갖고 들어온다. 지원금액은 태국 172억 달러, 인도네시아 430억 달러, 한국 570억 달러 등 모두 1,172억 달러에 달했다. 그러나 IMF의 처방은 금융위기를 경제위기, 고용위기, 사회위기로 확대시키는 결과를 가져왔다. 당연한 일이었다. 진단이 틀렸기 때문이다. 동아시아 위기는 섣부른 자본자유화와 시장개방, 그리고 그에 편승한 투기자본의 광포한 움직임에 근본적인 원인이 있는데도 이에 대한 수술은 외면한 채, 오히려 정반대로 시장을 더 개방하며 위기국의 경제를 서방자본에 더욱 종속시키는 전면적인 구조조정을 강요한 것이다. 의사가 환자를 오진하면 엉뚱한 처방을 내려 병세를 더욱 악화시키는 것처럼 IMF가 동아시아 위기를 심화시켰던 것이다.

IMF가 구제금융 3국에 제시한 자금지원 조건은 1980년대 이래 아프리카와 동구, 남미 등에서 활용, 이미 참담한 결과—이들의 기록은 다음 절에서 살펴볼 것이나—를 가져온 것과 동일한 것이었다.

먼저 IMF는 경제운용을 시장원리에 맡긴다는 원칙 아래 화폐를 평가절하하도록 했다. 정부가 시장에 개입해 환율변동을 인위적으로 통제해서는 안 된다는 것이었다. 대신 현지통화에 대한 해외자본의 투자이익률을 높여주기 위해 고금리를 유지토록 했다. 통화가치가 어느 정도 떨어지고 고금리가 유지되면 해외자본이 다시 유입되어 시장이 안정될 것이라고 IMF는 주장했다.

그러나 동아시아 시장에 대한 신뢰도가 바닥으로 추락해 있고 더구나 투기자본이 헤집고 돌아다니는 상황에서, 이같은 정책은 그야말로 불에 기름을 붓는 격이 되어버렸다. 당장 시급한 과제가 금융시장을 안정시키는 일이었으나 IMF의 구제금융 프로그램이 실시되면서 각국 통화와 주가는 더욱 가파르게 하락세를 보였고 인접국으로 그 파장을 확대해갔다. 헤지펀드를 비롯한 투기세력이 더욱 기세 좋게 활개를 친 것은 당연한 일이었다.

고금리 처방 역시 부작용만 낳았다. 해외자본은 유입될 기미조차 보이지 않는 가운데, 그렇지 않아도 금융경색으로 어려움을 겪고 있던 기업들을 벼랑으로 몰고 갔다. 20~30%의 금리부담을 지고 기업을 정상적으로 운영한다는 것은 사실상 불가능했다. 부도기업이 속출하며 산업기반이 허물어졌고 실업자들이 쏟아져나왔다. 구제금융 이후 1년 만에 한국에서만 120만 명의 실업자가 새로 생긴 것을 비롯해 인도네시아에서는 1999년 초까지 1,200만~1,500만 명, 태국에서도 280만 명의 신규 실업자가 생겨났다.16)

이로 인해 금융위기는 경제전반의 위기로 확산돼 각국의 경제성장률이 일제히 마이너스로 돌아섰다. IMF는 태국, 한국 등과의 합의문을 통해 각국의 경제성장률이 플러스 2~3% 선에 머물 것으로 예상했으나 구제금융 프로그램의 실패로 매분기마다 성장률 예상치를 하향 조정해야만 했다. 태국의 경우 1998년도 경제성장률 예상치를 1997년 8월의 1차 협정서에서 3.5%로 예상했으나 이듬해 1월에는 1%로, 4월에는 −3%로, 7월에는 다시 −4.5%로 하향 조정했

---

16) ILO 심포지엄 자료, 1999. 3. 6.(ILO 홈페이지, http://www.ilo.org).

으나 실제 1998년 성장률은 -7%를 기록했다. 한국도 마찬가지여서 1998년 전망치를 1997년 12월 3~4%에서 1998년 3월에는 0%로, 다시 6월에는 -2~3%로 하향 조정했으나 연말의 실제 성장률은 -5.8%에 달했다. IMF의 취약한 분석 능력을 유감없이 보여준 것이었으며 다른 분야에서도 마찬가지였다.

IMF는 그러나 환율상승과 고금리에 따른 이러한 문제는 외면한 채 인플레이션을 막고 재정부문에 대한 대외신뢰도를 높이기 위해 재정지출을 억제토록 했다. 각국에서는 통화가치하락으로 해외에서 수입하는 원자재와 각종 상품가격이 오르면서 물가가 급등하는가 하면 일부 계층의 사재기 현상도 나타나고 있었다. 이를 막기 위해서는 긴축정책을 통해 총수요를 억제해야 한다는 것이 IMF의 주장이었다. IMF가 실업문제를 그대로 방치한 것도 이것이 인플레 억제에 도움이 되기 때문이었다. 특히 재정지출 억제는 보건, 교육, 농업 등에 대한 투자축소, 사회간접부문 사업중단 등의 형태로 전개되어 상대적 빈곤층의 타격이 컸다. 인도네시아에서는 재정적자 억제를 위해 서민과 빈민층에 지급되던 쌀 등 생필품과 연료에 대한 정부보조금을 철폐토록 함으로써 민중들의 생활이 도탄에 빠져 이것이 1998년 5월 폭동으로 비화되기도 한다.

이러한 조치가 위기상황에 대한 IMF의 응급처방전이었다고 한다면 공기업의 민영화, 부실 금융기관 폐쇄와 일부 금융기관 해외매각을 포함한 금융산업 구조조정, 규제완화, 시장개방, 노동시장의 유연성 확보 등은 위기국가의 경제구조를 근본적으로 뜯어고치기 위한 전략적인 처방전이었다. 한편으로는 서방자본의 동아시아 채권 회수를 용이하게 하고 다른 한편으로는 투자환경을 자신들에게 더욱 유리하게 만드는 데 이들 정책의 초점이 맞춰져 있었다. 동아시아 경제를 국가주도형 경제에서 시장주도형 경제로, 폐쇄적인 경제에서 개방적인 경제로 탈바꿈시킴으로써 서구자본이 주도하는 글로벌 캐피털리즘 체제에 완전히 편입토록 하는 것이었다.

　태국, 인도네시아, 한국이 각각 진행한 외채협상은 철저하게 서방 금융기관의 이익이 관철되는 과정이었다. 서구자본의 무분별한 대출행위에 대해서는 아무런 책임도 묻지 않은 채 오히려 금리를 올려 서방 금융기관들이 이익을 챙기도록 했고, 민간금융기관의 채무에 대해 정부가 지급을 보증하도록 함으로써 대출금의 미회수 위험성을 해소했다. 자금을 대출해준 기업이 파산할 경우 금융기관도 피해를 보는 것이 당연한 시장원리임에도 불구하고, 금융위기라는 절체절명의 상황을 이용해 이를 무시하고 자신의 이익만을 챙긴 것이다. 서방 경제학자들조차 이같은 금융기관의 행위를 '도덕적 해이(moral hazard)'라고 질타하고 있거니와 서방자본들이 금과옥조처럼 내세우는 시장원리도 여기에 이르러서는 할 말을 잃게 된다.

　재정확충을 위하여 공기업을 민영화하는 것은 사실상 동아시아 국가의 기간산업을 해외자본에 헐값으로 넘기도록 하는 것이었다. 동아시아의 공기업은 철강, 전력, 통신, 수도, 가스, 금융 등 이른바 경제개발계획이나 국민생활과 밀접한 관련을 갖는 산업들이다. 그러나 자국기업 가운데 이들을 인수할 수 있는 기업은 거의 없다. 인수한다 하더라도 독자적으로 운영하는 것이 불가능하다. 어떠한 형태로든 외자를 유치해야 한다. 이미 구제금융 프로그램에 들어간 동아시아 국가들은 수출증대만으로 외채를 갚는 것이 사실상 불가능하며, 이들 공기업을 해외에 매각해 이 대금으로 외채를 갚아나가야 한다. 이는 동아시아 국가들이 더 이상 독자적인 경제개발전략을 펼치기 어렵도록 만드는 것이었다.

　반대로 개도국의 알짜산업 인수는 서방자본의 지속적인 이윤창출에 필수적이었다. 1980년대 이후 저성장이 고착화되자 서방자본은 이의 돌파구로 개도국을 선정하고 특히 유망산업인 사회기간산업에 군침을 흘려왔다. 금융위기가 바로 이를 실천할 수 있는 기회를 제공한 셈이며 이것이 교묘한 논리를 가지고 구제금융 프로그램에 반영된 것이다. IMF가 내세운 시장개방, 규제완화, 노동시장 유연화 역시 위기에 처한 동아시아 경제를 되살리기보다는 이 지역에 대한 서방자본의 진출조건을 유리하게 만드는 것이었다.

이러한 구제금융프로그램에 대해 서방 전문가들조차 비난을 퍼부었다. 하버드 대학의 제프리 삭스 교수는 IMF의 잘못된 처방이 동아시아 경제를 파국으로 몰아가고 있다며 IMF와 구제금융 국가간의 협상과정을 공개해야 한다고 주장[17]했고 ≪월스트리트 저널≫은 IMF가 스스로 문제를 만들어놓고 이를 치유하기 위해 더 많은 자금을 요구하는 조직이라며 IMF가 아시아 위기를 오히려 심화시키고 있다고 맹 비난을 퍼부었다.[18] 자유시장 경제이론의 대부이며 노벨 경제학상 수상자이기도 한 밀튼 프리드먼 스탠포드 대학 교수도 "IMF 구제금융이 오히려 위기를 불러일으켰다"고 주장[19]했고 IMF의 자매 금융기구인 세계은행과 이 기구의 조셉 스티글리츠 부총재조차 IMF의 처방이 잘못[20]되었으며, 미국과 IMF가 아시아의 경제난을 더욱 악화시켰다[21]고 주장했을 정도이다.

서방자본의 수중에 넘어간 동아시아

미국의 지원과 엄호사격을 바탕으로 IMF가 동아시아 국가의 경제 구조조정을 밀어붙인 다음은 서방선진국 산업자본과 금융자본의 차례였다. IMF가 길을 닦아놓자 이들이 무혈입성해 동아시아 기업들을 하나하나 집어삼키기 시작한 것이다. 그렇지만 이들은 서두르지 않았다. 서두를 필요가 없었던 것이다. IMF의 구제금융 프로그

---

17) Jeffry Sachs, "Power unto Itself", *Financial Times*, 1997. 12. 11.

18) "The IMF Crisis", *Asian Wall Street Journal*, 1998. 4. 16.

19) "Friedman Says IMF Bailout Led to Crisis", *The Wall Street Journal*, 1998. 9. 3.

20) "World Bank Questions Plan by IMF for Asia", *Asian Wall Street Journal*, 1998. 1. 8.

21) "Decision by US and IMF Worsened Asia's Problems, the World Bank Finds", *The New York Times*, 1998. 12. 3.

램 자체가 내수시장을 기반으로 한 경제회생의 길을 어렵게 만들고 해외시장 및 외국자본에 더욱 의존토록 했기 때문에 급한 것은 동남아 국가들이었다. 더구나 서방자본이 유입되지 않으면 외환시장은 물론 금융시장 전체가 회복될 수 없는 상태였다. 한마디로 외자유치만이 이들이 금융위기에서 벗어날 수 있는 유일한 길로 열려 있던 셈이었다.

서방자본들은 느긋한 입장에서 인수에 유리한 조건을 내세우며 가격이 충분히 떨어지기를 기다릴 수 있었다. 주가와 통화가치가 동반 폭락해 금융위기 이전에 비해 거의 20%도 안 되는 가격으로 기업들을 매입할 수 있었지만 결코 서두르지 않았다. 이들이 투자하지 않는 한 동아시아의 국가신용도가 올라갈 수 없음은 물론 금융위기에서 벗어날 수 없다는 사실을 누구보다 잘 알고 있기 때문이었다.

서방 자본이 가장 먼저 관심을 갖고 달려든 것은 금융산업이었다. 한창 경제개발을 해야 하는 동아시아 국가와 기업들은 막대한 자금을 필요로 하고 있었고 자금은 항상 공급부족 상태였다. 때문에 동아시아의 금리는 서방선진국에 비해 3배 이상 높았다. 저렴한 자금을 가지고 들어와 3배 이상의 수익을 올릴 수 있는 곳이 바로 동아시아 금융시장이었다.

이에 따라 태국의 최대 상업은행인 파이낸스 원이 독일의 도이체방크에 넘어간 것을 비롯해 1998년 말까지 태국의 3개 시중은행과 4개 증권회사가 외국자본의 수중으로 넘어갔다. 한국에서는 미국의 뉴브리지 캐피털이 제일은행을, 홍콩상하이은행(HSBC)이 서울은행을 헐값에 사들이기로 계약을 체결한 것을 비롯해 유수의 금융기관들이 외국인 수중에 넘어갔다. 특히 은행 매각과정에서는 정부가 국민의 세금으로 수조 원어치의 부실채권을 떠안아주고 알짜배기 자산만 넘겼으며, 1~2년 이내에 추가로 발생하는 부실채권까지 정부가 인수하기로 하는 불평등계약을 맺었다. 이밖에도 통신, 자동차, 철강, 전자, 유화, 유통 등 전산업계에 걸쳐 기업들은 외자유치를 위해 뛰었다. 서방자본의 입장에서는 그야말로 유사이래 처음 맞는 '쇼핑 기회'를 즐길 수 있었다.

1998년 한 해 동안 한국에 대한 외국자본의 직접투자 규모가 89억 달러로 사상최고치를 기록했고, 태국에 대한 직접투자 규모 역시 76억 달러로 전년의 31억8천만 달러에 비해 2배 이상 급증하며 사상최고치를 기록했다. 당연한 귀결이었다. 이러한 투자는 이들 국가의 금융위기 극복을 지원하기 위해 이루어진 것이 아니다. 서구자본의 이익극대화를 위한 것에 지나지 않는다. 이익을 낼 수 없는 시점이면 언제든지 떠날 준비가 되어 있는 자본이며 자본철수를 무기로 더 많은 요구를 내걸어 정부를 압박할 자본일 따름이다.

이렇게 진행된 동아시아 금융위기와 IMF 구제금융 및 서방자본의 무혈입성 과정은 동아시아 국가들을 새로운 종속의 시대로 접어들게 한 것에 다름아니다. 이제 이들은 내수에 기반한 경제발전의 길을 원천적으로 봉쇄당한 상태에서 더욱 더 개방적인 경제로, 서방자본에 더욱 더 의존하는 경제로, 따라서 외적인 환경변화에 더욱 더 취약한 경제로 탈바꿈하고 있다. 바로 글로벌 캐피털리즘 체제에 완전히 편입된 것이다. 여기에 동아시아 금융위기의 진정한 경제사적 가치가 있다.

이러한 일련의 과정이 서구, 특히 미국의 주도면밀한 시나리오에 따라 진행되었다고 보는 것은 상황을 너무 단순화시키는 것이다. 또 자본의 운동에 따른 자본주의 체제의 근본적 변화과정이라는 사태의 본질에서도 벗어나는 일이다. 동시에 '음모론'에 매달리는 것은 자본주의 사회의 모순을 직시하기보다 서구자본의 힘과 지혜를 확대 해석하는 어리석은 일이기도 하다. 물론 미국은 금융위기 이전부터 동아시아 국가들이 이러한 과정을 거쳐 미국자본의 손아귀에 들어올 것으로 전망했을 개연성이 높다. 미국은 이미 남미 등에서의 역사적 경험을 다른 누구보다 생생하게 기억하고 있기 때문이다.

하지만 보다 중요한 것은 이러한 일들이 자본주의 체제변화라는 일관된 흐름 속에서 전개되고 있다는 점이다. 복잡하고 때로는 혼란스럽게 여겨지기까지 하는 변화 속에서 일관되게 관철되는 어떤 흐름, 또는 변화의 필연성을 제대로 인식할 때 오늘날 인류역사에 대한 새로운 시각을 정립할 수 있다. 이것은 이미 동아시아보다 앞서 금융위기를 겪으며 IMF의 구조조정 처방을 받은 남미와 아프리카, 동구 국가들이 오늘날 어떠한 상태에 처해 있는가를 살펴보면 더욱 잘 드러난다.

2. '상실의 10년'과 새로운 종속의 시대

IMF 모범생의 강의

동아시아 금융위기가 고조되면서 한국이 국가부도의 벼랑으로 몰리고 있던 1997년 11월, 캐나다 벤쿠버에서 열린 아·태경제협력체(APEC) 정상회담의 주인공은 단연 멕시코의 에르네스토 세디요 대통령이었다. 예일대 경제학박사 출신으로 자유주의 시장경제론자인 그는 회담기간 내내 언론의 주된 인터뷰 대상이었고 각국 정상의 단독회담 파트너였다. 그가 바로 아시아 국가의 정상들이 따라 배워야 할 '난국을 극복한 지도자'로 부각되었기 때문이었다.

세디요 대통령은 상기된 모습으로 아시아 정상들에게 '한수' 지도하느라 여념이 없었다. "경제위기를 극복하려면 우선 정부와 기업, 근로자가 문제의 심각성을 솔직히 인정하고 뼈를 깎는 고통을 받아들여야 한다. 그리고 하고 싶지 않더라도 즉각 과감한 조치를 취해야 한다. 시간을 허비해서는 안 된다. 재정지출을 축소하거나 세금을 인상해 금융기관의 부실채권 처리를 위한 재원을 마련해야 한다. 대외신인도를 제고하기 위해 과감한 구조조정을 펼쳐야 한다. 방만한 공기업을 민영화하고 외국자본 유치에 발벗고 나서라. 외국자본에 거부감을 가져서는 안 된다." 한국 언론들은 세디요 대통령의 '훈수'와 그의 위기극복과정을 경쟁적으로 보도했다. 결과적으로 세디요는 1994년 말 페소화 위기 당시 멕시코에 이어 1997년 하반기 동아시아에 똑같이 적용된 IMF 구조조정 프로그램의 전도사가 되었다.

세디요 대통령이 APEC 정상들 앞에서 목에 힘을 줄 수 있었던 데는 나름대로의 이유가 있었다. 파산위기에 직면한 국가를 맡아 3년도 안 되는 짧은 기간에 이를 살리는 데 성공한 것으로 평가되었기 때문이었다. 특히 멕시코의 페소화 위기는 동아시아에서 금융위기가 발발하기 2년 6개월 전에 발생한 가장 최근의 개도국 위기였다는 점에서 이들이 '벤치마킹(따라 배우기)'하기에 충분한 가치를 지니고 있었다. 동아시아 각국에서는 멕시코가 이 파고를 어떻게 넘었는지 열심히 연구했다. 1998년 2월 출범한 김대중 정부도 사례연구를 위해 멕시코에 시찰단을 파견하기도 했다.

1994년 12월 세디요가 정권을 잡았을 때 멕시코가 당면하고 있었던 금융위기의 출발점 역시 아시아와 마찬가지로 무분별한 자본자유화와 시장개방이었다. 이미 1976년과 1982년 두 차례의 외환위기를 겪은 바 있었던 멕시코는 서방진영의 요구에 따라 자유시장 경제로의 전환을 위한 개방정책을 지속적으로 펼쳤다. 살리나스 정부는 1989년과 1993년 두 차례 자본자유화 계획을 발표, 외국인의 국내주식투자 한도를 사실상 철폐했고 1993년 11월에는 미국, 캐나다와 함께 북미자유무역협정(NAFTA)을 체결(협정발효는 94년 1월)하는 등 무역과 금융시장의 문을 활짝 열어젖혔다.

활짝 열린 문으로 들어온 자본들은 공장건설과 같은 실물분야에도 흘러들어갔지만 많은 자금이 주식과 채권, 그리고 이와 관련된 파생상품에 집중적으로 투자되었다. 1993년에는 자금유입액의 68.6%가 핫머니의 성격을 지니고 있었다.[22] 그럼에도 멕시코 정부는 이

---

22) 김원호 외, 『IMF 구제금융사례 연구—멕시코, 태국, 인도네시아의 사례를 중심으로』, 대외경제정책연구원, 1997. 12., p. 29.

에 소극적으로 대처했다. 밀려들어오는 외국자본은 페소화를 실제 가치보다 평가절상하는 효과를 가져왔다. 여기서 문제가 발생했다. 국제투기자본이 막대한 이익을 낼 수 있는 좋은 기회를 놓칠 리 없었다. 미국의 금리인상, NAFTA 발효와 함께 폭발한 남부 치아빠스 농민봉기, 그리고 멕시코의 정국불안이 페소화 공격의 기폭제로 작용했다. 핫머니 성격의 투자자금들도 썰물처럼 빠져나가기 시작했다. 금융위기의 시작이었다.

멕시코 경제는 1997년 하반기의 태국과 마찬가지로 순식간에 무너졌고 살리나스 정부는 페소화 방어를 위해 안간힘을 썼으나 모두 수포로 돌아갔다. 1994년 1월 263억 달러를 기록했던 외환보유고는 12월말 61억 달러로 2백억 달러가 증발했다. 살리나스에 이어 대통령으로 취임한 세디요는 곧 IMF로 달려갔다. NAFTA 체결 이후 꼭 1년 만의 일로 한국이 경제협력개발기구(OECD)에 가입한 지 1년여 만에 IMF로 달려간 것과 아주 닮은꼴을 하고 있다.

멕시코는 이듬해인 1995년 2월 IMF와 미국에게서 528억 달러의 긴급 구제금융을 지원받기로 하고 IMF가 권고한 대로 금융 및 재정 긴축, 시장개방, 통신과 석유 및 가스산업에 대한 투자자유화, 금융산업 개편, 공기업 민영화 등을 과감하게 추진하며 경제회생에 나섰다. 같은 해 10월에는 노동자와 농민, 기업인, 연방정부 대표들이 '경제회생을 위한 연대'를 발족해 경제회복을 위해 고통을 분담하고 실업해소를 위해 일자리를 창출하며 물가안정을 위해 노력한다는 내용을 담은 선언문을 발표하는 등 사회통합에도 나섰다.

미국 클린턴 대통령은 의회의 반대에도 불구하고 125억 달러의 긴급자금을 지원하며 자국의 앞마당인 멕시코 경제위기의 불똥이 미국으로 튀는 것을 막는 데 나섰다. 물론 미국은 멕시코의 최대 수출품목인 원유 수출대금을 담보로 잡고 자금을 지원했다. 이처럼 미국이 이례적으로 신속하고 적극적인 지원에 나서면서 멕시코 경제는 당초 예상보다 훨씬 빠르게 회복되었다. 멕시코 경제에 절대적인 영향력을 행사하는 석유, 가스 등 국제원자재 가격이 상승한 것도 큰 역할을 했다. 세디요의 과감한 시장개방 조치와 통신, 석유, 금융기관 등에 대한 외국인 소유허용, 신속한 금융산업 구조조정 등으로 멕시코의 경제개혁 의지를 확인한 해외자본들도 다시 멕시코로 발길을 돌리기 시작했다.

세디요 대통령은 페소화 위기 2년 후인 1997년 1월 15일 세계를 깜짝 놀라게 했다. 당시 미국으로부터 지원받은 긴급 구제금융 125억 달러를 예정보다 3년 앞당겨 조기상환한다고 발표한 것이다. 세디요는 이를 미국 클린턴 대통령과 동시에 발표함으로써 극적 효과를 최대한 높였다. 이번 외채 조기상환은 '멕시코가 극심한 경제위기에서 벗어났음을 보여주는 명백한 증거'라는 부분에서 세디요는 목소리를 높였다.

사실 멕시코는 외형으로는 경제위기를 극복한 것으로 보였다. 경제성장률은 1995년 -6.6%에서 1996년엔 +5.2%로 돌아섰고 1997년엔 +7.0%를 기록하여, 세계에서 몇 번째 안 되는 고성장국가로 발돋움했다. APEC 국가 가운데 가장 높은 성장률이었다. 물가도 1995년 52%에서 1996년엔 27.7%로, 1997년엔 17.5%로 떨어졌고 수출도 빠르게 증가했다. 이로써 멕시코는 IMF 체제를 최단기간에 졸업한 국가로 부상했고 세계는 멕시코의 신속한 재기에 놀라움을 표시했다. 세디요 대통령이 위기극복 성공사례를 전파하는 '교수'가 된 것도 바로 이를 배경으로 하고 있었다.

두 개의 경제, 두 개의 사회

IMF 구제금융 프로그램과 세디요 대통령의 개방정책은 멕시코에서 성공을 거둔 것처럼 보였다. 그러나 그 속을 들여다보면 외형상의 실적지표가 과연 어떤 의미를 지니고 있는지 반문하지 않을 수 없게 된다. 이른바 지표상 경제가 회복된 것으로 나타났지만, 빈부격차와 산업 및 지역간 불균형이 더욱 심화되는 등 이른바 '사회경제'는 금융위기 이전보다 악화되었다. 경제구조는 더욱 대외의존적, 특히 대미종속적 구조로, 외적 환경변화에 아주 취약해졌다. 말할 것도 없이 서방자본이 주도하는 글로벌 캐피털리즘 체제에 더욱 깊숙이 편입되어 이제 독자적인 경제개발전략조차 구사하기 어려운 상태가 되어버린 것이다.

멕시코는 IMF 처방에 따라 급격한 자유시장 경제체제로의 구조개혁을 진행하는 한편 외자유치만이 경제회생의 길이라며 여기에 매달렸다. 미국과의 북부 국경지대에 설치한 이른바 마킬라도라(무관세수출자유지역), 그리고 여기에 진출한 외국자본은 바로 멕시코를 위기에서 구한, 즉 경제성장률을 플러스로 돌려놓은 1등 공신이다. 미국과 멕시코의 국경선을 따라 대서양 멕시코 만에서 태평양까지 이르는 동서 3,380km, 남북 21km의 '국경지역'은 가장 급성장하는 곳이다. 이곳의 인구는 미국이 600만 명, 멕시코가 500만 명 등 모두 1,100만 명으로 총생산규모가 1,500억 달러에 이른다. 이는 폴란드의 경제규모를 능가하며, 태국에 육박한다.23) 특히 이곳의 멕시코 수출산업은 경제성장의 지렛대 역할을 해 그 비중이 50%에 달한다. 농산물을 제외한 대부분의 공산품은 여기서 수출된다고 해도 과언이 아니다.24)

하지만 이곳은 한마디로 멕시코 내의 '이국(enclave)'이다. 많은 외국업체들이 진출했으나 멕시코 국내산업과의 연관성은 거의 제로에 가깝다. 대표적 마킬라도라인 티후아나 지역의 경우 소요원자재의 3%만이 멕시코에서 조달될 뿐이다. 멕시코 전체수입의 78%가 주로 마킬라도라에서 소요되는 중간재이다. NAFTA, 즉 미국과 캐나다에 대한 의존도가 특히 높아 전체수출의 87%, 수입의 76%가 여기에 의존하고 있다. 멕시코는 값싼 토지와 노동력만 제공했을 뿐 원자재와 기술, 자본, 그리고 경영의 노하우, 산출이익(잉여가치) 등은 모두

---

23) "Special Report—The Border", *Business Week*, 1997. 5. 12.
24) "Mexico's New Frontier", *Economist*, 1997. 2. 8.

외국자본의 몫이다.

경제지표가 호전되고 있음에도 불구하고 마킬라도라 이외의 지역에서는 부도기업이 속출하고 오히려 민생은 피폐해졌다. 특히 내수산업은 거의 괴멸에 가까운 타격을 받았다. 이는 지역간 불균형으로 표출되어 마킬라도라 지역과 멕시코 남부지역의 평균임금은 최대 3배, 1인당 소비는 5배의 차이가 난다. 기대수명도 마킬라도라 지역이 20년이나 길다. 문맹률은 남부가 25%, 마킬라도라 지역이 6%로 4배가 넘는 격차를 보이고 있다.25) 동시에 **NAFTA** 지역의 수출산업에 종사하는 인력(총 100만 명)의 평균임금은 1997년 한 해 동안 20%가 늘었지만 멕시코 전체 평균임금은 오히려 감소했다. 평균임금 하락률은 1995년 13.6%에서 1996년 11.0%, 1997년 1.1%를 기록했다.26) 경제성장에도 불구하고 멕시코의 노동자들은 여전히 소외된 지역에서 살고 있으며, 특히 내륙 노동자들의 삶은 더욱 궁핍해지고 있음을 보여주는 지표가 아닐 수 없다.

국내산업은 또 어떠한가? 페소화 위기 이전 외국자본 진출이 사실상 불가능했던 금융산업의 5분의 1이 이미 미국자본에 넘어갔고, 광산, 통신, 발전 등 이익이 날 만한 분야에서도 외국자본, 특히 미국자본이 주인역할을 하고 있다. 그렇지만 멕시코 정부는 당시 금융개혁을 추진하면서 떠안은 금융기관의 부실채권으로 지금도 골머리를 앓고 있다. 이를 해결하기 위해 알짜배기 공기업을 해외에 매각해 재정을 충당하고 있다.

그러면 그럴수록 멕시코 경제는 더욱 대외의존적 구조로 바뀔 수밖에 없다. 동아시아 금융위기의 파장이 일본, 러시아에 이어 1998년 9월에 중남미로 확산되면서 멕시코가 심각한 타격을 입어 페소화 가치와 주가가 동반 폭락한 것은 이러한 취약성을 짐작케 한다.

---

25) "Legacy of Shock Therapy", *Financial Times*, 1997. 2. 12.
26) ECLAC(UN 라틴아메리카·카라비안 경제위원회)의 1997년 멕시코 경제
    보고서(ECLAC 홈페이지, http://www.eclac.cl).

이어 1999년 1월 미나스 제라이스 주(州)의 모라토리엄 선언으로 브라질 금융위기가 닥치자 멕시코 금융시장이 동반위기에 빠진 것 역시 이제는 홀로 서는 것을 포기해야 할 정도로 외적 환경변화에 민감한 구조가 되었다는 점을 잘 보여주었다. 세계금융 위기가 고조되던 1998년 9월 멕시코가 금융시장을 안정시키기 위해서는 통화를 아예 미국 달러화로 교체해야 한다는 주장이 제기되기까지 했다.

멕시코에서 외국자본의 수혜를 입거나 그 주변에서 일하는 사람들은 상대적인 부와 자유를 누리지만 그렇지 못한 내륙은 오히려 더욱 심한 질곡에 빠지고 있다. 미국의 경제주간지 ≪비즈니스 위크≫는 멕시코가 NAFTA 협정 체결 5년 이후 세계적인 제조공장으로 변한 모습을 집중적으로 보도하면서 "확실히 거기에는 두 개의 경제가 있으며 자유무역의 혜택은 오직 한 곳으로만 돌아가고 있다"고 지적했다.27) 농업지역인 남부 치아빠스에서 대규모 농민폭동이 일어나고 신자유주의 구조조정에 반기를 든 사빠띠스따 무장게릴라가 농민들의 지지를 얻고 있는 것도 이 때문이다. 세디요가 캐나다 벤쿠버에서 목에 힘주고 다닌 지 불과 1개월도 안 돼 멕시코 친정부 준 군사대원들이 치아빠스 주 농민들에게 무차별 총격을 가해 최소한 45명이 사망하는 학살사건이 벌어진 것은 멕시코의 사회불안을 단적으로 보여주었다.

멕시코는 결국 1982년의 모라토리엄과 그에 이은 IMF 구제금융 프로그램으로 경제가 10년간 답보상태에 빠진 이른바 '상실의 10년(lost decade)'을 경험한 지 10년 만에 또다시 그때의 경험을 되풀이하고 있는 셈이다. 바로 10년 전에도 멕시코는 자유시장 경제논리에 입각한 구조조정 작업을 진행했으나 1980년대 말 국내총생산이 10년 전 수준으로 돌아가는 비극을 겪었다.

이는 금융위기를 계기로 글로벌 캐피털리즘 체제에 편입되는 개

---

27) "Mexico's Makeover", *Business Week*, 1998. 12. 21.

도국이 어떻게 변모하는가를 실증적으로 보여준다. 구제금융 프로그램에 들어간 동아시아가 활발한 외자유치에 힘입어 경제안정을 이룬다 하더라도 궁극적으로는 이와 별반 다르지 않을 것이다. 이는 비단 멕시코뿐만의 경험이 아니다. 1980년대 이후 IMF가 구조조정이라는 이름으로 할퀴고 간 중남미와 동구, 그리고 아프리카의 수많은 사례를 보면 잘 드러난다.

글로벌 워크아웃(Global Workout)의 시대

멕시코와 아시아의 위기는 1970년대 후반부터 끊이지 않고 발생한 개도국과 저개발국의 금융 및 경제위기, 그리고 이에 이은 IMF와 서구자본 대공습의 일부분에 불과하다. 이 위기들은 IMF와 서구자본이 검은 대륙 아프리카에서부터 중남미, 아시아, 구 소련, 동구 등 거의 대부분의 개도국을 대상으로 진행해온 천편일률적인 구조조정 프로그램의 복사판이자 그 연장선상에 있다. "아프리카를 제외하고 1980년 이후 세계에는 30~40차례의 금융위기가 일어났으며 이들 대부분은 이머징 마켓에서 일어났다. 이머징 마켓의 금융시스템 붕괴 현상은 우리가 생각하는 것보다 훨씬 일반적인 일"[28]이었던 것이다.

IMF의 구조조정 프로그램을 바탕으로 개도국과 저개발국을 글로벌 캐피털리즘 체제에 편입시킨 역사적 경험은 캐나다의 경제학자인 미셸 초스토프스키나 필리핀의 경제학자인 월든 벨로의 실증적 연구를 통해서도 이미 확인되고 있다. 최근에도 시장원리에 기반한 경제 구조조정이 얼마나 참담한 결과를 가져왔는가에 대한 연구성과들이 속속 나오고 있다.

미셸 초스토프스키는 그의 책 『빈곤의 세계화』에서 소말리아, 르완다 등 사하라 이남의 아프리카와 인도, 방글라데시, 베트남 등 서

---

28) "Emerging Banks: Threat of Systemic Collapse?", *Euromoney*, 1998. 1.

남아 및 동남아시아, 브라질, 페루, 볼리비아 등 라틴아메리카, 러시아연방과 유고연방 등 구 소련 및 발칸반도 국가들을 분석하고 있다. 그는 여기에서 1980년대 초부터 부과된 IMF의 구조조정 프로그램이 이들의 경제를 파괴하고 빈곤을 구조화시켰다고 주장한다. "이로 인한 세계경제의 위기는 부유한 나라들이 과거 그들의 식민지를 더욱 쉽게 장악할 수 있게 하는 동시에, 구 '사회주의' 국가들을 세계시장에 편입시키는 결과를 낳고 있다. 몇 가지 예외가 있지만, 세계시장 체제는 국민경제의 사망을 의미한다"[29]고 초스토프스키는 단언한다.

월든 벨로의 연구결과 역시 이와 크게 다르지 않다. 그는 1980년대 멕시코, 칠레, 가나, 코스타리카, 필리핀 등을 대상으로 진행된 IMF의 신자유주의적 구조조정 프로그램을 분석하면서, 이 결과 각국 경제가 저성장의 구렁텅이에 빠졌고 선진국들에게 재복속되었다고 주장했다. 또 각국에서 실업의 증가, 빈부격차의 확대, 사회복지의 축소, 내수위축은 물론 심각한 환경파괴 현상이 발생했으며 "(개도국) 경제개발의 견인차 역할을 자임하는 제3세계 '국가'의 해체"를 몰고 왔다고 강조했다. 월든 벨로는 전체적으로 1980년대에 제3세계 70여 개 국가들이 크고 작은 금융 및 경제위기를 겪으며 미국이 원격조종하는 IMF와 세계은행의 구조조정 프로그램에 투항해 이와 같은 일을 반복하고 있다고 지적했다.[30]

한마디로 1980년대 이후 개도국과 저개발국의 경제불안은 이제 항상적인 일이 되었다. 개방적인 경제체제를 지향하면서 금융·경제구조가 취약한, 달리 말해 투기자본이 준동할 수 있는 틈새를 보이는 비(非)선진국은 예외 없이 위기에 휩싸이고 있다. 또 이제 위기는

---

29) 미셸 초스토프스키, 『빈곤의 세계화―IMF 경제신탁통치의 실상』, 이대훈 옮김, 1998, 당대, p. 28.
30) 월든 벨로, 『어두운 승리(IMF이후 제3세계 경제 보고서)―신자유주의, 그 파국의 드라마』, 이윤경 옮김, 1998, 삼인, pp. 63~67.

경제규모가 비교적 큰 국가들을 대상으로 하고 있다. 1997년 위기를 겪은 인도네시아는 인구규모로 세계에서 네 번째로 큰 국가이며 한국은 경제규모가 11위이다. 1998년 8월에 모라토리엄을 선언한 러시아는 사회주의 종주국이었고 같은 해 11월 IMF 관리체제에 들어간 브라질은 세계 8위이자 남미경제의 40%를 차지하는 경제대국이다. 국제사회에서 나름대로 정치·경제적 영향력을 지니고 있는 국가들이 본격적으로 글로벌 캐피털리즘 체제에 편입되고 있는 셈이다.

이러한 개도국의 끊이지 않는 위기는 명백히 '글로벌 워크아웃(Global Workout)'의 성격을 지니고 있다. 이는 글로벌 캐피털리즘을 완성하기 위해 불가피한 절차이다. 워크아웃이란 자산매각이나 합병 또는 감자 등을 통해 부실기업의 가치를 개선하는 일련의 구조조정 작업을 말한다. 특히 한국을 비롯해 경제위기를 겪고 있는 국가들은 일제히 국가경제의 건전성을 높이기 위해 부실기업을 대상으로 워크아웃 작업을 벌인다. 재무구조가 견실한 기업을 중심으로 국가경제를 재편함으로써 한정된 국가재원이 효율적으로 활용될 수 있도록 하는 것이다. 개도국의 금융위기는 바로 이러한 워크아웃이 글로벌한 차원에서 진행되는 일련의 과정이다. 이를 통해 세계경제구조를 건전화시켜야만 글로벌 캐피털리즘 체제가 제대로 '작동'할 수 있다. 미국의 ≪비즈니스 위크≫는 전세계적인 부채처리를 위한 시기가 왔으며 이를 위해서는 글로벌 자본시장의 리스크(위험)를 정확히 측정한 다음 막중한 부채에 시달리고 있는 아시아, 러시아, 중남미 등에 대한 글로벌 워크아웃을 진행해야 한다고 주장한다.[31]

글로벌 워크아웃은 한편으로는 개도국 및 체제전환국 경제를 글로벌 캐피털리즘 체제에 더욱 깊숙이 편입시키는 역할을 하며, 다른 한편으로는 과잉축적상태에 있는 서방자본의 본격적인 글로벌 경영

---

31) "A New Financial Architecture", *Business Week*, 1998. 10. 12.

을 보장하는 역할을 한다. 글로벌 워크아웃을 통해 서방자본은 새롭고 안정적인 자본축적의 기회를 확보하게 되는 것이다. 여기에 비(非)서구진영의 끊이지 않는 위기의 본질이 있다. 일국 경제체제를 건전화시키기 위해 부실기업을 퇴출시키듯이, 과중한 외채와 글로벌 스탠더드에 어긋나는 관행을 유지하고 있는 경제체제를 솎아내고 이를 서방자본이 장악함으로써 향후 나타날 수 있는 투자위험성을 줄이는 것이다.

이제 남은 지역은 풍부한 원유를 바탕으로 독자적인 경제시스템을 유지하고 있는 중동지역과, 아직도 계획경제를 고집하고 있는 일부 사회주의권, 그리고 21세기의 경제강국으로 부상하고 있는 중국 정도로 파악된다. 서구자본은 이제 이들 지역을 장악하고자 하는 강한 욕망을 불태우고 있을 게 분명하다. 미국 역시 IMF 구조조정 프로그램에 대한 국제적인 비난여론에도 불구하고, 이를 강행하며 착실한 훈련을 거듭하고 있다.

특히 중국은 최대 관심지역으로, 서구자본은 호시탐탐 중국의 허점을 노리고 있다. 중동지역도 탐나는 대상이면서 동시에 서구자본의 팽창을 위협하는 거슬리는 존재이다. 이들이 서방의 심기를 조금이라도 건드리는 행위를 할 경우, 강력한 군사적 응징과 무차별적인 경제제재조치를 가하고 있는 것은 바로 이러한 욕망과 불안의 우회적 표현이다. 이로 인해 이들 국가들은 심각한 정치·경제적인 타격을 입지만, 사회·문화적 동질성과 서구사회에 대한 적대감을 바탕으로 사회체제를 유지하고 있다.

이들이 과연 언제까지 세계자본의 공습을 막고 나름대로의 사회체제를 유지해나갈지 예측하기는 상당히 어렵다. 그러나 이들이 서구자본과의 협력을 모색하면서 적절한 보호장치 없이 시장을 개방할 경우, 다른 개도국들과 마찬가지로 극심한 혼란을 겪으며 글로벌 캐피털리즘 체제에 폭력적으로 편입될 가능성이 높다. 반대로 이들이 서구사회와 대립되는 가치관을 바탕으로 독자적인 체제를 유지해나가려 할 경우 사무엘 헌팅턴이 말한 '문명의 충돌'이 현실화될 가능성을 배제할 수 없다. 끊임없는 이윤추구, 이윤확대를 생존기반으로 하는 자본이 미개척 시장을 그대로 방치하지 않을 것이며, 나아가 자신의 존재를 위협하는 체제를 그대로 놓아두려 하지 않을 것이기 때문이다. 지금까지의 자본의 역사가 이를 웅변으로 보여주고 있지 않은가?

제6장 서방선진국들의 패권전략

1. 강력한 달러와 팍스 아메리카

월가의 승리를 자축하라

동아시아 각국이 금융위기의 소용돌이에 휩싸여 있던 1997년 12월 ≪아시안 월스트리트 저널≫은 「아시아 금융위기, 월가의 강점을 부각시키다」라는 장문의 기사[1]를 실었다. 거의 1개면 전체를 할애해 실은 이 기사에서 ≪아시안 월스트리트 저널≫은 자못 의기양양한 어투로 미국식 자본주의(American Capitalism)의 승리를 선언했다. 약 20년에 걸쳐 지식인들과 정책담당자들이 "미국의 금융시스템은 장기투자를 희생시킨 채 단기이익에만 매달리도록 기업들을 압박함으로써 경제기조를 약화시킨다"고 주장했으나 이젠 달라졌다는 것이었다. "1990년대 미국의 경이적인 경기팽창으로 이들의 목소리가 움츠러들기 시작했으며, 아시아 금융위기를 계기로 미국식 자본주의, 미국식 금융시스템의 옹호자들이 승리를 확인하게 되었다"고 강조했다.

이 신문은 나아가 과거 독일과 일본식 자본주의를 옹호하는 책을

---

1) "Asia's Turmoil Accents Wall Street's Strength", *Asian Wall Street Journal*, 1997. 12. 9.

냈던 저술가들까지 동원해, 이들이 자신들의 오류를 시인하며 미국식 자본주의의 승리를 인정했다고 보도했다. 특히 한국과 IMF 사이의 '전례 없는 합의'를 대표적 증거로 제시했다. "미국관리들의 지원을 받은 IMF가 한국정부에 일련의 구조개혁을 요구했는데, 이는 일본식 금융시스템을 걷어치우고 미국식 자본주의로 대체토록 하는 것이었다"고 지적했다. 나아가 "성공적인 개혁을 위해서는 한국식 모델이나 일본주식회사 형태로는 불가능하다. 한 국가가 글로벌 경제의 혜택을 보기 위해서는 금융시장을 (미국식으로) 개혁해야 할 것이다"라는 스탠리 피셔 IMF 부총재의 말까지 인용했다.

미국 자본주의의 승리를 찬양한 ≪아시안 월스트리트 저널≫의 보도는 이보다 6개월 전인 1997년 6월 미국의 중부 도시 덴버에서 열린, G8—서방 선진 7개국(G7)과 러시아—정상회담의 한 장면을 떠올리게 했다. 주말인 6월 21일에는 G8 정상회담의 마지막 일정으로 클린턴 미국 대통령이 주재하는 만찬이 예정되어 있었다. 클린턴은 이 만찬을 완전한 미국식, 이른바 아메리칸 스타일로 꾸미기 위해 전통적인 카우보이 모자를 쓰고 나타났다. 미국인들의 아메리카 대륙 장악, 즉 서부개척을 상징하는 카우보이 음악이 흐르는 가운데 클린턴은 헬무트 콜 독일 총리, 자크 시라크 프랑스 대통령, 토니 블레어 영국 총리, 보리스 옐친 러시아 대통령 등 각국 정상들을 향해 목에 잔뜩 힘을 주고 호황을 구가하고 있던 미국경제를 설명했다. '유럽과 일본이 이제는 아메리칸 스타일을 배워야 한다'는 강력한 메시지를 담고 있었다. 카우보이들이 대륙을 장악했듯이 이제 미국이 세계를 장악했음을 상징적으로 보여주었다.

미국언론들은 클린턴이 유럽과 일본의 파트너들에게 미국식 자본주의를 강의하고 있다며 미국의 성공을 추켜세웠다. 정상회담에 앞서 클린턴은 다른 국가들이 전통적인 앵글로—색슨식의 접근방법뿐만 아니라 연방 재정적자 축소, 시장개방, 교육과 훈련에 대한 투자로 특징지어지는 미국의 경제정책, 이른바 클린터노믹스(Clintonomics)

에서 많은 것을 배울 수 있을 것이라고 주장했다. 미국 행정부 관리들도 나서서 미국식 모델의 우수성을 찬양했는데 특히 하버드 대학 교수 출신의 로렌스 서머스 당시 재무부 부장관은 "다른 국가들이 미국의 경제정책을 하나의 모범으로 바라보는 것이 당연하다"며 직설법으로 미국식 자본주의를 따를 것을 주장하기도 했다.

그러나 이러한 미국의 '뻐기기'에 유럽측 심기가 상한 것은 당연했다. 이전까지만 해도 미국식 자본주의에 대해 긍정적으로 보도하던 영국의 ≪파이낸셜 타임스≫도 기분이 상했던지 「미국모델, 지지자 얻기에 실패하다」[2]라는 제목으로 클린턴 행정부의 오만을 꼬집었다. 이 신문은 "노동시장의 유연화, 규제철폐, 사회보장의 최소화와 공공부문의 기능축소를 기반으로 하고, 개인주의에 바탕한 미국식 자본주의에 대한 호응은 거의 없었다"고 지적했다. 나아가 이 신문은 자크 상테르 유럽연합 의장이 미국의 경제적 성과를 높이 평가하면서, "유럽은 단합과 결속을 기반으로 한 유럽식의 성공모델을 갖고 있다"고 주장했다고 전했다. 미국은 경제성과에도 불구하고 소득과 부의 불균형, 공공교육과 의료서비스의 취약성과 이로 인한 갖가지 사회문제를 지니고 있다고도 지적했다. "G8 정상회담이 열린 덴버지역도 하이테크 산업의 호황으로 낮은 실업률을 누리고 있지만 마약중독이 만연하고 사회범죄도 심각하다. 그들(미국관리들)은 그들의 체제가 얼마나 성공적인지 늘어놓으면서도, 저녁에는 호텔을 빠져나와 거리를 돌아다니지 말라고 주문하고 있다"며 미국사회의 심각한 병리현상을 꼬집었다.

이같은 유럽측의 불쾌감과 이를 반영한 유럽언론의 꼬집기에도 불구하고 G8 회담을 마감하면서 발표한 성명서에서 각국 정상들은 미국의 경제적 성공을 높이 평가했다. 클린턴 대통령과 미국 행정부 관료들의 어깨가 한껏 올라간 것만은 분명했다.

---

2) "US Model Fails to Win Admirers", *Financial Times*, 1997. 6. 23.

미국식 자본주의 모델을 따르라

≪아시안 월스트리트 저널≫의 기사와 G8 정상회담의 한 장면이 말해주듯 미국은 1980년대 중반 이후 치열하게 전개되었던 독일 및 일본식 자본주의 모델과의 우월성 경쟁에 종지부를 찍고 20세기말 최종적인 '미국식 경제모델의 세계제패'를 확인하고 싶어했다. 냉전체제 붕괴 이후 경제적 패권장악은 세계 유일의 수퍼파워로 입지를 강화하는 데 필수적이기 때문이었다. 그렇다면 ≪아시안 월스트리트 저널≫과 클린턴이 그토록 찬양한 미국식 자본주의, 달리 말해 영미식 또는 앵글로–색슨식 자본주의란 도대체 무엇인가?

한마디로 미국식 자본주의는 철저한 시장중심, 특히 금융시장 중심의 체제이다. 미국에서 금융시장은 경제성장이라는 수레바퀴를 원활하게 돌리기 위한 단순한 윤활유가 아니라, 이제 경제성장의 수레바퀴를 돌리는 힘, 그 자체이다. 어느 기업에게 자금을 공급하고 어느 기업의 자금줄을 끊을지를 결정함으로써 경제전반의 구조조정을 이루어낼 정도로 금융의 영향력은 거의 절대적이다.

동시에 미국식 자본주의는 주주이익, 특히 단기이익 중심의 체제이다. 경영자가 종업원을 몇 명 해고하고 어느 정도의 임금을 주는가는 둘째 문제이다. 이익을 극대화해 주주들에게 많은 배당을 주거나 주가를 끌어올려 차익을 많이 남겨주면 된다. 그렇게 해야만 그 기업에 투자한 주주에게 도움이 될 뿐만 아니라 기업의 경쟁력이 강화되고 나아가 노동자들에게 더 많은 일자리를 제공할 수 있고, 따라서 복지도 증진된다고 믿고 있다.

이는 일본식 또는 독일식 자본주의가 주주보다는 종업원 등 이해관계자의 이익을 중시하고, 기업의 사회적 역할을 강조하는 이른바 '공동체적 자본주의'의 성격을 띠고 있는 것과 확연히 구분된다. 일본이나 독일식 자본주의 체제에서는 종업원에 대한 교육과 복지가 강조되고 일본식 시스템에서는 얼마 전까지만 해도 평생직장, 종신고용이 당연시되었다. 하지만 미국에서는 이를 생각하기 어렵다. 교육이나 복지는 어디까지나 종업원이 스스로 해야 할 일이다. 자신의 경쟁력을 높임으로써, 달리 말해 자신이 지닌 노동력의 '상품성'을 극대화함으로써 이 모든 것이 해결된다고 믿기 때문에 철저한 '개인주의적 자본주의 체제'를 지향한다. 국가 역시 모든 경제활동을 시장에 맡겨두고 규칙의 조정자 역할만 한다.

미국 자본주의는 이러한 기본구조를 바탕으로 체계적이고 조직적으로 움직인다. 구체적으로 기업의 경영자들은 매분기마다 기업실적을 발표한다. 그때마다 경영성과에 대한 자체분석과 향후 경영전략, 경영목표를 제시한다. 애널리스트들과 펀드매니저들도 마찬가지로 기업을 분석하고 경영전략에 대해 비판을 가하기도 한다. 각 기업의 경영진은 이들을 대상으로 기업설명회도 연다. 애널리스트와 펀드매니저들은 특히 기업을 얼마나 정확히 분석하고 주가를 전망하느냐에 따라 자신의 연봉이 결정되기 때문에 필사적으로 매달린다. 수시로 경영실적자료를 요구하며 기업에서도 투명한 회계자료를 제공하기 위해 노력한다. 기업 경영진의 발표와 전문가들의 분석은 곧 주가에 반영되며 이것이 기업을 평가하는 궁극적인 척도역할을 한다.

가령 특정기업의 경영진이 전략을 잘못 세워 수익을 내지 못하거나 경영상의 중대한 문제를 발생시켰을 경우 시장(market)이 이를 그대로 놓아두지 않는다. 심지어 주주들의 이익을 대변하는 이사회가 경영실패의 책임을 물어 최고경영자(CEO)를 교체해버리기도 한다. 1992년 기업 구조조정 실패의 책임을 물어 제너럴 모터스(GM)의 로버트 스템펠 회장을 취임 2년 만에 전격 해임하고 잭 스미스 재무담당 임원을 회장으로 발탁한 것이나, 1998년 기업실적이 부진한데도 막대한 연봉을 챙긴 애플컴퓨터의 에밀리오 회장을 스티브 잡스 기술담당 임원으로 대체한 것 등 그 사례는 수없이 많다.

따라서 기업경영진들은 무엇보다 주주들의 이익, 즉 주가를 끌어올리기 위해 최선을 다할 수밖에 없다. 비용절감을 위해 무자비하게 해고를 단행하기도 하고 수익성이 없는 부문을 과감히 매각 또는 정리하는가 하면 각종 성과급제 등을 통해 노동자들의 생산성을 최대한으로 끌어올리는 데 골몰한다. 여기서 성과를 낸 경영진에게는 수백만 달러의 보너스를 주기도 한다. 특히 스톡옵션제도가 발달되어 있어 주가의 상승은 주주의 이익이자 경영자 자신의 수익과도 직결된다.

이러한 미국식 자본주의의 특징이 가장 잘 나타나는 것이 바로 초대형 기업들의 인수합병(M&A)이다. 이들이 M&A를 성사시키는 이유는 한마디로 간단하다. 주주의 이익에 부합하기 때문이다. 때문에 '향후 주당 순이익 예상치'는 기업들이 합병을 발표할 때 가장 중시되는 데이터이다. "두 회사가 합병할 경우 주당 순이익이 0.5달러에서 0.8달러로 증가할 것이며, 따라서 주가도 오를 것이다. 때문에 이번 합병은 주주의 이익에 부합한다"는 것이 합병을 정당화하는 최대의 근거다. 주주들, 그리고 이를 대표하는 기관투자가들도 이러한 분석이 타당하다고 판단할 경우 합병에 선뜻 동의한다. 주가 상승 역시 이들의 이익에 부합하기 때문이다. 합병비율은 주가에 의해 결정되며 이에 대한 시비도 거의 없다. 경영권이 어떻고, 그룹의 사업다각화 전략이 어떻고, 계열사간의 채무가 어떻고 하는 식의 한국적 논란은 웃음거리에 지나지 않는다.

미국기업들은 1980년대부터 이러한 시장원리에 따른 구조조정 작업을 철저히 진행해 세계에서 가장 강력한 경쟁력을 지니게 되었다. 쓰러져가던 공룡 기업 IBM이나 GM, GE 등이 다시 우량기업으로 되살아난 것도 이러한 가혹한 구조조정 덕분이다. 이에 힘입어 주식시장도 활기를 띠면서 미국인들의 최대 재테크 수단으로 바뀌었다.

월가의 승리를 세계유일의 수퍼파워로

이러한 경제운영 및 기업경영 원칙으로 이루어낸 '월가의 승리'

를 가지고 21세기 글로벌 캐피털리즘 체제의 패권을 장악하고자 하는 것이 미국의 확고한 전략이다. 미국은 이를 위해 다양한 방법을 동원한다. 때로는 힘을, 때로는 협상을 통해 월가의 이데올로기를 주문하기도 하지만 가장 중요한 패권장악 수단은 바로 '강력한 달러화'이다. 이미 미국의 '용병'이라는 비판을 받고 있는 IMF와 세계은행, 그리고 세계무역기구(WTO) 등 국제기구도 이러한 전략을 관철시키는 중요한 수단이다. 미국이 거의 절대적인 영향력을 행사하는 이들 국제기구를 지렛대로 삼아 '세계경제의 경찰'로서 입지를 강화하는 것이다.

먼저 미국의 재무관리들은 금융위기에 휩싸이거나 그럴 조짐이 있는 곳이면 어디든지 달려가—보통 IMF보다 한발 앞서 협상을 벌이거나 의견조율을 한다— 미국에 유리한 경제개혁 방향을 제시하고 이를 담보로 지원에 나선다. 클린턴이 1998년 연두교서에서 "우리의 정책은 명백하다. (위기에 처한) 어떠한 국가도 스스로를 개혁하지 않으면 회복할 수 없다. 고통을 참고 경제개혁을 수행하려는 국가에 대해서는 우리가 지원할 것이다. 그것은 미국의 이익에 부합하기 때문이다"3)라고 밝힌 것도 같은 맥락이다. 이 원칙은 중남미, 동아시아는 물론 아프리카, 러시아, 동구 등에 대해서도 철저히 지켜지고 있다. 이 개혁이란 월가의 논리를 기반으로, 대외적으로는 시장개방을, 대내적으로는 자유시장 경제체제로의 이행을 말한다.

동아시아 금융위기 해법을 둘러싼 미국과 일본의 주도권 쟁탈전은 이러한 미국의 전략이 어떻게 관철되는가를 잘 보여준다. 이 싸움은 1997년 말 동아시아 국가들이 일본을 중심으로 독자적인 위기해결을 모색하면서 시작되었다. 동남아국가연합(ASEAN)은 과도한 달러화 의존도를 줄이기 위해 지역통화를 역내 무역결제에 사용하는 계획을 추진했다. 이런 가운데 일본이 아시아 금융안정을 위해

---

3) Bill Clinton, "State of the Union Address", 1998. 1. 27.(백악관 홈페이지, http://www.whitehouse.gov).

아시아통화기금(AMF)을 설립하자고 제안했다. 일본은 아시아 위기가 확산 일로에 있던 1997년 9월 이 안을 내놓고 동남아국가들을 대상으로 구체적인 설립 계획을 설명했다. 대부분의 아시아 국가들도 일본의 입장을 지지했다.

미국도 처음에는 일본구상에 긍정적인 반응을 보였다. 이는 당시 동아시아에 확산돼 있던 반미감정을 감안한 것이기도 했지만, IMF를 보조하는 새로운 기구를 만들면 금융위기의 확산을 막는 데 도움이 될 것으로 판단했기 때문이었다. 그러나 일본이 AMF의 위상을 금융지원 등 독자기능을 수행하는 기구로 설정하자 미국의 입장에 변화가 생기기 시작했다. IMF의 보조기구이어야지 독립기구라면 안 된다는 것이었다. IMF를 지렛대로 개도국과 저개발국, 체제전환국 경제를 미국식으로 뜯어고치고 있는 마당에 이와 별도로, 더욱이 일본이 절대적인 영향력을 행사하는 새로운 기구가 생긴다면 미국의 세계전략에 중대한 차질이 빚어질 게 분명했기 때문이었다.

미국은 동아시아 금융위기국에 대한 IMF의 구조조정 프로그램을 지지한다고 거듭 확인하면서 일본과 치열한 외교전을 벌이기 시작했다. 10월 말 미국을 방문한 장쩌민(江澤民) 중국 국가주석으로부터 AMF 창설반대 입장을 확인하기도 했다. 당시 장주석은 "동아시아 위기국가에 대한 IMF 처방은 적절하며 위기에서 빨리 탈출하기 위해 IMF와의 합의사항을 성실히 준수해야 한다"고 고상하게 표현했으나, 실제로 이는 "IMF를 대신할 AMF 창설에 반대한다"는 말의 외교적 수사에 불과했다.

이에 대해 일본은 한국과 인도네시아, 태국 등에 대한 금융지원에 적극적인 의지표명을 하며 미국을 견제해나갔다. 일본과 미국의 재무관리들은 아시아 전역을 이리저리 바삐 돌아다니며 자신들의 입장을 설득하기에 여념이 없었다.

그러나 미국의 승리는 이미 굳어져 있었다. 미국은 강력한 달러화와 동아시아 국가들의 숨통을 쥐고 있던 IMF, 세계은행 등 국제기구를 거느리고 있었던 데 비해 일본은 거품경제의 붕괴라는 자체 문제로 국제사회에서 영향력을 행사하는 데 한계가 있었다. 무디스(Moody's)와 스탠더드 앤드 푸어스(S&P) 같은 미국의 신용평가기관도 일본 금융기관들의 신용등급을 줄줄이 하향조정하면서 지원사격에 나섰다. 신용평가기관의 부정적 메시지를 받은 금융시장에선 엔화를 팔고 달러화를 매입하는 현상이 뚜렷이 나타났다. 엔화가 속절없이 하향곡선을 그리기 시작했다. 미국은 일본에 대해 과감한 경제개혁 조치를 취함으로써 동아시아 위기의 확산을 막아야 한다며 동아시아 위기에 대한 '일본 책임론'을 부각시켰다. 한마디로 AMF 구상을 철회하라는 강력한 메시지였다. 이를 눈치챈 동남아국가들도 서서히 일본의 패배를 인정하고 AMF 논의에 신중을 기했다.

일본이 AMF를 들고 나온 지 2개월여 만인 1997년 11월 중순 필리핀 마닐라에서 열린 아시아·태평양지역 재무장관 회의는 일본의 패배를 확인하는 자리였다. 각국 대표들은 동아시아 각국이 금융위기에서 조기탈출하기 위해서는 IMF의 구제금융 프로그램을 충실히 수행해야 한다고 다짐하며 AMF 설립구상을 유보키로 합의했다. 일본의 완전한 패배였다. 이후 자금지원을 요청하기 위해 일본을 방문한 아시아 각국의 정부관리들은 일본측으로부터 천편일률적인 답변을 들을 수밖에 없었다. "일본은 아시아 위기의 해결을 위해 'IMF 프로그램 내에서' 자금을 지원할 것"이라는 애기였다. 일본이 독자적으로 자금을 지원할 수 없다는 패배자의 답변이었다. 한국도 1997년 11월 말 IMF로 달려가기 직전까지 일본의 손을 빌려 회생을 모색하려다 똑같은 답변을 듣고 허탈하게 발길을 돌려야 했다. 판세를 잘못 읽고 있었던 것이다.

강한 달러는 미국의 이익에 부합한다

미국이 동아시아지역에 강력한 영향력을 행사하던 일본을 격파하고 이 지역의 숨통을 틀어쥔 것은 중요한 의미를 지닌다. 강력한 신흥성장지역으로 부상하던 중남미지역을 1980년대 초반과 1990년대 중반 등 수 차례의 경제위기를 통해 '미국의 앞마당'으로 장악한 데 이어, 동아시아마저 수중에 넣는 데 성공했기 때문이었다. 특히 동아시아는 일본의 최대 투자지역으로 이 지역을 장악함으로써 일본을 미국자본의 사정권에 둘 수 있게 된 것이다.

이러한 미국의 패권장악 과정에서 한 가지 주목해야 할 점은 미국의 '강력한 달러 지지론'이다. 일본 엔화가 폭락하며 일본이 세계금융공황의 진원지로 지목되던 1998년 6월에도 미국의 루빈 재무장관은 '강력한 달러화는 미국의 이익에 부합한다'는 발언을 해 엔화 폭락을 더욱 부추기기도 했다. 이 발언으로 세계금융시장이 극도로 불안한 모습을 연출했으나 미국은 이러한 입장을 바꾸지 않았다. 강력한 달러 옹호론은 이후 클린턴 대통령은 물론 그린스펀 연방준비제도이사회(FRB) 의장 등 미국 지도자들이 가장 애용하는 말 가운데 하나가 되었다.

그러나 언뜻 보아 달러 강세가 미국의 이익에 꼭 부합하는지에 대해서는 의문의 여지가 많다. 달러 강세는 미국의 대외수출에 큰 타격을 주게 되며, 그렇지 않아도 천문학적 수준에 이른 무역적자를 더욱 확대시키는 요인이 된다. 미국의 무역적자 규모는 1997년 1,500억 달러에서 1998년에는 1,680억 달러로 늘어났고 1999년에는 2,500억 달러가 넘을 것으로 전문가들은 추정하고 있다. 세계최대 규모다. 이러한 적자확대는 대외신뢰도에도 상처를 주게 된다. 또 시장논리에 따른다면 무역적자 누적은 그 나라의 통화가치하락을 재촉하는 역할을 하게 된다.

그럼에도 불구하고 미국이 강력한 달러를 유지하려 노력하는 것은, 표면적으로는 달러 강세가 미국의 최대 관심사인 물가안정에 긍정적인 영향을 미치기 때문이지만, 실제로는 달러가 약세를 보일 경우 세계 유일의 수퍼파워로서 영향력이 떨어지기 때문이다. 또 정치적인 힘을 가해서라도 달러를 강력한 통화로 유지해야만 무역적자

누적에 따른 대외신인도 저하라는 자신의 불리함을 상쇄시킬 수 있다. 미국은 무역적자라는 약점을 달러 강세로 회피하고 있지만, 달러가 강세를 보이면 보일수록 무역적자는 더욱 심화되는 모순 속에서 줄타기를 지속하고 있는 셈이다.

미국이 강한 달러를 옹호하는 또 다른 이유는 미국경제의 내부구조에서 나온다. 그것은 미국 경제력의 원천인 주식시장과 관계가 있다. 미국 주식시장은 1990년대 들어 활황을 지속하며 미국경제의 팽창 및 사회 안정에 핵심적인 역할을 해왔다. 특히 규제철폐로 각종 연기금을 민영화하고 사회보장 의무를 시장에 넘긴 이후 이러한 현상은 더욱 심화되었다. 즉 연금제도의 개편에 따라 대부분의 미국인들이 민간기업에 의해 운용되는 연금프로그램에 가입했으며, 그 연금은 막대한 자금을 뮤추얼펀드(mutual fund)에 투자하고 있다. 이 펀드들은 주식투자에 열을 올려, 결국 많은 미국인들이 노후를 주식시장에 의존하는 꼴이 되었다. 1990년대 달러화 강세 속에 주가가 지속적으로 상승함에 따라 미국인들은 미래를 걱정하지 않고 풍족한 소비를 누릴 수 있었고, 이것이 경이적인 미국경제 팽창의 핵심 요소로 자리잡았던 것이다. 이런 상태에서 달러가 약세를 보여 주가가 폭락한다면 미국경제 기반이 급격하게 허물어질 게 분명했다. 때문에 미국으로서는 무리가 따르더라도 강력한 달러와 주가 상승세를 유지시켜야만 했다.

한마디로 미국의 '강한 달러 옹호론'은 수퍼파워로서의 입지를 강화하기 위한 강력한 수단이지만, 그것이 자리잡고 있는 '기반'은 튼튼하고 건강한 상태라고 보기 힘들다. 이러한 모순을 은폐, 또는 극복하기 위해 미국은 대외적으로 시장개방 압력을, 대내적으로 지속적인 내수확장 정책을 펼치고 있는 것이다. 1999년 들어 유럽과 아시아를 포함한 전세계 국가들을 대상으로 무역전쟁을 선포하고 파상적인 시장개방 및 미국제품에 대한 수입확대 압력을 가하고 있는 것도 이러한 모순의 한 측면이다. 강력한 달러화를 유지하되 여기서 발생하는 문제는 시장개방 압력이라는 '정치력'으로 해결하겠다는 전략이지만 그것 역시 국제적으로 많은 문제들을 낳을 뿐이다.

세계경찰 미국의 오만

자기모순을 극복하기 위한 미국의 강경한 대외정책은 경제제재 남발로 현실화되고 있다. 특히 클린턴 행정부는 '경제제재 정부'라고 할 정도로 각국에 제재조치를 퍼붓고 있다. 미국은 1차 세계대전 이후 무려 115차례의 대외경제제재 조치를 취했는데 이 가운데 절반 이상이 클린턴 재임기간인 1994~97년 사이에 이루어졌다. 전세계의 3분의 2에 가까운 인구가 원조축소에서부터 수출금지(embargo)에 이르는 다종다양한 제재를 받고 있다.4) 미국과 바로 인접해 있는 쿠바, 니카라과에서부터 미국과 전쟁까지 치른 중동의 이란, 아프리카의 리비아, 핵실험으로 세계를 긴장케 한 인도와 파키스탄, 인권탄압으로 유명한 미얀마, 보스니아, 유고슬라비아, 앙골라 등에 이르기까지 문제가 있는 곳이면 어디든지 달려가 각종 제재조치를 발동하며 세계의 경찰노릇을 하고 있다.

그러나 이에 대한 반대 움직임도 만만치 않다. 특히 단일통화 유로를 출범시켜 세계의 패권탈환을 노리는 유럽과 많은 마찰을 빚고 있다. 프랑스의 석유업체인 토탈 사가 러시아 및 말레이시아 기업과 합작해 이란의 가스전 개발사업을 추진하자 미국이 자국의 다마토법(法)을 근거로 이에 제동을 걸면서 발생한 '토탈 분쟁'은 이러한 마찰의 단적인 표현이었다.

다마토법이란 미국이 테러지원국으로 분류한 이란에 4천만 달러 이상을 투자하는 제3국 기업을 제재할 수 있도록 규정한 것으로 1996년 8월 제정되었다. 이와 비슷한 법으로 헬름스-버튼법(法)이 있는데 이것은 쿠바에 투자하는 제3국 기업을 제재할 수 있도록 규

---

4) "Sanctions Overload", *Financial Times*, 1998. 7. 21.

정하고 있다. 그런데 세계 7위의 화학업체인 프랑스 토탈 사가 러시아의 가즈프롬, 말레이시아의 페트로나스와 합작으로 이란 국영석유회사(NIOC)와 총20억 달러가 투자되는 가스전 개발사업을 벌이기로 계약을 체결한 것이다.

미국의 거듭된 사전경고에도 불구하고 토탈 사가 1997년 9월 말 계약을 체결하자 미국이 즉각 반발하고 나섰다. 미국 국무부는 계약 체결과 동시에 성명을 발표해 우려와 유감을 표명하면서 다마토법을 적용할 것이라고 경고했다. 의회는 물론 윌리엄 코언 국방장관도 "프랑스는 이란이 미사일 제조기술과 대량 살상무기를 획득하는 데 필요한 자금을 조달하도록 지원하고 있다"며 관련기업에 대한 제재의 당위성을 역설했다.

콧대 높기로 유명한 프랑스에서 가만히 있을 리 없었다. 리오넬 조스팽 총리는 "미국이 범세계적으로 통용되는 법을 만들 수 없다. 더군다나 미국법은 미국에서 적용되어야지 프랑스에 적용될 수 없다. 프랑스 회사든 어느 나라 회사든 모두 자유로이 투자결정을 내리고 있으며 우리의 통제를 받지 않는다"고 미국의 오만을 성토했다. 러시아는 한술 더 떴다. 보리스 옐친 대통령은 독립국가 기업의 투자행위에 대해 미국이 간섭할 수 없으며 "러시아는 한치의 양보도 하지 않을 것"이라고 강경한 입장을 보였다.

이에 대해 미국은 테러국가에 대한 국제공조를 내세우며 사업중단을 요구하는 한편 토탈 사의 미국 영업행위에 대한 규제 방침을 천명했다. 더욱이 유럽연합(EU)의 리언 브리튼 무역담당 집행위원이 다마토법은 수정되어야 한다며 프랑스 편을 들고나서 이 문제는 미국과 EU 간의 문제로 비화되는 양상마저 띠었다. 양측은 이 문제를 WTO로 끌고 갈 것이라고 서로 경고하며 기세싸움을 벌였지만 국제여론은 미국에 불리하게 돌아가고 있었다.

결국 이 문제가 발발한 지 7개월여가 지난 1998년 5월 클린턴 대통령이 런던에서 토니 블레어 영국 총리, 자크 상테르 EU집행위원장과 정치적 절충을 시도하면서 해결의 실마리를 찾았다. 이 회담에서 클린턴은 토탈 사 컨소시엄의 이란 투자 건을 다마토법의 제재 대상에서 제외키로 한발 물러섰다. 물론 미국 공화당에서는 클린턴의 협상에 반발하기도 했지만 미국의 독주에 대한 국제적인 경계분위기가 확산돼 미국 행정부로서도 여기에 집착하기 어려운 상태였던 것이다.

프랑스의 AFP통신은 미국의 월권 행위에 얼마나 기분이 상했던지 1997년을 결산하는 특집기사를 통해 미국의 오만함을 적나라하게 지적했다. 「미국의 오만함에 대한 국제사회의 비난여론이 고조된 한 해」라는 제목의 워싱턴 발 기사는 지구촌 곳곳에서의 미국에 대한 비난여론을 담았다.

지난 한 해(1997년) 남아공에서부터 프랑스, 브라질에 이르기까지 '미국의 오만'에 대한 성토 분위기가 고조되었다. 미국은 2차 대전 이후 그 어느 때보다 강력하고 자신만만한 태도를 유지하면서 자신이 세계에서 유일한 초강대국의 위치를 차지하고 있다고 '거드름'을 피웠다. 1997년 6월에는 미국 콜로라도 덴버에서 열린 G8 정상회담에서 클린턴 대통령이 미국경제를 세계경제 모델로 추켜세워 이 회의에 참석했던 각국 정상들의 신경을 거슬리게 했다. 유럽국가들과는 쿠바와 이란, 리비아에 대한 무역제재를 통해 이들의 고립을 강요함으로써 지속적으로 갈등을 빚었다. 미국을 비난한 것은 유럽인들만이 아니다. 넬슨 만델라 남아공 대통령은 그의 리비아 방문에 대한 미국측의 비난에 대해 '우리가 어디로 가야 하고 누구와 친하게 지내야 하는지까지 지시하는 그들(미국정부 관리)을 어찌 오만하다고 하지 않을 수 있는가?'라고 강력히 비난하기도 했다. 중남미 관계와 관련, 미국은 항상 오만한 국가로 비난받아왔다. 10월 클린턴 대통령이 브라질을 방문했을 때 현지의 한 유력 잡지는 클린턴의 사진을 곁들인 표지 제목을 '제국주의의 오만'이라고 달았다. 아시아에서도 미국은 이들의 금융위기를 틈타 시장개방과 미국식 자본주의를 강요, 새로운 제국주의 국가라는 비난을 받았다. 이와 함께 미국은 갈수록 지구촌사회의 '불량배' 역할을 많이 했다. 지뢰사용을 금지하는 오타와 협정서명을 거부했으며 지구온난화를 막기 위한 12월의 교토회의에서는 방어적인 입장을 취했다. 미국관리들조차 문제점을 인식하고 있다. 미국무부의 토머스 피커링 정치담당차관은 '우리는 세계를 강력히 이끌어야 하지만 오만함을 가져서는 안 된다'고 말했다.[5]

홍콩에서 발행되는 ≪아시아 위크≫도 아시아 위기의 이면에는 금융수단을 통해 세계를 정복하려는 미국의 의도가 숨어 있다며 아시아의 연대와 이를 위한 일본의 적극적인 자세가 필요하다고 주장했다.

태국의 통화위기에서 촉발된 금융시장의 패닉과 IMF의 개입에 이르는 일련의 사태를 돌이켜보면, 우리는 세계를 자신의 지배에 넣고자 하는 미국의 음흉한 전략과 함께 일본이 그 과정에서 보여준 나약한 역할을 발견하게 된다. 만약 이러한 상황이 계속된다면 일본을 비롯한 동아시아 국가들은 미국의 금융노예로 전락하고 말 것이다. (…) 미국이 가장 두려워하는 것은 달러화 가치와 주가의 폭락이다. 세계 2위의 경제대국인 일본이 미국에 대해 달러화 폭락의 고통을 안겨주지 못할 이유는 없다. 그러나 그것이 가능하기 위해서는 우선 미국의 약점을 정확히 찾아내야 한다. 미국의 아킬레스건은 연금신화와 주식시장에 있다. 이것이 일단 한 번 폭락하면 사회불안, 나아가 미국사회의 전면적인 해체를 초래할 것이다. 또 다른 약점은 미국 중산층의 급격한 몰락이다. 미국인들은 그저 생존을 위해 저임금과 열악한 일자리를 견뎌내고 있다. 이제 일본은 자신의 자금을 어떻게 하면 그 자신과 동아시아의 이익을 위해 사용할 수 있을지 자문해보아야 한다. 아시아 국가들은 금융공황의 실제원인을 통찰하고 그로부터 연대(solidarity)의 필요성에 대한 새로운 인식을 가져야 한다. (…) 이것(미국과 아시아의 전쟁)은 돈과 정신의 전쟁이다. 일본은 동아시아에 대해 역사적 책임을 안고 있다. 새로운 전략이 필요하며, 우리는 아시아를 공정하고 자유로운 틀 내에 아시아적 기준(Asian Standards)으로 재무장해야 한다.[6]

---

5) *AFP*, 1997 12. 28.

6) "Behind the Asian Crisis: Japan Must Help the Region Resist American Control", *Asiaweek*, 1998. 10. 16.

2. 유럽, 경제통합을 통한 패권탈환

인류 초유의 실험, 화폐통합—유로(EURO)화의 탄생

1997년 하반기 태국에서 출발한 금융위기가 동아시아 전역을 휩쓸고 지나갈 때 아시아 각국의 관료들은 먼저 미국으로 달려갔다. 긴급자금지원을 요청하고 금융위기 타개를 위한 협조를 구하기 위해서였다. 태국, 인도네시아, 한국에 대한 IMF의 구제금융 결정과정과 이어 진행된 단기외채 상환기간 조정협상에서도 미국 재무당국과 금융기관들이 결정적인 역할을 했다. 유럽 금융기관들이 더 많은 자금을 대출하고 있었음에도 불구하고 뒷전으로 밀려났다. 유럽의 관리들과 금융기관들은 협상의 참석자 또는 관찰자처럼 비쳐질 정도였다.

만일 유럽이 단일통화인 유로를 사용하고 있었다면 어떻게 되었을까? 아시아 각국의 관리들이 이처럼 미국으로만 몰려가고 미국이 외채협상의 주인역할을 했을까, 아니면 아시아 관리들이 유럽중앙은행(ECB)이나 유럽연합(EU) 집행위원회로 먼저 달려가 지원을 요청하고, 유럽 금융기관들이 외채협상에서 주도적인 역할을 할 수 있었을까?

서방 선진 7개국(G7) 회의나 기후협약회의, 환경회의, 군사협상, 마약 및 범죄 근절을 위한 회의에서도 미국은 거의 절대적인 영향을 미친다. 유럽은 막강한 힘에도 불구하고 독일, 프랑스, 이탈리아 등이 모두 제각각 목소리를 내기 때문에 미국이 주도하는 대로 끌려간다. 미국은 자신들의 잣대로 규정을 만들어놓고 이를 다른 나라에 강요한다. 만일 유럽이 단일국가로 통합돼 국제사회에 등장한다면 이러한 미국의 전횡이 지속될 수 있을까?

EU의 화폐 및 경제통합, 그리고 궁극적인 정치통합은 바로 여기에서 출발한다. 미국의 수퍼파워에 대항하고, 동시에 글로벌 캐피털리즘 체제의 패권을 장악하고자 하는 것이 바로 경제통합인 것이다.

1999년 1월 공식출범한 유럽의 단일통화인 유로화는 3년간 무역결제 등에 주로 사용되는 과도기를 거쳐, 오는 2002년부터 기존의 독일 마르크화, 프랑스 프랑화, 이탈리아 리라화 등을 대체해 전면적으로 사용된다. 기존의 개별국가 통화는 역사의 저편으로 사라진다. 퇴장하는 것이다. 여러 국가가 국가독립 또는 국가주권의 상징이기도 한 자신의 화폐를 포기하고 단일통화를 만들어 사용하는 것은 인류역사상 처음 시도되는 일이다. 1999년 1월의 유로화 출범이 유럽 경제통합의 서막이라면 2002년의 '통화대체'는 경제통합의 완성을 의미한다.

유럽통합의 역사는 2차 세계대전 이후로 거슬러올라간다. 독일, 이탈리아, 프랑스, 영국, 오스트리아 등이 갈가리 찢어져 두 차례의 파멸적인 전쟁을 치른 유럽은 항구적인 평화체제를 구축하기 위해 1950년대 말부터 통합을 추진해왔다. 경제는 물론 군사, 정치적인 협력과 통합노력은 수차례의 굴절을 거치며 오늘날 화폐통합으로 그 정점에 이른 것이다. 앞으로 이들 유럽국가들은 화폐통합에 이어 경제통합, 나아가 궁극적인 정치통합을 통해 미국연방처럼 단일주권을 갖는 유럽합중국, 유럽연방으로의 발전을 추진하게 된다.

유로화 출범이 세계경제에 미치는 영향은 막대하다. 무엇보다 현재 미국에 버금가는 단일시장이 형성됨은 물론 부분적으로는 미국을 넘어서는 세계최대의 단일 경제지역이 탄생했다. 유로화 창설에 참여한 11개국의 인구는 2억8,700만 명, 국내총생산(GDP)은 6조7,400억 달러에 달한다. 인구면에서는 미국의 2억6,300만 명을 능가하며 GDP 면에서는 미국의 7조5,700억 달러와 거의 비슷하다. 1999년 유로화 창설에 가담하지 않은 영국 등 4개국을 합할 경우 유럽연합 15개국의 인구는 3억7천만 명으로 미국보다 1억 명 이상 많고 GDP 총액도 8조5천억 달러로 미국보다 1조 달러 많다.[7] OECD

---

7) Nobert Funke and Mike Kennedy, *International Implications of European Economic and Monetary Union*, OECD 보고서, 1997, p. 16.

내에서의 GDP 비중을 보면 EU 15개국이 38.3%를 차지하는데 비해 미국은 32.5%에 불과하다.

공식적인 외환보유고를 보면 비교가 되지 않는다. 세계최대의 외환보유국인 일본이 2,300억 달러이며 유럽에서는 독일이 858억 달러, 프랑스가 269억 달러, 이탈리아가 514억 달러, 오스트리아가 226억 달러, 스페인이 543억 달러 등으로 5개국만 합쳐도 2,300억 달러가 넘는다. 유로 창설 11개국의 외환보유고는 모두 3,230억 달러에 달하며 나머지 4개국을 합할 경우 4,194억 달러에 이른다. 미국의 공식 외환보유고 645억 달러보다 약 7배 많은 것이다. 전세계 무역거래에서 차지하는 비중도 미국이 19.6%, EU 15개국이 20.9%, 일본이 10.5%로 EU가 세계최대의 무역지대이다.[8]

그럼에도 불구하고 그 동안 달러의 힘은 막강했다. 각국 중앙은행의 외환보유고에서 차지하는 화폐의 비중을 보면 분명히 드러난다. 1995년 말 현재 세계 각국 중앙은행의 외환보유고는 모두 1조 3,239억 달러에 달했다. 이 중 미국 달러화로 보유하고 있는 것이 전체의 56.4%로 절반을 넘었고 독일 마르크화가 13.7%, 일본 엔화가 7.1%, 영국 파운드화가 3.4%, 프랑스 프랑화가 1.8%이었고 나머지는 1% 미만으로 극히 미미했다. 무역거래에서도 달러화는 전체의 48%를 차지한 반면 독일 마르크화는 16%를 차지하는 등 유럽의 5개 주요통화로 이루어진 무역규모는 31%에 불과했다. 일본 엔화의 비중은 이보다 훨씬 낮은 5%이었다.[9]

유로화는 국제금융시장에서 첫거래가 이루어진 1999년 1월 4일 강세를 나타내며 일단 순조로운 출발을 보였다. 이후 유럽경제의 부진을 반영해 큰 폭으로 떨어지는 등 각 지역의 경제 상황에 따라 움직이고 있다. 과연 유로화가 달러화에 대항할 수 있는 강력한 국제

---

8) "Dollar's Domination could Be Ended by the Euro", *Financial Times*, 1997. 9. 9.

9) Nobert Funke and Mike Kennedy, *op. cit.*, 1997, p. 27.

통화로 자리잡을 수 있을지, 그리고 이것이 미국측의 이해와 어떤 방식으로 충돌하거나 또는 조화를 이루어나갈지는 더 두고봐야 한다. 그것은 양진영의 향후 경제성적과 국제사회에서 유로화를 어떻게 평가하는지에 따라 달라질 것이다.

어쨌든 유로화의 출범이 20세기말 세계자본주의 체제의 가장 중대한 변화 중 하나인 것만은 분명하다. 동시에 유로가 등장함으로써 아시아 금융위기 때처럼 유럽을 젖혀두고 미국하고만 협상을 전개한 다음 유럽도 이에 따르도록 한다거나, 각종 국제회의에서 유럽이 미국의 들러리로 있지만은 않을 것이다. 이제 다른 지역의 국가나 기업들도 유로의 등장을 고려하지 않을 수 없는 상황이 되었다. 세계 정치, 경제, 사회, 문화, 군사적인 면에서 유럽은 새롭게 부상하고 있다. 통화를 중심으로 한 미국과 유럽의 글로벌 캐피털리즘 시대 패권경쟁의 막이 새롭게 오르고 있는 것이다.

축소판 글로벌 캐피털리즘—유럽의 경제통합

유로화 출범, 그리고 유럽의 경제통합이 갖는 더 중요한 의미는 이것이 축소판(유럽판) 글로벌 캐피털리즘 체제라는 점이다. 물론 유럽은 경제여건이나 문화적 전통이 비슷한 국가들이 경제통합을 실현했다는 점에서 선진국과 개도국, 저개발국, 체제전환국 등이 다중적으로 참여하는 글로벌 캐피털리즘 체제와 다른 것이 사실이다. 하지만 근본적으로 각각의 국민경제가 지닌 독자성이 어떻게 상실되면서 경제구조가 재편되는지를 유럽의 경제통합은 잘 보여주고 있다. 또 경제통합에 따른 개별자본의 대응도 전지구적 단일경제의 장래를 보여주는 시금석이 아닐 수 없다.

무엇보다 유로화의 등장은 유럽지역을 완전한 단일시장으로 재편하게 된다. 3년간의 과도기를 거친 후 2002년이 되면 그야말로 하룻밤 사이에 모든 것이 변하게 된다. 각국이 수백 년 동안 통용해오던 화폐가 퇴장하고 모든 상품이 유로로 거래된다. 각국의 예산도 유로로 통일되며 기업회계도 유로로 변한다. 프랑크푸르트나 파리의 증권거래소에서 유로로 모든 거래가 이루어지고 로마에서 베를린으로 여행갈 때 군이 이탈리아 리라화를 독일 마르크화로 환전할 필요가 없다. 주머니에 있는 유로를 챙겨 떠나면 된다. 환전수수료도 필요 없다. 베를린의 은행창구에서 자신의 신용카드로 유로화를 꺼내 쓰면 된다.

무역에서도 마찬가지이다. 군이 각국의 환율을 토대로 상품가격을 정하고 환율이 오르거나 내리는 데 따른 위험을 회피하기 위해 복잡한 옵션거래를 할 필요도 없다. 그냥 유로로 거래가격을 정하면 된다. 동네 슈퍼마켓에 전화를 걸어 어떤 품목의 물건을 얼마만큼 보내달라고 주문을 하듯, 복잡했던 유럽국가간의 거래도 간소화된다. 환전에 따른 비용이 엄청나게 절약됨은 말할 나위가 없다. 봉급생활자들의 봉급도 유로로 지급된다.

기업, 즉 자본의 입장에서 유럽 경제통합은 하나의 '기회'이면서 동시에 '도전'이다. 기회란 '시장의 확대'를 의미하며 도전이란 '경쟁의 격화'를 말한다. 유럽기업들은 1970년대 후반 이후 각국의 경제성장률이 2~3%를 오락가락하는 상태에서 심각한 자본축적의 위기를 겪었으나 경제통합으로 시장이 확장됨으로써 이 위기를 극복할 극적인 계기를 갖게 되었다. 이는 글로벌 캐피털리즘으로의 세계경제체제 변화가 바로 자기증식 욕구를 채우기 위한 자본의 운동에서 비롯되었다는 사실과 일맥상통한다.

이러한 변화는 그러나 아주 피상적인 것에 불과하다. 근본적이고 심대한 변화는 이제부터 시작된다. 먼저 개별국가가 독립적인 금융, 재정정책을 쓸 수가 없게 된다. 그 동안 개별국가는 경기변동에 따라 통화량을 늘리거나 줄임으로써 경기를 부양하기도 하고 과열을 차단하기도 했다. 경기가 침체해 실업률이 높아질 때에는 통화량을 늘리고 금리를 떨어뜨림으로써 일정한 인플레를 감수하면서 경기를 부양시켰다. 인위적인 경기부양 필요성이 있을 때, 비록 적자가 늘더라도 재정지출을 늘렸다. 그러나 유로화 출범으로 개별국가의 독립적인 금융정책은 사실상 불가능하게 되었다.

이미 유로지역(유로랜드)의 금융 및 통화정책에 관한 권한은 사실상 유럽중앙은행(ECB)으로 넘어갔다. 유로의 발행규모, 유로의 금리수준 등은 이제 개별국가의 경제상황보다는 유로랜드의 경기동향에 따라 결정된다. 가령 이탈리아 지역경제가 아무리 침체해 있더라도 다른 국가들의 경제가 과열조짐을 보이고 있다면 ECB는 금융정책을 긴축기조로 끌고 갈 것이다. 그렇게 되면 이탈리아 경제는 더욱 깊은 골짜기로 추락할 수도 있다. 유로국가들은 ECB를 미국의 연방준비제도이사회(FRB)처럼 정치적 영향력에서 자유로운 독립기구로 만들려 하고 있어 각국은 경제주권의 상당부분을 포기해야 한다.

유로의 출현은 기업경영환경도 근본적으로 바꿔놓는다. 무엇보다 시장이 이전의 개별국가 단위에서 유로랜드로 넓어지면서 기업간의 경쟁이 그만큼 치열해진다. 유로의 등장으로 독일이나 프랑스, 이탈리아, 스페인, 네덜란드 등 유로랜드 어느 곳에서나 상품가격이 유로화로 표기됨으로써 각 지역의 가격차이가 그대로 드러나게 된다. 그 동안에는 동일한 상품이라 하더라도 각국에서 각각의 통화로 표기되어 지역간 가격차를 알아보려면 복잡한 환율표를 보고 계산기를 한참 두드려봐야만 했다. 그러나 이젠 그럴 필요가 없다. 모든 상품가격이 유로로 표기되기 때문에 어느 지역의 상품가격이 싸고 비싼지 이젠 금방 알 수 있다.

그렇다면 생산업체나 유통업체가 이같은 가격차이를 그대로 놓아둘 리 없다. 물론 문화적·기후적·지리적 차이 등으로 일정한 가격차이가 생길 수는 있지만, 일정수준을 벗어난 가격차이는 중요한 사업기회가 되기 때문이다. 더욱이 생산과 운송기술이 고도로 발달되어 있어 가격차는 빠르게 해소될 것이다. 인터넷 쇼핑몰을 통해 이탈리아에서 독일 제품을, 또는 독일에서 프랑스 제품을, 유로라는 단일한 통화로 주문할 수 있다. 소비자 입장에서도 굳이 동일한 상품이라면 가격이 저렴한 것을 구입하고자 할 것이다. 따라서 점진적으로 상품가격의 수렴현상이 나타나게 된다.

상품가격의 수렴은 그러나 '자연스럽게' 이루어지는 것이 아니다. 피나는 경쟁의 산물이 될 것이다. 이미 유럽기업들의 생존을 위한 경쟁은 시작되었다. 전 유럽에서 가장 저렴한 가격으로 제품을 생산, 공급하기 위해 기업구조를 재편하고 인력을 조절하고 공장을 옮기는가 하면 국경을 초월한 기업간 인수합병(M&A)도 활발히 진행하고 있다. 특정국가의 소비자들을 대상으로 하는 것이 아니라 전 유럽인들을 대상으로 한 제품개발과 유통채널 확보에도 적극 나서고 있다. 이런 과정에서 중소규모의 기업들은 대기업과 제휴하거나 합병함으로써 생존을 보장받으려 하고 있다.

은행, 보험, 펀드 관리 등 금융분야야말로 생존을 건 경쟁이 그 어느 분야보다도 치열하게 전개되는 곳이다. 제조업체의 경우 각국의 특성을 감안한 제품을 특화상품으로 개발해 어느 정도 생존해나갈 수도 있겠지만 금융분야는 상황이 전혀 다르다. 개별통화가 사라지고 유로로 통합된 마당에 이제 지역적·국가적 특성을 따질 여지가 없어져 버렸기 때문이다. 오로지 유로랜드 전역에서 최고·최상의 서비스를 제공하는 것만이 생존할 수 있는 유일한 방법이다. 고객이 어느 지역을 여행하든 가장 안전하고 편안한 서비스를 제공하는 범유럽적, 즉 초국가적 금융기관만 살아남을 수밖에 없다. 국경을 초월한 M&A 열풍이 증권거래소를 포함한 금융분야에서 가장 활발히 일어나고 있는 것도 이 때문이다.

일반인들의 삶의 패턴 역시 근본적인 변화를 겪게 된다. 그 동안에는 국가가 중요한 생활단위였으나 이젠 정치체제로서의 국가보다는 문화, 관습, 언어, 민족 등의 요소가 더욱 중요한 삶의 요소가 될 것으로 보인다. 가령 독일어를 사용하는 접경지역의 오스트리아인들은 이젠 더 이상 정치체제로서 오스트리아의 중요성을 느끼지 못하게 된다. 이들은 오히려 같은 언어에 같은 풍습을 지니고 있는 독

일을 더 친근한 이웃으로 느낄 것이다. 생활경제 단위도 바뀐다. 이
들은 더욱 더 자주 국경을 넘어 자신들의 구미에 맞는 상품을 구매
하고 독일 음악과 독일 영화, 독일의 스포츠 경기를 즐기게 될 것이
다. 자본주의 체제가 지구상에 모습을 드러낸 이후 지금까지 유지되
어왔던 국가 또는 국민경제라는 패러다임과는 전혀 다른 양상이 나
타나는 것이다.[10]

문제해결의 방정식

경제통합이 자본에게 하나의 기회이면서 도전이라면 이는 유럽주
민들에게도 마찬가지이다. 기업들의 경쟁이 치열해짐으로써 상품가
격이 떨어지고 서비스가 향상되는 것은 기회가 될 수 있지만, 이것
은 바로 유럽 주민들의 희생 위에서만 가능한 것이다.

특히 기업들의 생존경쟁은 개별국가가 조세정책부터 복지, 실업,
노동 등 사회정책을 펼치는 데 어려움을 주게 된다. 가령 특정국가
가 복지제도 확충을 위해 기업에 많은 세금을 부과할 경우 기업입
장에서는 그만큼 비용이 늘어나게 된다. 따라서 장기적으로 그 기업
은 세금부담이 적은 인접국가로 이전을 도모하게 될 것이고 이러한
움직임은 해당국가에서 사업을 영위하고 있는 다른 기업체로 확산
될 수밖에 없다. 이렇게 되면 해당국가는 산업 및 고용부문에 치명
적인 타격을 입게 된다. 따라서 각국은 최소한 유럽표준의 복지 및
조세제도를 채택하도록 노력하게 될 것이며 이는 결국 개별국가의
독자적인 사회안정정책을 제한하게 된다.

노동자들도 위협받기는 마찬가지다. 기업들의 경쟁이 치열해지면
서 생산성 향상을 위한 노동강도가 높아지고, 노동자는 노동자대로
유럽전역의 노동자들과 경쟁해야 하는 신세가 된다. 어떤 기업이고
공장을 신설할 경우 가급적이면 노동비용이 저렴하고 노동조합의

---

10) "EMU's New Horizons", *Financial Times*, 1997. 10. 16., "Special Report-The
 Euro", *Business Week*, 1998. 4. 27.

영향력이 적은 지역에 투자하려 할 것이기 때문이다. 때문에 전 유럽적인 임금인하 압력은 높아질 수밖에 없으며, 이에 따라 각국에서도 노동시장의 유연화 조치, 즉 노동개혁을 잇따라 단행하고 있다.

이와 관련 1997년 6월 네덜란드 암스테르담에서 열린 긴급 유럽연합 정상회담은 시사하는 바가 컸다. 이 회의는 리오넬 조스펭이 이끄는 프랑스 사회당이 징권을 잡은 후 소집을 요구했다. 그는 총선과정에서 프랑스 국민들의 최대 관심사였던 11%대의 실업률을 낮추겠다는 공약을 내걸어 정권을 잡는 데 성공했다. 조스펭은 취임하자마자 실업률을 낮추기 위해 당시 주당 39시간으로 되어 있던 노동시간을 35시간으로 줄임으로써 고용을 창출하겠다고 선언하고 노동자와 기업경영자, 사회단체, 정부대표 등이 참석하는 국민대토론회를 개최하는 등 실업극복에 전력을 다하고 있었다.

그러나 이에 대한 기업경영자측의 반응은 냉담하기 그지없었다. 기업의 경쟁력을 떨어뜨릴 뿐만 아니라 공장들의 해외이전을 가속화시킴으로써 고용을 더욱 위협할 것이라고 주장했다. 사실이 그러했다. 주당 35시간 노동제로 기업들이 경쟁력을 확보할 수 없다고 판단할 경우 투자를 꺼릴 게 분명했다. 기존의 공장이 다른 국가로 이전할 가능성도 많았다.

이에 조스펭 총리는 노동시간 단축을 독자적으로 추진해서는 성공하기 어렵다고 판단하고 이를 EU의 공통의제로 설정할 것을 주장하고 나섰던 것이다. 더욱이 당시 유럽에서 좌파정부가 잇따라 등장하면서 실업문제에 대한 관심이 어느 때보다 고조되고 있었던 터여서 조스펭은 실업문제 논의를 위한 긴급 정상회담을 제안했다. 그래서 암스테르담 회담을 실업정상회담 또는 고용회담이라고 부르기도 한다.

조스펭의 제안은 7년 전인 1991년 체결한 마스트리히트 조약을 수정하는 것이나 마찬가지였다. 마스트리히트 조약은 유로화의 안정을 위해 재정적자 비율(GDP의 3% 이내)과 공공부채 비율(GDP의

60% 이내)을 주로 규정하고 있었다. 각국의 재정지표가 건전성을 확보하지 못할 경우 유로가 강력한 화폐로 자리잡지 못할 것이라는 판단 아래 이 규정을 만들고 이를 이행하지 못할 경우 강력한 제재를 가한다는 것이 이른바 마스트리히트 '안정화 조약'의 골자였다. 따라서 그 동안 각국은 높은 실업률에도 불구하고 안정화 조약이라는 족쇄에 걸려 독자적 재정지출에 어려움을 겪어왔던 것이다.

수차례에 걸친 관계장관회의와 실무자회의를 통해 각국이 절충을 시도하는 가운데 암스테르담 긴급 정상회담이 개막되었다. 개막부터 각국 정상들은 실업문제에 대해 열띤 토론을 벌이기 시작했다. 각국은 실업문제의 긴급성과 심각성에 대해 문제의식을 같이하면서도 이를 해결하는 방안에 대해서는 각기 다른 의견을 노출했다. 영국과 독일은 구조조정 등을 통해 기업경쟁력을 키움으로써 경기를 진작시켜야만 궁극적으로 실업률을 낮출 수 있다는 시장 중심적인 입장을 개진한 반면 프랑스의 사회당 정부는 실업문제 극복을 위한 국가의 적극적인 개입을 주장했다. 35시간 노동제의 법제화를 추진하고 있던 이탈리아의 좌파연립정부도 프랑스와 뜻을 같이했다.

각국의 입장이 팽팽히 맞선 가운데 정상들은 결국 절충안을 만들었다. 마스트리히트 조약에 실업문제 극복을 위한 각국의 노력을 삽입하는 한편 구체적인 실업문제 극복을 위해서는 실업자에 대한 교육 훈련분야의 재정지출을 확대하는 방안으로 절충을 보았다. 프랑스 정부의 입장에서는 실망스럽기 그지없는 일이었으나 그나마 그 동안 방치되다시피 했던 실업문제가 통합유럽의 공통관심사로 자리매김한 것은 나름대로 의미 있는 일이었다.

이는 통합경제, 좀더 넓게 본다면 글로벌 캐피털리즘 체제에서 각종 사회문제를 해결해나가는 하나의 방식을 보여준다. 국제적인 협조, 또는 공통규약이 없는 상태에서 특정국가가 독자적인 정책을 수행하려 할 경우 이는 국내외적으로 복합하게 얽혀 있는 문제들과 충돌할 수밖에 없으며 따라서 문제해결도 어렵다는 얘기다. 경제의 국경이 없어지고, 기업의 경영방식은 물론 일반인들의 삶의 방식이 글로벌화하고 있는 만큼 복지에서 실업, 환경, 범죄, 노동 등 모든 문제들에 대한 해결책도 글로벌한 차원에서 모색되어야 한다는 것이다. 그래야만 문제의 근본적인 해결이 가능하다. 이런 측면에서도 유럽의 경제통합은 글로벌 캐피털리즘의 축소판이라 할 수 있겠다.

제7장 방황하는 체제전환국

1. 사회주의 모국, 러시아의 몰락

모스크바의 시한폭탄

빌 클린턴 미국 대통령이 백악관 인턴사원이었던 르윈스키와 과연 성행위를 가졌는지를 규명하게 될 대배심 증언이 예정되어 있었던 1998년 8월 17일. 세계인들은 팍스 아메리카의 최고 통수권자가 나서는 희대의 증언이 어떻게 진행될지 주목하고 있었다. 클린턴이 역사적인 법정증언을 앞두고 잠을 못 이룬 채 뒤척이고 있었을 17일 새벽(미국 워싱턴 시각 기준), 러시아에서 역사의 새로운 페이지가 막 만들어지고 있었다. 워싱턴으로 쏠려 있던 세계인들의 눈은 일제히 모스크바로 옮겨졌다. 1917년 10월혁명 이후 70여년 간 자본주의 체제에 대한 대항세력으로 자리잡았던 사회주의 종주국, 러시아가 실질적인 '국가파산'을 선언한 것이다.

아시아의 시계는 오후로 막 넘어가거나 서서히 저녁을 향해가고, 유럽에서는 오전 활동이 막 시작되고, 미국에서는 신선한 새벽공기가 대지를 감싸고 있을 때 모스크바 크렘린에서는 다급한 발걸음들이 끊이지 않고 이어졌다. 러시아 자본주의화의 기수 보리스 옐친 대통령은 휴가를 중단하고 급거 크렘린으로 향했으며, 옐친의 휴가에 맞추어 지방과 휴양지로 떠났던 고위관료들도 새벽 비행기에 몸을 실었다. 한가롭게 여름휴가를 즐길 만한 여유가 그들에게는 주어지지 않았다.

크렘린궁을 지키고 있던 세르게이 키리옌코 총리와 세르게이 두비닌 러시아 중앙은행 총재는 17일 오전(모스크바 시간) 경제비상조치를 발표했다. "러시아는 17일을 기해 루블화 표시외채 상환을 90일간 유예(모라토리엄)하며 미국 달러화에 대한 루블화 변동폭을 기존의 5.25~7.15루블에서 6.0~9.5루블로 조정한다. 이는 러시아 정부가 그 동안 취해온 일련의 경제안정화 조치를 효과적으로 달성하기 위한 것이며 현재의 금 및 외환보유고를 감안한 것이다"라는 것이 골자였다. 두비닌 총재는 쏟아지는 기자들의 질문에 "이번 조치는 러시아 국민과 생산자를 돕고 지난 수 개월 간 러시아 시장을 유린해온 금융투기꾼들에게 고통을 주기 위한 것"이라고 목청을 돋우었다.

이 소식이 날아들자 아시아와 유럽 금융시장은—미국은 새벽으로 금융시장이 문을 열기 전이었다—큰 충격에 휩싸였다. 러시아가 모라토리엄이라는 충격적인 사태에 이르리라고는 예견하지 못했던 것이다. 더욱이 러시아는 IMF로부터 226억 달러의 구제금융을 지원받아 위기탈출에 몸부림을 치고 있지 않았던가. 금융시장에서는 온갖 의문부호가 난무했다. 인접 동구나 서유럽 국가들에게는 어떤 파장이 몰아칠까? 경제파탄이 러시아의 정치구도에 어떤 영향을 미칠까? 사회혼란의 가능성은 없나? 러시아는 막강한 핵무기를 보유하고 있지 않은가? 이것은 안전할까. 태국에서 출발해 1년이 넘도록 확산일로를 걷고 있는 국제금융불안은 또 어디까지 이어질 것인가? 과연 글로벌 경제는 유지될 수 있을까? 국제금융시장은 충격과 혼란 속에 곳곳이 지뢰밭인 러시아 사태의 파장을 분석하느라 여념이 없었다. 그러나 그 누구도 이에 대해 확실한 언급을 하지 못했다.

예고된 자유러시아의 위기

모라토리엄까지 가리라고는 누구도 예측하지 못했지만 사실 러시아가 국가파산의 나락으로 떨어질 것이라는 징후는 짧게 보면 1997년 말 아시아가 도미노식으로 붕괴하면서 나타났고, 길게 보면 1991년 소연방 해체 이후 원칙 없이 추진되어온 옐친의 경제개혁 과정에서 이미 잉태되고 있었다.

옐친은 마지막 소련공산당 서기장이었던 고르바초프의 점진적인 시장경제 도입론을 뒤엎고 급진적인 자유주의 시장경제로의 전환을 꾀했지만 이를 위한 원칙과 구체적인 방법, 달리 말해 사상적 지도노선은 갖고 있지 못했다. 옐친뿐만 아니라 1990년대 '자유러시아'를 이끌어왔던 러시아 지도부 역시 계획경제를 시장경제로 바꾼다는 방향만 갖고 있었지 이를 러시아라는 구체적인 사회문화적 전통 속에서 용해시킬 전략과 전술은 없었다. 그야말로 "개혁이라는 이념은 있었어도 철저하게 연구·검토되고 구체화된 체제전환 프로그램은 없었던 것"이다. 이런 상태에서 옐친의 모험적·실험적인 개혁정책은 수많은 문제점을 노출했고 경제정책은 갈팡질팡했다.

이로 인해 1992년에는 무려 1,300%, 93년에는 876%의 초인플레를 경험했고 재정적자는 국내총생산(GDP)의 10%에 달했다. 식료품과 생필품의 부족으로 고생하던 모스크바 시민들은 길거리를 지나다 길게 늘어선 줄만 있으면 거기에 서서 무작정 기다리는 기이한 현상마저 연출했다. 줄이 있다는 것은 무언가 구입하거나 얻을 물건이 있다는 사실을 보여주는 것이기 때문이었다.

이런 상태에서 옐친 행정부는 물가억제와 성장회복을 지상과제로 삼았으며 이를 위해 미국과 독일, 일본 등 선진국에 구애의 손길을 보냈다. 러시아의 정치·군사적 위험성을 제거하고 글로벌 경제체제로의 편입을 추구하고 있었던 서방선진국들은 옐친에 대한 지원에 나섰다. 경제지원 대가로 시장경제의 도입, 긴축재정, 공기업 민영화, 투자자유화, 자본자유화 등 이른바 전통적인 구조조정 프로그램을 요구했다. 러시아의 파산을 막아야 했으나 이에 대한 구체적 대안을 가지고 있지 못했던 옐친은 부자 나라들의 요구를 받아들이지 않을 수 없었다.

서방선진국들의 지원과 투자, 유가의 회복 등에 힘입어 러시아의 경제는 1990년대 중반 들어서며 새로운 성장기반을 마련한 것처럼 보였다. 경제성장률은 1995년에 −4.1%, 96년에 −4.9%에서 97년엔 +0.4%로 돌아섰고 농업 및 공업생산도 플러스로 돌아섰다. 물가도 1996년 48%에서 97년엔 10%대로 떨어졌다. 5년 전의 1,300%에 비해 엄청나게 개선된 것이었다. 그러나 이같은 외형상 지표 이면에서는 심각한 문제가 독버섯처럼 자라나고 있었다. 사회주의 관료체제에서 고착화된 기업과 국가의 비능률과 부정부패, 탈세, 그리고 여기에 기생한 마피아경제(지하경제)가 번성하고 있었던 것이다. 거기에다 금융의 낙후성과 금융기관의 부실은 환난을 겪고 있던 동아시아 국가들보다 심한 상태였다.

더욱 큰 문제는 시장경제로의 이행에 필요한 자본을 해외에 의존하다보니 외채가 급격하게 늘어날 수밖에 없었고 급진적인 자유화·개방화 정책으로 외적 충격에 대한 저항력이 상실되었다는 점이었다. 러시아가 해외금융시장에서 차입한 자금은 1995년 520억 달러에서 97년에는 722억 달러로 늘어났다. 이 가운데 단기차관이 전체의 45%인 324억 달러에 달했다. 러시아 정부는 경제운영에 필요한 자금을 마련하기 위해 원유, 가스 등 원자재 수출에 더욱 적극적으로 나섰다. 97년에는 외화수입의 70%, 재정수입의 20% 이상을 석유 및 가스수출에 의존하게 되었다.

이런 상태에서 발생한 1997년 하반기의 동아시아 경제위기는 여러 경로를 통해 러시아에 충격을 주었다. 금융시장에서는 서방자본이 개도국에서 이탈하는 현상이 러시아로 확산되었다. 러시아의 금융상황 역시 동아시아나 남미의 개도국과 별반 다를 바가 없었던데다, 옐친의 지도력이 갈수록 약화되면서 대외신뢰도도 추락했기 때문이었다. 특히 두마로 불리는 하원을 공산당이 장악하고 있어 각종 개혁정책을 펼치는 데도 어려움을 겪었다. 옐친 대통령은 1998년 3월에 35세의 세르게이 키리옌코 연료·에너지부 장관을 총리로 전격 발탁, 경제개혁을 추진해왔으나 이렇다할 성과를 보지 못했다.

체제전환, 즉 자본주의화로 삶의 질이 향상될 것으로 믿었던 국민들도 점차 인내심을 잃어갔다. 임금체불에 시달리던 노동자들의 불만이 폭발하면서 옐친의 위기는 절정에 달했다. 러시아 체불임금은 1998년 4월을 기준으로 628억 루블(103억 달러)에 달했다. 임금체불을 견디지 못한 광산노동자들은 98년 5월 전국적인 파업과 함께 시베리아 횡단철도를 점거하며 대정부투쟁에 들어가 그나마 힘겹게 굴러가던 러시아 경제가 마비되는 사태에 이르렀다.

이러한 경제 및 정치불안 속에 단기투자자본의 러시아 탈출이 가속화되었다. 1997년 4·4분기에만 국채시장에 투자되어 있던 외국자본 50억 달러가 빠져나갔다. 러시아를 떠나는 외국자본은 루블화를 팔고 달러화를 챙겼다. 98년 들어서도 해외자본의 지속적인 이탈 속에 옐친 정부는 '체력'을 상실해갔다. 금을 포함한 러시아의 외환보유고는 97년 7월 245억 달러에서 1년 만에 100억 달러로 바닥을 드러내기 시작했다.

해외자본 이탈과 함께 주가가 급락했다. 1997년 10월 470선을 오르내렸던 주가는 1998년 8월에 100대로 폭락했다. 반대로 금리는 천정부지로 치솟아 1997년 10월 20% 아래에 머물던 것이 1998년 8월에는 무려 80%를 웃돌았다. 당연히 기업들은 신규투자에 엄두를 내지 못했고 늘어나는 이자부담으로 빈사상태에 빠졌다. 체불임금이 눈덩이처럼 늘어난 것은 당연한 결과였다.

독약을 준 IMF

동아시아 금융위기의 파고가 한국, 일본을 거쳐 시베리아 대륙을 횡단해 러시아로 몰아치고 있던 1998년 5월, 옐친 정부 역시 동아시아 국가들과 마찬가지로 IMF로 달려갔다. 옐친은 러시아 경제개혁(자본주의화)을 적극 지지해주고, 자신이 권력을 장악하는 데 여러 측면에서 협조해준 미국에 많은 기대를 걸었다. 더욱이 러시아가 어려운 상황에 처할 때마다 클린턴 대통령과 수시로 전화통화를 하며 현안에 대해 긴밀히 협조(?)해왔던 터라 기대가 남다른 게 분명했다.

어쨌든 러시아는 태국과 인도네시아, 한국이 그러했던 것처럼 글로벌 캐피털리즘의 전도사인 IMF 관리들과 1998년 5월부터 본격적인 구제금융협상에 들어갔다. 러시아는 당장 급한 외화 100억～150억 달러를 요구했다. 매일매일 돌아오는 단기외채 상환에 대처하고 거의 바닥을 보이고 있는 외환보유고를 확충함으로써 국제사회의 신뢰도를 제고하고자 했다. 그러나 1998년 7월 13일 발표된 러시아와 IMF의 최종 협상결과는 226억 달러에 달했다. 당초 예상보다 훨씬 많은 액수였다.

국제금융시장에서는 러시아에 대한 IMF의 지원이 상당히 파격적인 것으로 받아들였다. 그러나 거기에는 이유가 있었다. 미국으로서는 러시아에서 옐친만큼 자본주의로의 체제전환에 적극적인 인물을 찾을 수 없었고, 옐친이 경제위기에 책임을 지고 물러나게 될 경우 공산당이 득세할 가능성이 많기 때문에 옐친을 보호해야만 했다. 러시아가 옐친을 잃고 다시 사회주의로 회귀하는 것이야말로 미국이 우려하는 최악의 시나리오였다. 공산주의자에 둘러싸여 고생하고 있는 옐친을 구해야만 했다.

그러나 이러한 파격적인 지원은 공짜가 아니었다. 태국, 인도네시아, 한국에서와 마찬가지로 러시아에도 ‘고통스런 개혁과제’가 숙제로 주어졌고 러시아는 226억 달러에 대한 대가를 치러야만 했다. 그것은 사회주의 종주국이었던 러시아를 제3세계화하고 글로벌 캐피털리즘 체제에 더욱 더 깊숙이 편입시키는 것이었다.

러시아가 짊어지게 된 숙제는 먼저 당장 러시아를 옭아매고 있는 410억 달러 규모의 단기외채를 장기채무로 전환하는 동안 루블화를 안정시키기 위해 긴축정책과 고금리를 유지해야 했다. 또 재정적자를 메우기 위해 5%의 판매세를 도입하고 세금제도를 단순화하며 탈세자들을 엄단하는 조치를 취해야만 했다. 러시아 정부는 자금부족에 허덕이고 있던 기업들에게 전기세와 같은 공과금을 강제 징수해야 했고 회생 불가능한 기업들은 파산토록 해야 했으며 이런 과정을 통해 재정적자를 국내총생산(GDP)의 5.6% 수준에서 2.8%로 축소해야 했다.

IMF와 합의한 이러한 구제금융 조건은 러시아 경제위기를 완화시키기는커녕 더욱 악화시키는 요인이 되었다. 고금리는 가뜩이나 어려운 기업들의 자금난을 더욱 심화시켜 도산을 촉진시켰고 여기에서 실업자들이 쏟아져나왔다. 이에 따라 1997년 들어 회복세를 보이던 소비지출이 급격히 냉각됨으로써 한동안 자본주의적 요소로 빠르게 성장해온 소매산업과 서비스산업이 위축되었다. IMF의 구제금융 프로그램에도 불구하고 러시아에 대한 신뢰도는 여전히 바닥에서 맴돌아 해외자본의 이탈은 멈추지 않았다.

이러한 러시아 경제의 몰락은 동아시아의 복사판이었다. 체제전환국이자 핵강국이라는 러시아의 특수성을 감안해 완전한 자유시장 경제로의 이행을 위한 구조조정에 다소 유연한 입장을 취했을 뿐 근본기조에서는 동일했다. 달리 말해 글로벌 캐피털리즘 체제로의 편입을 위한 단계적인 접근법이 여기서도 그대로 적용되었다.

IMF가 '쓰지만 몸에 좋다'며 러시아에게 준 것은 바로 '독약'이었으며 이를 받아먹던 러시아가 국가파산을 선언한 것은 어쩌면 당연한 일이었는지도 모른다. 다만 IMF 체제 편입후 불과 1개월 만에 모라토리엄을 선언했다는 점에서 세계는 경악하지 않을 수 없었던 것이다.

이로써 러시아는 1980년대 후반 개혁(페레스트로이카)과 개방(글라스노스트)정책을 펼치며 자본주의로의 체제전환을 꾀한 지 10여 년 만에 완전한 패전국가로 전락하고 말았다. 현실사회주의의 1차 실패와 자본주의로의 체제전환에서의 2차 실패로 러시아는 20세기 인류역사의 두 줄기를 형성했던 두 체제의 실험에서 모두 실패한 대표적인 비운의 국가가 되었다.

두 번의 실패

옐친의 모라토리엄 선언과 루블화 평가절하는 러시아 국민들에게 말할 수 없는 고통을 안겨주었다. 모라토리엄 이후 달러화 대비 루블화 환율이 당초 설정했던 상한선인 달러당 9.5루블을 벗어나 달러당 20루블 이상으로 폭등하면서 물가가 치솟기 시작했다. 일부 식료품 가격은 1개월도 안 되어 10배 이상 뛰어올랐으며 그나마 물건 구하기도 어려워 주민들의 고통이 가중되었다. 기업들의 경영은 더욱 어려워져 체불임금 역시 눈덩이처럼 늘어났고 실업자가 흘러 넘쳤다. 그런데도 미국과 IMF는 자금지원 조건으로 주문했던 자유주의 경제개혁만을 되풀이했다. 러시아 국민들이 "일시적으로 고통을 받을 수는 있지만 궁극적인 해결책은 개혁뿐"이라는 판에 박힌 주문이었다.

1998년 한 해 동안의 러시아 경제성적표는 러시아 국민들의 어려움을 그대로 반영하고 있다. 러시아 국가통계위원회의 발표에 따르면 공업생산량은 97년에 비해 5.2% 감소했고 식품을 포함한 상품유통량도 2.1% 줄었다. 경제가 후퇴한 것이다. 98년 말 현재 국제노동기구(ILO) 기준 실업자수는 857만 명으로 전체 노동인구(7,260만 명)의 11.8%를 차지했고 최저생계비(1998년 말 기준 월평균 717루블) 이하에서 생활하는 사람들은 전체 인구의 27.1%에 달했다. 러시아 전역의 체불임금은 770억1,700만 루블(33억8천만 달러)로 이 중 공공부문 종사자에 대한 체불이 25.6%인 197억 루블에 달했다.

그렇다면 러시아의 장래는 어떻게 될까? 이전의 계획경제체제로 돌아갈 수 있을까? 아니면 서방자본의 요구를 받아들여 고통 속에 자유시장경제로 전환할 수 있을까? 그것도 아니면 독자적인 제3의 경제체제를 구축할 수 있을까? 과연 러시아의 선택은 무엇일까?

러시아가 선택할 수 있는 대안은 극히 한정되어 있다. 한마디로 러시아의 운명 역시 1년 전에 금융위기를 겪은 동아시아와 크게 다르지 않을 것으로 보인다. 다른 점이 있다면 러시아에는 70년 동안 자본주의에 대항해온 사회주의 세력이 여전히 남아 있으며 이들이 옐친을 대신할 강력한 대체권력의 가능성을 보여주고 있다는 점이다. 그러나 공산당을 주축으로 하는 이들 사회주의 세력이 러시아 패권을 다시 장악한다 하더라도 1억4,760만 명의 인구를 거느린 러시아를 성공적으로 이끌어갈 수 있을지는 의문이다. 이들이 러시아를 독자적으로 운영하려면 그야말로 자력갱생의 길을 찾아야 하기 때문이다. 주변국 모두 시장경제로 넘어간 상태에서 자력갱생은 아주 힘겨운, 사실상 불가능에 가까운 일이 아닐 수 없다.

따라서 가능성으로 따진다면 러시아 역사의 수레바퀴를 10년 전 수준으로 되돌릴 가능성보다는 자본주의 체제로의 전환을 지속적으로 추진할 가능성이 훨씬 높다. 한 체제가 새로운 체제로 전환하기 위해서는 새로운 체제에 대한 이념상의 합의와 그를 이끌어갈 사회적으로 조직화된 주체세력, 그리고 경제적 능력이 갖추어져 있어야 하나 러시아에서는 이를 위한 충분하고도 필요한 조건이 구비되어 있지 않다. 이전의 국가사회주의에 대한 혐오와 옐친 정부가 시도한 무원칙한 시장경제 실험에 대한 거부감이 팽배해 있을 뿐, 이를 대체할 새로운 프로그램 또는 새로운 사회에 대한 대안을 갖고 있지 못한 상태이다.

현실적으로 러시아가 필요로 하는 것은 구체적인 체제전환 프로그램일지도 모른다. 1991년 독립국가연합(CIS)으로 재편한 이후 자유러시아로의 전환을 추진하는 데 결여되었던 이 프로그램을 만드는 것이 오히려 현실적인 대안이라고 볼 수도 있다. 특히 두 체제의 실험에서 실패한 러시아가 '제3의 대안'을 찾지 못한다면 더욱 그러하며, 또 그러할 가능성이 많다. 이런 상태에서 "일시적인 고통은 따르겠지만 개혁을 하면 자금을 지원하겠다"는 미국과 IMF를 비롯한 서방자본의 제안은 사회주의 종주국이었던 러시아를 제3세계화하면서 글로벌 캐피털리즘의 변방국가로 전락시키는 '통로'가 되고 있다. 모라토리엄은 이러한 새로운 역사의 출발이었다.

2. 중국은 종이 호랑이인가?

고도, 시안(西安)에 나타난 클린턴

중국 대륙을 뜨겁게 달구던 붉은 태양이 모래바람 사이로 자취를 감추면서 땅거미가 무겁게 내리깔리던 1998년 6월 25일 오후 7시. 지구 반대편 워싱턴에서 출발하여 앵커리지에서 한 차례 급유한 일단의 비행기가 시안(西安)공항에 유연한 자태를 뽐내며 내려앉았다. 비행기에 걸려 있는 성조기가 바람에 펄럭이며 유난히 선명하게 보였다. 비행기에서 공항 대기실까지 붉은 카펫이 깔리고 시안 시장을 비롯한 관료들과 환영객들이 바삐 움직이며 좌우에 늘어섰다. 손님을 맞을 준비가 끝나고 잠시의 침묵이 이어졌다. 비행기 아래에 도열한 인사들 사이에 긴장감이 흐르더니 곧 비행기 문이 소리 없이, 그리고 아주 부드럽게 열렸다. 빌 클린턴 미국 대통령과 그의 부인 힐러리가 18시간의 긴 여행을 막 끝낸 사람답지 않게 활력이 넘치는 표정을 지어 보이며 모습을 드러냈다. 기다리고 있던 군악대의 팡파르가 울리면서 시안공항에 돌연 생기가 넘치기 시작했다.

2천여 명의 목숨을 앗아간 1989년의 천안문 사태―중국정부는 사망자수가 180명이라고 공식 발표했으나 인권단체와 서방측에서는 최소한 2천 명은 될 것으로 보고 있다―이후 처음으로 미국 대통령이 중국을 방문하는 순간이었다. 첫 방문지는 중국의 정치도시인 베이징(北京)도 아니요, 경제도시인 상하이(上海)도 아닌 고도(古都) 시안이었다. 시안은 7~10세기 당나라의 수도 장안(長安)으로 번영을 구가하기 시작해, 14～15세기 명나라에 이르러서는 베이징에서 이탈리아의 베네치아로 이어지는 실크로드의 중심도시로, 동서양의 문물이 어우러져 화려한 문화를 꽃피웠던 곳이다. 고대 중국의 명물 고적이 도처에 산재해있는 관광명소이기도 한 이곳을 클린턴이 첫 방문지로 꼽은 것은 매우 이례적이었다.

이례적인 것은 이것만이 아니었다. 미국 대통령으로서는 최초로 1972년 2월 리처드 닉슨이 중화인민공화국 땅을 밟은 이후 1989년 2월 조지 부시 대통령이 상하이를 실무방문하기에 이르기까지 모든 미국 대통령이 한두 개의 도시만 방문하고 돌아갔지만 클린턴은 시안에서 출발해 베이징, 상하이를 거쳐 남부의 관광지인 광시(廣西)성 구이린(桂林)시, 경제특구인 선전(深圳), 그리고 바로 1년 전 영국에서 중국으로 반환된 홍콩을 8박9일에 걸쳐 장기간 여행하기로 예정되어 있었다. 이것 역시 이례적인 일이었다. 미국의 대통령이 중국을 방문할 경우 일본이나 한국 또는 다른 아시아 및 유럽국가를 들르는 것이 관례였으나 이번에는 중국만을 방문하고 곧바로 미국으로 돌아갈 예정이었다. 이것 또한 전에 볼 수 없었던 일이었다.

세계 유일의 수퍼파워로 확고히 자리잡은 미국의 대통령이 이같이 이례적인 방식으로 중국을 방문한 것은 갈수록 커지고 있는 중국의 힘과 국제사회에서의 위상을 웅변하고 있었다. 그러나 여기에는 중국을 글로벌 캐피털리즘 체제에 더욱 깊숙이 끌어들이고자 하는 계산이 깔려 있었다.

사실 중국은 사회주의권이 몰락하는 가운데서도 사회주의적 토대 위에 시장경제를 성공적으로 접목시키며 강대국으로 부상한 유일한 국가였다. 세계인구의 5분의 1에 해당하는 12억의 중국은 1980년 이후 세계에서 가장 높은 연간 10% 안팎의 고도성장을 유지하면서 세계경제성장의 엔진 역할을 해왔다. 대부분의 전문가들은 앞으로 20년 후에는 중국이 미국에 이은 세계 2위의 경제대국이 될 것으로 전망하고, 여기에서 창출되는 무궁무진한 시장에 주목하고 있었다.

더욱이 중국은 홍콩, 싱가포르, 대만은 물론 미국, 유럽 등 전세계에 퍼져 있는 화교들의 막강한 자본력까지 합쳐 폭발적인 잠재력을 지니고 있었다.

미국으로서는 이러한 중국을 고립시키기보다 더욱 개방적인 체제로 유도함으로써 사회주의로의 회귀 가능성을 차단하고 미국자본이 주도하는 글로벌 캐피털리즘 체제에 더욱 깊숙이 끌어들일 필요가 있었다. 그러기 위해서는 일정한 범위 내에서 중국의 시장경제 이행을 지원해야 했다. 미국기업의 중국투자는 그 지렛대였다. 투자가 확대되면 확대될수록 중국과 미국, 나아가 세계자본주의와의 연관관계는 높아지며 이를 통해 미국식 자본주의를 중국에 이식하는 기반을 마련할 수 있다. 동시에 세계무역기구(WTO) 가입조건으로 시장개방 확대와 경제개혁을 내세우며 자본의 자유로운 투자기반을 마련하는 데에도 많은 노력을 기울였다.

미국의 전략이 이러하다면 중국도 클린턴을 시안으로 불러들인 확실한 목표와 치밀한 전략을 지니고 있었다. 무엇보다도 클린턴의 중국방문을 통해 중국의 정치·경제적 위상을 한 단계 끌어올리는 것이 중국의 첫 번째 목표였다. 정치적으로 장쩌민 정부는 10년 전인 1989년 6월 중국의 심장부 베이징의 한복판에서 일어난 민주화운동의 강경진압으로 인권탄압국이라는 비난을 받고 있었다. 국제적인 위상을 제고하려면 우선 이 천안문 사태에 대한 서방선진국들의 양해(?)가 필요했다. 실제로 미국은 천안문 사태 이후 일부 첨단기술제품에 대한 교역을 금지하는 경제제재조치를 취하고 있었다. 중국은 클린터의 방문을 통해 "이제 천안문 사태에 대한 논란은 끝났다"는 것을 보여주고 싶어했다.

경제적인 측면에서도 중국은 자국의 국제적 위상을 한 단계 끌어올리고 싶어했다. 당시 중국은 동아시아 각국 통화의 잇따른 평가절하로 수출시장에서 고전을 면치 못하고 있었으며, 이에 따른 위안(元)화의 평가절하 압력을 받고 있었다. 그러나 중국이 위안화를 절하할 경우 다시 동아시아 경쟁국들의 경쟁적인 평가절하를 유발하게 되고, 이는 세계적인 금융혼란으로 이어질 게 분명했다. 이런 시점에서 중국은 "자국경제의 어려움에도 불구하고 위안화 가치를 고수함으로써 세계경제의 안정을 위해 노력하고 있다"는 점을 부각시키는데 열을 올렸다. 이따금 위안화 절하 가능성을 흘림으로써 국제금융시장을 흔들며 '중국의 영향력'을 은근히 과시하기도 했다.

이는 특히 당시 동아시아 맹주자리를 놓고 일본과 중국 사이에 전개되고 있던 치열한 패권경쟁, 그리고 중국을 지렛대로 일본의 시장개방과 경제개혁을 이끌어내고자 하는 미국의 전략과 맞물려 미묘한 파장을 불러일으켰다. 전후 아시아의 맹주로 자리잡은 일본은 거품경제의 붕괴와 동아시아 위기로 그 입지가 크게 흔들린 데다 동아시아 위기에 대한 일본 책임론의 부각으로 국제적 위상이 급격히 추락하고 있었다. 이 틈을 비집고 중국은 '위안화 고수'라는 점을 내세워 동아시아의 맹주자리를 차지하고자 했다.

이러한 중국의 패권전략은 미국의 '일본 때리기' 전략과도 맞아떨어졌다. 미국의 현안은 일본시장을 개방함으로써 동아시아 지배를 완료하는 것이었다. 그런데 일본은 아시아통화기금(AMF) 설립구상과 엔화의 국제화를 꾀하면서 여전히 동아시아 패권을 놓지 않으려고 애썼다. 미국이 수퍼파워로서 세계지배를 지속하려면 일본을 제어해야만 했다. 또 세계 2위의 경제대국이면서 미국에서 엄청난 무역흑자를 내고 있는 일본을 장악해야만 했다.

그래서 미국이 내민 것이 바로 중국카드였다. 미국이 중국의 손을 들어줄 수 있다는 강력한 메시지를 전달함으로써, 일본으로 하여금 미국의 요구를 수용하도록 압박하는 것이었다. 이는 클린턴이 일본을 거치는 관례를 깨고 중국을 직접 방문한 것에 대해 일본이 불편한 심기를 드러낸 데에서도 그대로 나타났다. 반대로 중국으로서는 미국과 일본의 갈등이 동아시아 패권을 장악하는 데 아주 중요한 기회가 아닐 수 없었다.[1]

각각의 전략과 계산 속에 클린턴의 중국방문은 아주 우호적이면서도 여유있는 분위기로 시작되었다. 속으로는 치열한 외교전을 치르면서도 최소한 대외적으로 미국과 중국이 천안문 사태 이후의 '불편한 관계'에서 완전히 벗어나 '21세기의 동반자'로 한 단계 발전한 듯이 보였다. 클린턴 역시 가는 곳마다 미국과 중국의 동반자 관계를 역설하는 성명을 발표하기에 여념이 없었으며 중국 역시 클린턴을 극진히 대접했다. 클린턴은 중국인민들의 연출된 환영을 받으면서도 사뭇 긴장되고 흡족한 표정을 지으며 명승고적을 누볐다. 진시왕릉에서는 병마용 사이에 들어가 부인, 딸과 함께 깊은 감동을 받은 표정으로 취재진의 카메라 플래시 세례를 받기도 했다.

중국은 노(NO)라고 말할 수 있나

시안에서 여유있는 모습을 보이던 클린턴의 얼굴은 중국의 정치수도 베이징에 가까이 오면서 변하기 시작했다. 때로는 긴장된 모습을 보이는가 하면 다소 신경질적이며 공격적인 모습도 보였다. 천안문 사태에 대한 기자들의 잇따른 질문, 중국 인권문제에 대한 질문, 티베트 독립운동에 대한 질문 등 껄끄러운 문제가 쏟아지기 시작했기 때문이었다. 기자들은 시안에서도 이따금 이러한 질문을 던지기도 했으나 베이징으로 이동하면서부터, 다른 문제에 대해서는 아예 물어보지도 않고, '불편한 문제'에만 매달렸다. 물론 당시 스타 특별검사의 조사가 진행되고 있던 르윈스키와의 섹스스캔들에 대한 질문도 나왔지만.

클린턴의 표정변화는 베이징 인민대회당에서 열린 양국 정상회담에서 최고조에 달했다. 이 자리에서는 장쩌민 중국 국가주석과 심한 설전까지 벌였다. 천안문 사태와 티베트 문제에 대한 기자들의 질문에 대해 클린턴이 "중국은 인권향상을 위해 노력해야 한다"고 주문

---

1) "China Seeks to Trump Japan As Asia's Economic Leader", *Asian Wall Street Journal*, 1998. 3. 17.

하자 장 주석은 70세의 노인답지 않은 카랑카랑한 목소리로 "중국에는 중국식의 민주적인 운용원리가 있고 미국에는 거기에 맞는 원칙이 있다. 다른 나라의 잣대로 중국문제를 보아서는 안 된다"며 중국문제에 간섭하지 말 것을 노골적으로 요구했다. 천안문 사태에 대해서도 장 주석은 "국가적 위기상황에서 파국을 막고 국가질서를 유지하기 위해 불가피한 일이었다"며 미국이 왈가왈부하는 데 대한 불편한 심기를 그대로 드러냈다.

장 주석은 세계 유일의 수퍼파워인 미국 클린턴 대통령에게 당당히 맞서 자신의 주장을 펼침으로써, 12억 인구의 중국을 이끌어가는 노련한 정치지도자로서 강렬한 이미지를 남겼다. 동시에 이는 중국이 미국에 일방적으로 끌려가지만은 않을 것이라는 강한 암시를 담고 있는 것이기도 했다.

이와 달리 양국 정상은 당시 1년째 지속되던 동아시아 금융위기에 대한 대응과 양국의 역할에 대해서는 한 목소리를 냈다. 장 주석이 "중국은 금융위기의 확산을 막기 위해 여러 가지 어려움에도 위안화 환율을 안정적으로 유지할 것"이라고 밝히자 클린턴이 "중국이 국제사회의 책임있는 일원으로 적절한 역할을 하고 있음을 보여주는 것으로 미국은 중국의 노력에 지지를 보낸다"고 화답했다. 양국 정상은 또 동아시아가 위기에서 벗어나기 위해서는 IMF의 경제개혁 요구를 충실히 수행해야 한다는 입장을 재확인하는 한편, 일본이 내수확대와 경기부양 조치를 단행함으로써 금융위기의 확산을 막아야 한다고 일본에 화살을 돌렸다. 양국 정상이 번갈아 방문—클린턴의 중국방문은 8개월 전인 1997년 10월 장 주석의 미국방문에 대한 답방 형식을 취하고 있었다—해 정상회담을 하는 진짜 이유를 읽을 수 있는 대목이었다.

정상회담을 마친 클린턴은 본격적인 중국순회에 나섰다. 그가 이례적인 방식으로 중국을 찾은 또 다른 목적은 이후의 행적에서 잘 드러난다. 이제부터는 미국이 중국의 적이 아니라 친구라는 사실을 중국인들에게 직접 설명하고, 중국이 시장경제와 민주주의로 적극 나가야 경제발전이 이루어짐은 물론 중국인들의 생활이 더욱 향상될 것이라는 점을 설파하는 게 클린턴의 임무였다. 중국의 경제중심지 상하이에서는 중국의 농민, 기업인들과 자유토론을 갖고 자유시장경제의 효율성을 선전했으며, 라디오 방송에도 출연해 1시간여 동안 세계평화와 인권신장을 위한 미국의 노력을 설명했다. 경제특구 선전에서도 현지 기업인들과 만나 똑같은 말을 반복하며 중국의 시장경제 이행을 지원할 것이라는 점을 강조했다. 중국의 지도부도 지도부지만 일반 국민, 특히 경제인들과 직접 만나 자본주의 경제의 우월성을 홍보하고 중국의 개혁 필요성과 이에 대한 미국의 지지입장을 이들의 머리에 깊숙이 새겨넣고자 했던 것이다.

이러한 클린턴의 움직임에 맞추어 5백여 명의 기업인들은 중국 지방정부, 국영기업들과 활발한 합작상담을 벌이며 본격적인 중국 공략을 위한 발판을 만들어갔다. 실제로 이들은 클린턴의 방중 기간에 전력, 도로 등 사회간접자본 분야에서 20억 달러가 넘는 투자계약을 성사시켰다.

클린턴의 이례적인 중국방문은, 중국반환 1주년을 맞은 홍콩을 끝으로 막을 내렸다. 홍콩에서는 중국에의 반환 이후에도 자유시장경제를 이끌어가고 있는 행정당국의 노력을 높이 평가하고, 중국과 홍콩에서 일하는 미국기업인들과 만나 현지상황에 대한 생생한 이야기를 듣기도 했다.

클린턴의 중국방문은 금융위기를 계기로 서구자본, 특히 미국자본의 개도국 공략이 본격화되고 있던 시점과 맞물려 많은 것을 시사했다. 1년 전 태국에서 시작된 동아시아 금융위기의 파고가 러시아, 남미로 확산되고 있는 가운데 중국이 사정권 안에 들어오고 있었기 때문이었다. 더욱이 서구자본의 최종적인 공격목표는 중국이라고 할 정도로 서구자본은 중국을 글로벌 캐피털리즘 체제로 편입시킬 기회를 호시탐탐 노리고 있었다.

중국으로서는 이러한 금융위기의 파고를 어떤 형태로든 차단해야
만 했다. 이것이 미국과 의견일치를 본 '일본 책임론'을 들고 나오
게 한 원인이기도 했다. 중국으로서는 일본의 적극적인 경제개혁으
로 아시아 위기의 파장이 중국으로 확산되지 않도록 해야 했다. 미
국과 공동전선을 형성해서라도 일본의 경제개혁을 끌어내어 금융위
기의 파장이 일본에서 멈출 수 있도록 열을 올릴 수밖에 없었던 것
이다.

동시에 금융위기의 파장을 막는 데 미국의 정치·경제적 지원이
필요하기도 했다. 동아시아 금융위기의 파고가 한국으로 북상하고
있던 1997년 10월 장쩌민이 미국으로 넘어가 뉴욕 증권거래소 등을
방문해 미국 자본주의의 승리를 간접적으로 지지한 것도 미국의 지
원을 필요로 하는 중국의 입장을 반영한 것이었다. 동시에 IMF 정
책의 명백한 실패와 신자유주의를 기반으로 한 글로벌 캐피털리즘
의 해악에 대해서는 입을 다문 채, 미국과 IMF의 정책에 대해 줄곧
지지입장을 보낸 것도, 어떤 측면에서 보면 이러한 중국의 어려운
입장을 반영한 것이었다.

더욱이 사회주의 시장경제라는 외형상의 성공 뒤에 숨겨진 중국
경제의 문제점을 들여다보면 이러한 중국의 속내를 읽을 수 있다.
장쩌민 주석이 천안문 사태와 같은 예민한 국내 정치문제에 대해서
는 클린턴과 격한 논쟁을 벌일 수 있었지만, 글로벌 체제로 편입되
어가는 경제문제에 대해서는 결코 노(NO)라고 할 수 있을지 의문이
간다. 중국이 해결해야 할 문제가 도처에 산재해 있기 때문이다.

안전지대는 없다

중국경제는 언덕길을 오르는 자전거와 같다. 자전거는 일정한 속
도를 유지해야만 쓰러지지 않고 달려가는 속성을 지니고 있다. 그렇
지만 속도가 떨어지면 비틀거리기 시작해 어느 선 이하가 되면 버
티지 못하고 쓰러진다. 외부의 힘을 받아야만 두 바퀴로 설 수 있다.

중국경제 역시 마찬가지이다. 일정한 성장속도를 유지해야만 내부의 복잡한 문제들이 분출하지 않는다 그렇지만 성장속도가 떨어지기 시작하면 그 문제들이 전면으로 떠올라 정상적인 경제운영이 불가능해지는 것이다.

중국경제는 바로 이러한 고비, 즉 경제성장의 '한계속도'에 근접하고 있다. 40여 년간 사회주의 경제체제를 유지하면서 누적된 관료조직의 비능률성과 국영기업의 낮은 생산성, 금융시스템의 취약성 및 금융기관의 부실화에다 시장경제가 접목되면서 부정부패가 만연하고 사회공동체가 급속하게 붕괴하는 등 복잡하고 어려운 문제들이 서서히 표면화되고 있는 것이다. 1979년부터 97년까지 18년간 연평균 9.8%의 고도성장을 지속할 때는 문제될 것이 없었다. 그러나 경제성장 속도가 떨어지면서 이들 복잡한 문제가 서서히 드러나고 있다. 특히 동아시아 금융위기로 중국의 불안이 급격히 고조되었다.

무엇보다 큰 타격을 받은 분야는 외자유치와 수출 분야이다. 외자와 수출은 중국이 개혁·개방정책을 추진하기 시작한 이후 경제성장을 이끌어온 양대 동력이었다. 중국은 자본의 초기축적이 이루어지지 않은 상태에서 경제개발에 필요한 자금과 기술을 해외에 의존할 수밖에 없었다. 또 풍부한 인력이 제공하는 저렴한 노동 및 생산비용은 중국제품의 가격경쟁력을 높여 수출부문의 급성장을 가져왔다. 더욱이 내수기반이 취약한 상태에서 기업은 물론 정부가 수출에 매달린 것 역시 자연스런 일이었다. 한국을 비롯한 동아시아 신흥공업국들의 압축성장방식을 중국이 그대로 채택한 것이다. 그러나 동아시아 금융위기로 이들이 모두 결정타를 입었다.

먼저 해외자본 유입의 경우를 보면 1998년 외국자본의 실제 중국투자규모는 540억 달러로 97년에 비해 16% 감소했다. 1990년대 들어 매년 20% 안팎씩의 성장세를 보였던 것에 비추어볼 때 아주 심각한 타격을 받았음을 알 수 있다. 이는 무엇보다 그 동안 최대의 중국투자가 역할을 해왔던 홍콩, 대만, 싱가포르 등 동남아 화교자본의 유입이 거의 중단되었기 때문이다. 이들 역시 중국본토 투자에 앞서 자체문제 해결에 바쁜 나날을 보냈다. 한국과 일본기업도 중요한 대중(對中)투자가였으나 한국은 사실상의 공황으로 대외투자를 생각할 겨를이 없었고 일본 역시 경제가 휘청거리면서 오히려 해외투자자금을 회수하기 바빴다. 상대적으로 금융위기의 영향을 덜 받고 있는 미국과 유럽자본이 중국투자를 모색했으나 개도국 시장에 대한 전반적인 불안감으로 아주 신중한 모습을 보였다.

수출부문은 또 어떠한가? 무엇보다 동남아 통화가치하락으로 중국상품이 가격상의 우위를 더 이상 누리기 어려워졌다. 동아시아를 포함한 전세계적인 수요위축도 수출에 치명타를 날렸다. 1998년 수출규모는 모두 1,820억 달러로 전년에 비해 0.5% 늘어나는 데 그쳤다. 1990년대 들어 중국의 수출이 매년 20% 이상 급성장했던 것과 비교할 수조차 없을 정도로 큰 타격을 받은 것이다. 수입은 1,400억 달러로 1.5% 줄었다. 이로써 98년 중국의 대외무역규모는 개방 이후 20년만에 처음으로 감소했다.

이같은 해외자본 유입과 수출부문의 타격은 경제전반에 어두운 그림자를 드리울 수밖에 없다. 1998년 경제성장률은 7.8%로 동아시아 금융위기의 파장과 여름의 양쯔(揚子)강 대홍수 등을 감안할 때 비교적 양호한 편이었다. 상반기에 경제불안이 고조되자 하반기에 사회간접자본 등에 대한 투자를 대대적으로 확대하면서 성장속도를 끌어올린 때문이었다. 1999년에는 7% 성장을 목표로 하고 있다. 하지만 중국이 92년에 14.2%를 기록한 이후 매년 1~2%의 성장률 하향조정—경제성장률은 1992년 14.2%에서 93년 13.5%, 94년 12.6%, 95년 10.5%, 96년 9.7%, 97년 8.8%를 각각 기록했다—을 통해 추진하고 있는 경제연착륙이 성공할지는 여전히 의문이다. 특히 대외환경 악화로 연착륙이 실패할 가능성이 높아지고 있으며 그렇게 될 경우 중국 내부의 문제들이 폭발하게 되어 있다.

가장 큰 문제는 실업문제이다. 경제전문가들은 중국의 경제성장률이 1% 낮아질 때마다 4백만 명의 실업자가 늘어난다고 추산하고 있다. 또 성장률이 7% 이하로 떨어질 경우 매년 경제활동에 신규 참여하는 6백만 명의 중국인은 물론 국영기업 개혁으로 해고되는 1,200만 명의 노동자를 충분히 흡수할 수 없을 것으로 전문가들은 진단한다.[2] 중국정부의 공식통계에 따르면 실업자는 1997년 말 현재 8백만 명(도시노동자의 4%)이다. 그러나 직장에 나가지 않고 임금만을 받는, 즉 임금명부에만 올라 있는 국유기업 노동자를 포함할 경우 실질 실업자는 2천만 명을 넘어선 것으로 분석되고 있다. 중국 국영기업에는 해고제도가 없기 때문에 기업의 주문이 줄어 조업을 단축해야 할 경우 집에서 쉬도록 하지만 임금은 법에 정해진 대로 지불한다. 이들은 정부통계상의 실업자에 들어가지 않는다. 특히 이들 실질 실업자에 농촌부문의 잉여인력을 포함할 경우 실제 실업인구는 1억 명을 상회할 것으로 전문가들은 추산한다.

기업들의 부실도 심각하다. 이미 10만 개의 중국 국영기업 가운데 80% 이상이 누적적자로 파산위기에 직면해 있다. 이런 상태에서 수출부진과 해외자본유입 둔화 및 성장률 하강현상이 지속될 경우 문제가 걷잡을 수 없이 확대될 수밖에 없다. 실제로 동아시아 경제위기의 파장이 영향을 미친 1998년 중국기업의 적자가 눈덩이처럼 늘어났다.

이는 국영기업에 막대한 자금을 대출해준 금융기관의 부실을 촉진한다. 이미 중국의 금융기관 가운데 대부분은 사실상의 지급불능(default) 상태에 빠져 있다. 금융기관 부실로 환난을 맞은 한국이나 태국, 인도네시아보다 중국 금융기관의 부실이 더 심한 상태이다. 중국은행들의 부실채권 규모는 전체 대출금의 20%(GDP의 17%)를 넘는 것으로 서방전문가들은 분석했다. 미국의 신용평가기관인 스

---

2) "Can China Avert Crisis?", *Business Week*, 1998, 3. 16.

탠더드 앤드 푸어스(S&P)는 이들의 부실채권 규모가 GDP의 60%를 넘는다고 추정할 정도이다. 이는 환난에 처했던 한국이나 태국보다 2배 이상 많은 것으로 중국 금융기관들이 얼마나 심각한 상태인지 짐작할 수 있다.[3] 중국정부는 공식적으로 부실채권 비율이 5% 미만이라고 밝히고 있으나 이는 실제 파산한 기업에 대한 중국 금융기관의 대출만을 포함한 것으로 서방 금융기관들은 이의 신뢰성에 의문을 갖고 있다.

1998년 10월 중국에서 두 번째로 큰 투자신탁회사인 광둥투자신탁공사(GITIC)가 파산한 것은 이러한 부실채권의 심각성을 단적으로 보여주었다. 경영부실로 광둥투자신탁공사가 중국 금융기관으로서는 처음으로 해외 금융기관에 이자를 갚지 못하자 미국의 신용평가기관인 무디스와 스탠더드 앤드 푸어스가 푸지엔국제투자신탁공사, 상하이국제투자신탁공사 등 주요 신탁투자회사의 신용등급을 투자부적격(정크본드) 수준으로 낮추는가 하면 해외자본의 중국철수와 자본회수가 잇따르기도 했다. 중국정부는 부실금융기관을 잇따라 폐쇄하고 정부자금을 투입하는 등 '금융개혁'에 강한 의지를 보이며 해외투자가들을 안심시키려 노력하고 있지만 이 문제는 여전히 시한폭탄으로 남아있다.

결국 중국은 가장 확실한 글로벌 워크아웃(Global Workout)의 대상이 아닐 수 없다. 중국의 무한한 잠재력에 눈독을 들이고 있는 서방자본들로서는 중국투자의 안정성을 높이고, 좀더 자유롭게 투자하기 위해 전면적인 구조개혁을 요구하고 있다. 이들은 중국경제에 대한 워크아웃, 즉 경제개혁이 필수적인 것으로 보고 이를 관철시킬 방안을 다각적으로 모색하고 있다. 중국으로서도 글로벌 경제체제에서 살아남으려면 반드시 넘어야 할 산이 아닐 수 없다. 그것은 중국이 동아시아와 같은 환난의 구렁텅이로 빠져들어갈 가능성이 농

---

3) "China's Economy, East Asia's Whirlwind Hits The Middle Kingdom", *The Economist*, 1998. 2. 14.

후함을 보여주는 것이다.

얇아지는 사회주의 보호막

동아시아에서부터 일본, 러시아, 브라질로 금융위기가 확산될 때마다 중국의 위안화 평가절하 가능성이 제기된 것은 바로 이러한 중국경제의 복잡한 문제를 반영하는 것이었다. 그럼에도 불구하고 중국이 버틸 수 있는 데에는 나름대로의 이유가 있다. 첫째 중국의 외환보유고가 탄탄하다는 점이고 둘째는 사회주의 시장경제라는 보호막이 있다는 점이다.

중국의 외환보유고는 1,400억 달러로 일본에 이어 세계 2위이다. 그리고 중국의 외환시장은 금융위기를 맞은 동아시아나 중남미, 러시아처럼 개방적이지 않다. 중국의 위안화는 자유롭게 거래되지 않는다. 아직도 통제경제체제를 유지하고 있다. 단순한 투기(단기차익)를 위해서는 위안화를 환전할 수 없다. 무역이나 공장신설, 합작기업 설립, 여행경비 등을 위한 목적에 대해서만 제한적으로 허용될 뿐이다.

이와 함께 중국에 투자된 해외자본은 대부분 장기투자의 성격을 지니고 있다. 아무리 위안화 환율이 실물경제를 반영하지 못한다 하더라도 투기자본이 이를 공격하지 못하는 것도 이 때문이다. '섣부른 자본자유화와 취약한 금융시스템의 결합'으로 환난을 맞은 동아시아 국가들과 다른 점이 바로 이것이다. 중국은 금융시스템이 취약하지만 자본자유화를 섣부르게 단행하지 않았기 때문에 동아시아 국가들이 줄줄이 넘어가는 상황에서도 굳건하게 자신의 경제시스템을 지킬 수 있었다.

그러나 중국이 과연 언제까지 이러한 '사회주의 보호막'을 유지하며 경제개발을 추진할 수 있을지는 불투명하다. 더욱이 변화하는 환경에 발맞추어 탈(脫)사회주의 노선을 한층 강화하고 있어 그 '보호막'은 갈수록 얇아질 수밖에 없다. 1999년 3월 열린 전국인민대표대회에서는 정치적으로 사회주의 체제를 유지하면서, 경제적으로는 자본주의 시장경제 원리를 대폭 수용한 헌법개정안을 통과시켜 이러한 방침을 명확히 했다.

개정헌법에는 '다양한 소유제 경제의 공동발전'을 명문화해 사유제를 공식적으로 인정했다. 또 사유경제를 포함한 비(非)공유경제를 국유경제의 '보충물'에서 '사회주의 시장경제의 중요한 구성부문'으로 격상시켰다. 분배방식도 노동에 따라 분배하는 사회주의 분배방식 이외에 능력에 따른 자본주의 분배 등 다양한 분배방식을 인정했다. 사회주의 초급단계가 상당기간 지속될 것으로 보고 자본주의적 생산(분배)관계를 확산시켜 생산력을 발전시키겠다는 방침을 확실히 한 것이다.

물론 이같은 중국정부의 헌법개정은 사회주의 정치체제를 토대로 하고 있다. 또 시장경제 요소의 도입이 궁극적으로는 진정한 사회주의 건설을 위한 보완기능을 할 것으로 보고 있다. 그러나 실제로는 중국이 이미 '자본주의화'라고 하는 강을 이미 건너고 있음을 보여주는 징표가 아닐 수 없다. 이제 중국은 자본주의 국가라고 해야 할지 모를 정도로 자본주의 요소가 사회 곳곳에 깊숙이 자리잡아 되돌리기 어려운 상태가 되어버렸다. 이는 동시에 그 동안 '사회주의 보호막' 속에 가려져 있던 경제적 결함들이 표면화될 시점이 한발한발 다가오고 있음을 보여주는 것이기도 하다.

더욱이 중국정부는 자본주의적 경제효율을 높이기 위해 아킬레스건이라 할 수 있는 행정(국무원)개혁과 국유기업개혁, 금융산업개혁 등.3대 개혁과제를 설정하여 추진하고 있다. 이들 역시 간단치 않은 문제로 이를 추진하는 과정에서 내부모순들이 일시에 분출, 경우에 따라서는 중국경제를 총체적인 위기국면으로 몰아갈 가능성도 배제할 수 없다.

결국 중국정부는 이제 두 마리가 아니라 세 마리, 네 마리, 또는 다섯 마리의 토끼를 잡아야 하는 어려운 상황에 처해 있다. 대내외적인 상황이 어렵다고 개혁을 늦출 수도 없다. 서방선진국 자본들은 중국의 경제동향을 유리알처럼 들여다보면서 과감한 개혁을 실행해야 한다고 주문하고 있다. 또 개혁을 해야만 투자할 것이라며 점차 중국 지도부를 압박하고 있다. 개혁·개방정책을 추진하던 초기부터 외자의존적이고 수출지향적 구조, 즉 대외의존적인 구조를 유지하며 동아시아와 마찬가지로 압축성장을 지향해온 데 따른 대가를 이제 중국이 치를 차례가 점차 다가오고 있는 셈이다.

제8장 초국적 세계자본의 형성

메가머저 열풍

1998년 4월 6일, 미국을 비롯한 전세계 주요 언론사의 기자들이 일제히 미국 뉴욕 맨해튼 중심가에 자리잡은 시티그룹 본사로 몰려들었다. 세기의 결혼식을 취재하기 위한 것이었다. 그것은 할리우드의 유명한 영화배우와 뉴욕 양키즈 야구선수의 결혼식이 아니었다. 그렇다고 뉴욕 월가의 큰손이나 워싱턴의 정객이 개입된 결혼식도 아니었다. 신랑은 미국에서 두 번째로 큰 시티은행의 모기업인 시티코프였고, 신부는 살로먼 스미스 바니 증권 등을 계열사로 거느린 미국 최대의 보험회사 트래블러스 그룹이었다. 두 그룹이 합병할 경우 세계최대의 금융서비스 회사가 된다. 합병규모는 무려 730억 달러. 공룡과 공룡이 만나는 세기의 결혼식, 기업과 기업이 합치는 '돈들의 결혼'이었다.

기자들은 시티코프와 트래블러스의 합병발표를 긴급뉴스로 타전하는 한편 앞으로 세계 금융시장에 미칠 영향을 평가하느라 정신이 없었다. 그러나 그것은 금융기관들의 잇따른 짝짓기의 시작에 불과했다. 이 합병이 발표된 지 1주일 만인 4월 13일, 노스캐롤라이나 주에 본거지를 두고 있는 미국 동부의 네이션스 은행과 샌프란시스코에 본점을 두고 있는 서부의 뱅크 오브 아메리카(BOA)가 합병, 미국 최대의 상업은행으로 출범한다고 발표했다. 합병규모는 6백억 달러에 달했다. 이와 동시에 기자들은 또 다른 합병 발표를 접해야 했다. 바로 같은 날 뱅크 원과 퍼스트 시카고 은행이 합병, 미국의 5번째 큰 은행이 되었다고 발표했다. 합병규모는 3백억 달러로 역시 매머드 급이었다.

세계언론들은 메가머저(megamerger) 시대가 도래했다느니, 공룡들의 짝짓기니 하면서 향후 기업재편의 시나리오를 만들고 전문가들의 분석과 전망을 싣는 등 정신이 없었다. 은행과 보험, 증권, 투신 업무 등이 통합되고 세계금융시장의 단일화가 가속화되는 시점에서 이들을 모두 수행하는 세계적 규모의 초대형 금융기관만이 살아남을 것이라고 긴급히 타전했다.

그러고 있는 사이에 이번에는 대륙을 뛰어넘는 합병소식이 날아들었다. 시티코프의 합병 발표 후 1개월 만인 5월 7일 미국의 3대 자동차업체인 크라이슬러와 독일 자동차의 대표주자인 다임러 벤츠가 합병한다고 발표한 것이다. 합병규모는 4백억 달러로 세계 제조업 역사상 최대 규모였다. 이번 합병은 경쟁관계에 있던 기업들이 국경을 뛰어넘어 짝짓기를 성사시켰다는 점에서 충격을 주었다. 급변하는 환경에서 살아남기 위해서는 이것이 최선의 선택이라는 것이었다.

이 발표 후 나흘이 지난 5월 11일에는 미국 통신업체의 메가머저가 발표되었다. SBC커뮤니케이션스가 아메리텍을 합병한다는 것이었으며 합병금액은 620억 달러. 이어 6월 1일 아메리칸 홈 프러덕트가 358억 달러에 달하는 주식교환을 통해 몬산토 사를 매입한다고 발표했고, 1주일 후인 8일에는 웰스 파고와 노스웨스트가 합병에 합의했으며 합병되는 웰스 파고의 자산가치는 320억 달러로 평가되었다고 발표했다. 이어 24일에는 미국 최대의 통신회사인 AT&T가 텔레커뮤니케이션스 사의 주식을 317억 달러에 매입한다고 발표했고, 다시 7월 28일에는 미국 통신회사인 벨 애틀랜틱과

GTE가 합병을 발표했다. 합병규모는 529억 달러.

물론 이는 1998년 4월부터 7월 사이에 이루어진 초대형 기업의 인수합병(M&A)만 인용한 것이다. 거의 매일 크고 작은 M&A가 정신을 차릴 수 없을 정도로 잇따라 일어났고 업계판도도 하루가 다르게 수정되었다. 초대형기업들의 인수합병 열풍이 1990년대 중반 이후 그야말로 끝을 알 수 없을 정도로 광포하게 진행되었던 것이다.

1998년 한 해 동안 세계시장에서 이루어진 M&A 규모는 무려 2조5,402억 달러로 전년의 1조6천억 달러보다 60% 가까이 급증하며 사상최고치를 기록했다. 미국에서 이루어진 것이 이의 64%인 1조6,200억 달러(1만1,400건)로 1997년의 9,190억 달러(1만7백건)보다 76%나 늘어나며 1994년 이후 5년 연속 사상최고기록을 경신했다. 이는 또 1990~95년 사이 6년간 이루어진 M&A 규모를 웃도는 것이었다.

특히 국경을 뛰어넘는 M&A가 새로운 밀레니엄을 앞두고 활발히 일어나 1996년에 2,740억 달러에서 1997년에는 3,930억 달러, 1998년에는 6,720억 달러로 3년 사이에 2.5배나 늘어났다. 1998년도 전세계의 기업인수 가운데 4개 중 1개는 해외기업과 관련된 것이었던 셈이다.[1] M&A 규모도 대형화되어 세계 10대 M&A 가운데 8개가 1998년에 이루어졌고 이 가운데 1위부터 7위까지가 모두 1998년에 이루어졌다.[2]

더 큰 것이 좋다

열풍처럼 확산되고 있는 M&A 가운데서도 1998년 4월 이루어진 BOA와 네이션스 은행의 합병과정과, 같은 해 12월 발표된 석유업체 엑손과 모빌의 합병은 서방선진국 특히 미국기업의 합병역사를

---

1) "Surging Mergers", Securities Data Company 조사분석 자료, 1999. 1. 6.(시큐리티스 데이터 컴퍼니 홈페이지, http://www.secdata.com).
2) "The Year Of The Megamerger", *Fortune*, 1999. 1. 11

함축하고 있다. BOA와 네이션스 은행은 중하위권 업체가 부단한 짝짓기를 통해 공룡으로 부상한 케이스이며, 엑손과 모빌은 글로벌 독점시대의 새로운 출발을 의미하기 때문이다.

먼저 BOA는 7년 전에만 하더라도 그리 주목받지 못하던 은행이었다. 그러나 1991년 8월 시큐리티 퍼시픽과, 이어 94년 1월 컨티넨털 은행과 잇따라 합병하면서 유력 금융기관으로 떠올랐다. 네이션스은행 역시 불과 7년 전에만 하더라도 미국 은행계에서 이름을 찾아볼 수 없었다. 네이션스는 소형 금융기관이었던 C&S소브란과 NCNB가 1991년 합병하면서 등장했다. 그러던 것이 97년 베네트 은행을 합병해 거대 금융기관으로 변신했다. 이러한 과정을 거쳐 각각 몸집을 불려온 BOA와 네이션스 은행이 1998년 4월에 합병, 미국 최대의 상업은행으로 발돋움한 것이다.

이러한 1차 합병에 이은 2차 합병, 그리고 3차, 4차 합병으로 중소형 또는 중견기업들이 초대형 기업으로 부상한 것이야말로 1990년대 각 산업에서 일어나고 있는 M&A 열풍의 한 단면이다. 이는 1980년대의 M&A와 근본적으로 다른 점이기도 하다. 1980년대에는 기업의 업종다각화를 목적으로 하거나 부실기업을 싸게 매수해 경영을 호전시켜놓은 다음 이를 비싸게 매각함으로써 이익을 취득하기 위한 투자목적이 주류를 이루었다. 때문에 부실기업 인수를 위해 발행하는 정크본드나 적대적 기업인수가 유행했으며 대기업보다는 중소규모의 M&A가 주류를 이루었다.

그러나 1990년대 들어 M&A의 목적 업종다각화에서 업종전문화로 바뀌었고, 짝짓기 방식도 적대적 M&A에서 우호적·전략적 M&A로 바뀌었다. 아주 '잘 나가는' 기업들이 서로의 목적, 즉 시장지배라는 목적이 일치하고 사업통합에 따른 시너지효과가 예상될 때 과감히 기업을 합쳐버리는 것이다.

다음으로 엑손과 모빌의 합병은 19세기말 미국 석유시장을 독점해온 스탠더드 오일의 부활을 의미한다. 스탠더드 오일은 19세기

후반부터 미국시장의 85%를 장악하며 석유왕국을 건설했다. 이의
소유자인 록펠러는 '석유왕'으로 엄청난 부를 축적하며 이름을 날렸
다. 그러나 20세기초 독점의 폐해에 대한 우려가 고조되면서 셔먼
트러스트법이 제정되어 스탠더드 오일은 1911년 33개의 작은 회사
로 쪼개졌다. 여기서 쪼개져 나온 회사 가운데 경쟁력을 확보해 사
업을 확장해온 양대 석유회사가 바로 엑손과 모빌이었다. 때문에 이
들 두 석유 메이저의 합병은 90년 전에 분할된 스탠더드 오일의 부
활이며, 동시에 록펠러의 환생을 의미했다.

엑손과 모빌의 합병은 미국 통신업계의 재결합 움직임과도 유사
하다. 미국 통신시장 역시 1980년대 중반까지만 해도 '엄마 벨(Ma
Bell)'이라는 별명을 지닌 초대형 기업 AT&T가 독점해왔다. 미국 연
방정부는 독점의 폐해를 바로잡고 경쟁을 촉진하기 위해 AT&T에
서 '베이비 벨(Baby Bell)'이라고 불리는 7개의 지역전화 사업자를 분
리했다. 그러나 1996년 미국정부가 이들 지역 전화사업자의 경쟁촉
진을 위해 통신사업 장벽을 제거하자 이들이 다시 합병, 통신시장의
지배를 꾀하고 있는 것이다. 곧 10여 년 전 해체된 '마 벨'의 부활
을 의미하는 것이다.3) 이의 최대 명분은 시장상황의 변화, 즉 글로
벌 경쟁체제의 형성이다. 경쟁양상이 국내기업과 경합하던 과거와
달리 글로벌화 함에 따라 대형화가 불가피하다는 것이다.

이러한 글로벌시대 M&A 열풍은 금융에서부터 자동차, 석유화학,
에너지, 철강, 제약, 서비스, 통신, 유통, 전자, 컴퓨터, 소프트웨어
등 전 산업에 몰아치고 있다. 지역도 전세계 어디를 가릴 것이 없다.
한마디로 세계경제의 통합에 발맞추어 지구촌 단일시장을 품에 안
을 수 있는 '규모의 경제'를 실현하지 않고는 경쟁에서 살아남을 수
없다는 절박함이 전산업계에 확산되고 있는 것이다.

---

3) "AT&T Talks Put US Focus On Competition", *Asian Wall Street Journal*,
   1997. 5. 29., 「M&A 달아오른 논쟁―경쟁체제 제공이냐, 시장독점이냐」,
   ≪내외경제신문≫, 1997. 5. 31.

독일의 사회학자인 에른스트 프리드리히 슈마허가 대량생산체제에서 벗어나 환경을 보전하고 특정고객의 특수한 욕구를 충족시키는 상품을 공급하는 기업이 바람직하다는 이른바 '작은 것이 아름답다(Small is Beautiful)'고 선언한 지 거의 30년 만에 '큰 것이 아름다운 세계(Big is Beautiful)'로, '더 큰 것이 더 좋은(The Bigger, the Better) 세계'로 바뀌고 있는 셈이다. 왜? 세계체제가 글로벌 캐피털리즘으로 바뀌고 있기 때문에.

경쟁보다는 합병으로 세계를 지배한다

1990년대, 특히 1990년대 후반에 불어닥치고 있는 M&A 광풍은 세계경제의 통합바람, 즉 글로벌 캐피털리즘의 산물임에 틀림없다. 치열한 경쟁체제에서 살아남기 위한 기업들의 불가피한 선택이자 개별자본의 대응방식이면서, 이것이 글로벌 캐피털리즘 체제의 형성을 가속화시키는 동전의 양면과 같은 성격을 지니고 있다.

경쟁의 측면에서 보면 경제국경이 허물어지면서 이미 각 산업분야에서 3개 또는 5개 선두업체(빅3 또는 빅5), 많아야 10개 선두업체(빅10)만 살아남고 나머지는 도태할 것이라는 게 이미 정설처럼 되어 있다. 자동차 분야에서 미국의 제너럴 모터스(GM)와 포드, 미국과 독일자본의 합작품으로 새롭게 탄생한 다임러-크라이슬러, 독일의 폴크스바겐, 일본의 도요타, 혼다 등 6개사만 살아남고 나머지는 이들을 중심으로 재편될 것이라는 시나리오가 제시되기도 했다.4) 컴퓨터의 마이크로 프로세서나 소프트웨어 시장에서는 이미 인텔과 마이크로소프트(MS)가 시장을 장악해 다른 기업이 신규 참여하는 게 사실상 불가능하다.

그러나 오늘날의 글로벌 경쟁체제에 대한 자본의 대응방식은 과거와 본질적으로 다르다. 국민경제체제가 유지되던 과거에는 시장

---

4) "Global Six", *Business Week*, 1999. 1. 25.

을 빼앗음으로써 적을 격퇴하는 방식을 사용했다. 그러나 이제는 서로에게 고통을 주는 경쟁보다는 경쟁관계에 있는 기업과, 심지어 외국기업하고도 합병해버림으로써 서로의 이익을 극대화하는 방식을 택하고 있다. 이전의 '적'을 사업의 '동지'로 바꾸는 작업, 달리 말해 '경쟁보다는 합병'을 통해 단일한 세계지배를 꾀하고 있다. 국민경제가 해체되고 세계 단일경제가 형성됨에 따라 굳이 자본의 출신지나 국적을 따질 필요가 없는 것이다.

이렇게 함으로써 합병에 참여한 기업은 글로벌 캐피털리즘에 적합한 경영시스템을 구축함은 물론 시장점유율을 극적으로 끌어올림으로써 안정적인 사업기반을 구축할 수 있다. 이질적인 문화와 경영방식을 지닌 기업이 합치면서 여러 가지 문제가 발생하기도 하지만 신기술과 신제품에 대한 연구·개발에서 생산, 관리, 마케팅, 고객서비스에 이르기까지 각 부문을 글로벌 스탠더드에 맞게 재구축함으로써 비용을 획기적으로 감축할 수 있다. 더욱 더 적은 인원으로 더욱 더 많은 가치를 생산해 이윤을 극대화할 수 있다.

이제 세계는 이들 초대형 기업들의 독무대가 되고 있다. 이들의 힘은 갈수록 막강해져 특정 국가의 정부보다 더 강력한 힘을 발휘하는가 하면 자본주의 체제개편을 가속화하는 새로운 힘으로 작용하고 있다. 세계의 어느 정부, 어느 지도자라 하더라도 이들 자본과의 일정한 타협이나 협력이 없이는 권력을 행사할 수 없을 정도로 자본의 힘은 강력해졌다. 국가는 이들 자본을 유치하기 위해 규제를 풀고, 법령을 재정비해야 한다.

일례로 미국의 최대 자동차업체이자 세계 최대 기업인 GM이 1998년 6월초부터 7월말까지 54일간 파업을 벌여 미국산업에 엄청난 타격을 준 적이 있다. 이 타격은 미국경제성장률을 1% 포인트나 떨어뜨릴 정도였다. 선진국의 경제성장률이 보통 2~3%, 높아야 4~5%를 넘지 못하는 상황에서 1%를 깎아내릴 정도라면 결코 무시할 수 없는 사태임이 분명했다. 실제로 미국의 1998년 2·4분기

경제성장률은 1·4분기의 5.5%에서 1.4%로 무려 4.1% 포인트나 떨어졌다. 더욱이 GM 노동자들에게 총 20억 달러의 임금이 지급되지 않아 미국 내 소비재 판매규모가 크게 줄어들었다고 하니 과연 GM 한 기업의 영향력을 짐작할 만하다.

초대형기업들이 고용하고 있는 노동자수도 웬만한 국가의 총노동인구와 맞먹는 경우가 태반이다. 유통업체인 월마트가 고용하고 있는 노동자는 1997년 말 현재 82만5천 명, GM이 60만8천 명, 독일의 전자업체인 지멘스가 38만6천 명, 포드자동차가 36만4천 명으로 상위 10개 기업에 고용된 노동자수만 5백만 명에 육박한다. 이들은 이들이 속한 기업의 잘 짜여진 조직 속에서 오로지 해당기업의 이익증대를 위해 복무한다. 이쯤 되면 이들은 다국적기업이 아니라 하나의 왕국이요, 초국적 세계자본의 제국이라 할 수 있다.

이들 기업들은 나아가 세계경제질서를 새롭게 짜는 데까지 그 영향력을 확대하고 있다. 세계무역기구(WTO)를 비롯한 각종 국제기구에서의 새로운 무역협상도 따지고 보면 이러한 초국적 기업의 이해와 요구에 따라 세계시장을 재편하는 과정이다. 미국이나 유럽연합이 한국을 비롯한 아시아 국가에 시장개방 압력을 가하는 것은 이들의 과잉생산물을 처분하려는 것에 다름아니다. WTO를 통한 무역 및 자본자유화도 같은 맥락이다. 서방선진국은 이것이 양측의 번영을 위해 바람직하다고 주장하나, 시장을 개방하라고 요구하는 것은 항상 선진국이다. 개도국은 오로지 협상의 대상일 뿐이다.

초국적자본의 무제한적인 팽창은 각국 경제를 더욱 긴밀한 연관관계의 틀 속으로 빨려들어가도록 하고 동일한 기업경영 시스템, 동일한 회계제도를 만들어낸다. 각 국가와 민족이 간직해온 문화적 전통성도 초국적자본의 움직임 앞에서는 별 의미가 없다. 오로지 경제적 효율성을 높이고 이들의 원활한 자본축적을 가능케 하는 글로벌 스탠더드만이 있을 뿐이다.

하나의 예로 미국 할리우드 자본은 '해가 지지 않는 제국'을 건설했다. 할리우드는 이제 세계적인 판매망, 보급망을 갖추어 로스앤젤레스의 베버리힐스나 일본의 도쿄 신주쿠 거리, 방콕의 영화관, 중국 상해의 영화관, 심지어 남아공 중소도시의 영화관에서 동시에 같은 영화를 상영한다. 이제 멕시코나 브라질, 그리고 필리핀의 소비자들은 미국에서 개발되어 시장에 나온 자동차나 가전제품, 컴퓨터를 미국 소비자들과 동시에 구입―실제 구입할 수 있는 것은 소수의 '가진 자'뿐이지만―할 수 있다. 미국의 영화, TV, 스포츠를 리얼타임으로 즐길 수 있다.

초국적 금융기관과 정보통신업체들은 국경을 뛰어넘어 전세계 어디서나 동일한 서비스를 제공하며 자동차, 신발, 의류, 음료, 식품, 컴퓨터 업체들은 '글로벌 마켓'을 목표로 제품을 개발하고 마케팅 활동을 전개한다. 이들은 미국이나 유럽, 중남미, 아시아, 심지어 아프리카에서도 똑같은 광고물을 내보내며, 자사제품을 사용하는 '세계인'들에게 문화적 동질감을 심어넣으려 노력한다. 월마트를 비롯한 세계적인 유통업체들은 지구촌을 거미줄처럼 연결한 통신망을 바탕으로 글로벌 소싱(Global Sourcing) 작업을 진행하고, 이를 통해 가장 저렴한 제품을 조달해 전세계 유통망을 통해 동시에 공급한다. 초대형기업들의 M&A로 글로벌 독점현상이 심화되며 전세계 소비자들은 이들의 광고와 상품공세에 알게 모르게 중독되어 간다.

제국의 컨트롤 타워, 국제금융시장

M&A를 통한 초국적자본화가 글로벌 캐피털리즘에 대한 개별자본의 새로운 대응방식이며 이것이 만들어내는 새로운 세계가 바로 초국적 세계자본의 제국이라고 한다면, 수조 달러의 잉여자본이 자유롭게 움직이는 국제금융시장은 자본의 힘을 응집시켜 체제개편에 가속을 가하는 엔진역할을 하고 있다. 국제자본은 더 이상 특정국가의 지배를 받지 않고 오로지 시장의 논리에 따라 움직이며 지구촌 구석구석을 자본의 제국으로 통합하는 핵심역할을 하고 있다. 국제

금융시장의 중심부인 월가는 이제 뉴욕의 월가가 아니다. 월가는 글로벌 캐피털리즘의 심장부이자 세계자본의 중심이다. 월가를 중심으로 한 국제금융시장은 이제 세계자본주의의 발전방향을 제시하고 이를 강요하며, 여기에 따르지 않는 국가나 기업에 대해서는 가차없이 응징을 가하는 심판관이다.

금융자본은 이제 정보통신기술과 범세계적인 자본자유화, 규제완화에 힘입어 광속(光速)으로 국경을 자유롭게 넘나든다. 동으로는 동경, 홍콩에서부터 서로는 런던, 뉴욕에 이르기까지 지구촌 전역을 연결한 정보통신망을 바탕으로 자금을 움직인다. 컴퓨터 버튼 하나로 수백만 달러에서 수십억 달러의 자금을 동경에서 홍콩으로 또는 런던에서 남아공의 수도 요하네스버그로, 멕시코에서 뉴욕으로, 상파울로에서 방콕으로 자유롭게 이동시킨다. 하루에도 몇 차례씩, 24시간 내내, 주식이나 채권과 같은 유가증권에서부터 화폐(통화)는 물론 곡물, 원유 등 기초상품, 여기에서 파생된 선물, 옵션 등 지구상에 있는 모든 것들에 투자할 수 있다.

그러나 이러한 일은 반세기 전만 하더라도 생각하기 힘들었다. 자본 이동 및 투자에 대한 규제로 영국의 투자가가 미국주식이나 채권에 투자할 수 없었으며, 반대로 미국투자가가 유럽증시에서 주식을 사고 팔기도 힘들었다. 또 10여 년 전만 하더라도 미국이나 유럽투자가가 아시아 주식이나 채권을 자유롭게 매매할 수 없었다. 자본시장에 규제를 가했기 때문이다. 그러나 1970년대 초반 브레튼우즈 체제의 붕괴와 함께 자본시장이 서서히 개방되면서 선진국을 중심으로 국경을 뛰어넘은 투자행위가 나타나기 시작했고 WTO 체제의 개막과 함께 본격적인 글로벌 거래가 이루어지게 되었다.

미국 클레어몬트 대학의 저명한 경영학자이자 미래학자인 피터 드러커 교수는 특정 국가의 통치권을 뛰어넘어 독자적으로 행동하며 글로벌 경제를 움직이는 돈을 '가상화폐(virtual money)'라고 규정한다. 일반적으로 통용되며, 가치척도와 가치저장, 상품교환의 수단으로 정의되는 '실제화폐(real money)'와 다른 돈이다. 투자나 생산, 소비 또는 무역과 같은 경제활동에 의해 창출되는 돈이 아니라, 국제금융시장을 자유롭게 움직이며 주식, 통화와 선물, 옵션 등 각종 파생상품을 통해 자기증식을 이루는 돈이다. 이런 측면에서 이 돈은 특정국가의 지배를 받는 전통적인 화폐와 달리 글로벌 경제에서만 영향력을 발휘하는 '세계화폐(world money)'이다.

그러나 이 세계화폐, 가상화폐의 힘은 아주 강력하다. 이의 유출입으로 인한 파급영향은, 무역이나 투자와 같은 일반적인 경제행위가 미치는 것과 비교할 수조차 없다. 규모도 엄청나다. 단 하루동안 거래되는 가상화폐의 규모는 1년간 전세계 무역과 투자행위에 필요한 자금에 버금간다. 더구나 가상화폐는 어떠한 경제적 기능에도 종속되어 있지 않기 때문에 완전한 자유를 누린다. 수십억 달러의 가상화폐가 몇 차례의 키보드 조작만으로 이 통화에서 저 통화로 날아간다. 특정한 경제적 기능을 수행하지 않아도 되기 때문에 경제논리나 합리성에 따를 필요도 없다. 이 돈은 유동적이며 소문이나 예기치 못한 사건에 쉽게 흥분한다.[5]

국제금융시장에서 움직이고 있는 금융자산 규모는 모두 10조 달러에 달하며 국제외환시장에서의 하루 거래규모는 1998년 4월 현재 1조4,900억 달러에 이른다.[6] 이 가운데 수입 또는 수출과 같은 무역이나, 공장신설에 따른 자금이동 등 실물경제와 관련된 것이 10% 미만으로 대부분이 국내 또는 국제금융시장을 떠돌아다니며 주식이나 채권, 통화, 부동산 등에 투자되는 포트폴리오 자금이다. 이들 가운데 상당부분은 고수익을 찾아 국제금융시장을 떠돌아다니는 핫머니의 성격을 지니고 있는데 그 규모는 추정하는 사람에 따라, 또 핫

---

5) Peter Drucker, "The Global Economy and the Nation-State", *Foreign Affairs*, 1997. 9～10, Vol 76, No.5

6) BIS(Bank For International Settlement) 보고서, *Central Bank Survey Of Foreign Exchange And Derivatives Market Activity In April 1998*, 1998(BIS 홈페이지, http://www.bis.org).

머니의 성격을 어떻게 규정하느냐에 따라 달라진다.

그러나 엄밀히 따져보면 국제금융시장을 돌아다니는 유동자본은 모두 핫머니의 성격을 지니고 있다. 실물경제와 밀접한 연관을 지니고 있는 자본은 휘발성(volatility)이 상대적으로 적다. 수출입과 관련된 자본이나 공장 신·증설, 또는 해외기업과의 M&A를 위해 움직이는 자본은 단기이익보다는 생산이나 교역과 관련된 기능을 수행한다. 따라서 수익률이 달라짐에 따라 이곳에서 저곳으로 발빠르게 이동할 수 있는 성격의 자금이 아니다. 그러나 이와 관련이 없는 금융자본은 특정지역의 수익률이 떨어진다고 생각할 때 미련 없이 다른 지역으로 이동하는 일을 반복할 수 있다. 이런 점에서 모든 금융자본은 핫머니의 성격을 지니고 있다.

더욱이 대서양을 주변으로 어떠한 규제도 가하지 않고 세금도 받지 않는 조세회피지역(tax heaven)이 생겨 이들 무국적자본의 자유로운 활동공간을 마련해주고 있다. 스위스에서부터 영국령 버진 아일랜드, 키프로스, 안티과, 리히텐슈타인, 파나마, 네널란드령 안틸 제도, 바하마, 룩셈부르크 등 조세천국은 전세계적으로 30여 개에 달한다.

이 가운데 영국령 케이먼 군도는 가장 대표적인 조세천국으로 뉴욕, 런던, 동경, 홍콩에 이은 세계 5대 금융중심지라는 별명까지 갖고 있다. 1998년 9월 파산위기에 몰리면서 구제금융까지 받은 롱텀 캐피털 매니지먼트(LTCM)도 실제 활동무대는 미국이었지만 서류 상으로는 케이먼에 본사를 두고 있었다. 케이먼에는 모두 575개의 은행과 신탁회사들이 본사를 두고 있으며 전세계 2만 개 이상의 기업이 현지법인을 설립해두고 있다. 케이먼 주민들의 예금이 1,400만 달러에 불과한데도 현지 금융기관의 총수신고는 무려 5천억 달러에 달한다. 물론 서류상의 수신고이다. 무국적자본은 이곳에 형식상의 회사를 차려놓고 국제금융시장을 마음껏 휘젓고 돌아다닌다.

국제금융시장을 자유롭게 누비고 다니는 이러한 자본에 대해 국적을 따지는 것은 무의미하다. 이 자본은 국민경제 체제 아래에서 지니고 있던 국적개념을 완전히 탈색하고 오로지 자본의 논리, 시장의 논리에 따라서만 움직인다. 나아가 이들 자본은 갈수록 실물경제와 유리되어 독자적인 운동법칙을 갖는 독립경제를 구성한다. 특정국가가 이를 통제한다는 것도 불가능하다. 초국적 세계자본은 오로지 시장의 원리에 따라서만 움직일 뿐이다. 바로 이러한 초국적자본이 활개를 치면서 만들어가는 새로운 자본주의 체제가 글로벌 캐피털리즘이다.

그러나 마지막으로 한 가지 짚고 넘어가야 할 문제가 있다. 국민경제의 개념을 탈색시키고 있는 초국적 금융자본이 철저히 미국의 이익에 맞게 움직인다는 점이다. 왜 그럴까? 여기에는 몇 가지의 요인이 있다.

첫째는 자본의 움직임은 항상 상대적이며, 철저하게 강자의 편이라는 점이다. 가령 엔화를 매각한다는 것은 단순히 엔화만 팔아치우는 것이 아니다. 달러를 사든, 마르크를 사든, 다른 통화와 항상 연계되어 있다. 그 연계되어 있는 통화의 중심은 최강자이다. 현재로서는 미국 달러화가 가장 안전한 투자대상으로 인식되고 있기 때문에 달러화 중심으로 움직이고 있다.

둘째는 바로 이 미국의 통화인 달러화가 현재 기축통화로 자리잡고 있다는 점이다. 앞서 살펴본 대로 달러화는 국제무역거래의 대부분을 차지하고 있고 각국 외환보유고의 50% 이상이 달러화이다. 이러한 기축통화의 공급을 조절하는 미국의 영향력이 상대적으로 큰 것은 당연하다.

셋째는 시장의 논리를 가장 잘 구현하고 있는 곳이 바로 월가이며 미국이라는 점이다. 자본자유화, 시장개방, 규제완화의 모델 역시 월가이며, 이 월가의 논리가 바로 글로벌 시장경제논리의 핵심이다. 때문에 초국적 금융자본 역시 이러한 월가의 논리에 충실할 수밖에 없으며, 그것이 항상 미국의 이익에 부합하는 것으로 비춰지고 있는 것이다.

  그렇지만 이러한 달러화, 즉 미국의 독주가 언제까지나 지속될 것이라고는 장담할 수 없다. 초국적자본이 아직까지는 미국의 이익에 맞게 움직이고 있지만 언제 등을 돌릴지 알 수 없기 때문이다. 실제로 조지 소로스나 프레드 버그스텐 같은 금융 및 경제전문가들은 동아시아 위기 다음에 달러화가 폭락하며 세계금융위기가 도래할 수 있다고 경고하기도 했다. 또 달러화 독주에 대응해 유럽이 유로를 출범시키고 일본이 엔화의 국제화를 내세우는 등 본격적인 통화전쟁이 전개되고 있다. 이러한 국제금융시장의 불안정성에 대해서는 제15장에서 살펴보겠지만, 달러화에 등을 돌리는 게 자신의 이익에 부합한다고 판단할 때 금융자본은 순식간에 입장을 바꿀 수 있다. 금융자본이 현재 미국의 이익에 맞게 움직인다고 해서 이것이 앞으로도 지속될 것이라고 생각하는 것은 이의 '초국적 성격'을 간과한 데서 나온 단견이라고 하지 않을 수 없다.

제9장 국제관료기구와 세계자유무역협정

캉드쉬 앞에 엎드린 독재자

2억 인도네시아 국민들에게 1998년 1월 15일은 잊을 수 없는 역사적인 날이다. 1965년 이후 33년째 인도네시아를 철권으로 통치해 온 수하르토 대통령이 미셸 캉드쉬 IMF 총재 앞에 엎드려 구제금융 협약서를 쓴 날이기 때문이다. 캉드쉬 총재가 팔짱을 끼고 지켜보는 가운데 수하르토는 허리를 굽혀 책상에 놓여 있는 구제금융 협약서에 서명했다. 수하르토를 내려다보는 캉드쉬 총재의 큰 키는 더욱 커 보였고 차가운 안경 너머의 큰 눈은 오똑하고 날카로운 코와 어울려 더욱 차갑게 번득였다. 지구상에서 쿠바의 카스트로에 이어 두 번째 장기집권 기록을 세우며 무소불위의 권력을 휘두르던 독재자 수하르토는 반성문을 쓰는 학생처럼 나약해 보였다.

이전까지만 해도 수하르토는, 최소한 인도네시아에서는, 누구도 넘볼 수 없는 절대권력의 화신이었다. 그의 권좌를 위협하는 야당은 설 자리가 없었고 그의 권위에 손상이 갈 만한 말조차 허용되지 않았다. 수하르토를 비판하는 것은 금기였고 대통령궁은 성역이었다. 이처럼 천하에 무서울 것이 없었던 수하르토가 IMF의 구제금융 조건에 반기를 든 것은 어쩌면 당연한 수순이었는지도 모른다. IMF가 그의 권위에 도전해왔기 때문이었다.

IMF는 경제효율성을 떨어뜨리는 독점체제를 해체하고 수하르토 일가가 소유하고 있는 은행을 비롯한 부실 금융기관의 폐쇄를 요구했다. 실제로 인도네시아에서는 쌀을 비롯한 기초식량분야와 석유, 가스 등 기간산업에서 독점체제가 형성되어 있었다. 이는 국가경제의 기초분야로 시장원리에 맡길 수 없다는 것이 수하르토의 주장이었다. 그러나 이를 통해 수하르토와 그의 일족들은 막대한 부를 축적했으며 이것이 독재정권을 유지하는 버팀목 역할을 했다.

수하르토의 장남인 시지트 하르조주단토는 도로, 발전, 언론 등의 분야에서 55개의 계열사에 자산규모 4조6,600억 루피아의 시트라람토로 그룹을 가지고 있었고, 장녀인 시티 하르디얀티는 LNG(액화천연가스)운반선과 운수, 가솔린, 항공 등의 사업분야에 40개의 계열사를 거느린 자산규모 2조900억 루피아의 홈퍼스 그룹을 운영하는 등 3남 3녀의 자녀를 포함한 수하르토 일가(一家)는 금융에서부터 자동차, 화학, 통신, 언론에 이르기까지 그야말로 왕국을 이루고 있었다. 이에 대한 개혁요구는 수하르토에게 무장해제하라는 것이나 마찬가지였다. 그의 통치기반 자체를 흔들려는 음모가 아닐 수 없었다. 당연히 IMF와 인도네시아의 구제금융 협상은 교착상태에 빠졌다. 개혁을 둘러싸고 양측의 힘 겨루기가 시작된 것이다.

그러나 그것은 수하르토에게 일방적으로 불리한 싸움이었다. 인도네시아에 430억 달러의 긴급구제금융을 지원키로 이미 약속한 IMF는 수하르토가 구제금융 조건을 받아들이지 않는 한, 한푼의 자금도 지원할 수 없다며 압박했다. 클린턴 미국 대통령과 로버트 루빈 미국 재무장관도 팔을 걷고 나섰다. 협상이 원활히 이루어지지 않는 것을 목격한 서방의 금융기관들은 자금을 빼내가기 시작했다. 당연히 자카르타 주가와 루피아 가치는 폭락했다.

이러한 전방위 압력이 가해지는 가운데 캉드쉬 IMF 총재가 자카르타로 날아갔다. 수하르토와 최후의 담판을 지으려는 것이었다. 미국을 비롯한 서방선진국을 등에 업고 구제금융이라는 칼자루를 쥐고 있는 캉드쉬는 "IMF가 인도네시아를 위기에서 구할 수 있는 유일한 존재이며 자금을 지원하지 않는 한 서방자본들은 인도네시아에 등을 돌릴 것이고, 그러면 인도네시아는 위기에서 벗어날 수 없다"며 이를 순순히 받아들일 것을 촉구했다. 수하르토도 더 이상 버틸 수가 없었다. 결국 수하르토는 IMF와의 투쟁에서 처참한 패배를 맛보며 1월 15일 구제금융 협약서에 서명해야 했다.

이렇게 이루어진 수하르토의 구제금융 협정서 서명은 인도네시아 역사의 새로운 출발을 알리는 신호탄이었다. 허리를 굽히고 협정서에 서명하는 순간 그의 권위는 추락을 시작했다. 인도네시아 국민들도 이때부터 수하르토의 실체를 새롭게 인식하기 시작했다. 수하르토는 이후에도 경제개혁 방향을 놓고 IMF와 수차례 더 대결했으나 결과는 그의 일방적인 패배였다. 7선 연임을 위한 대통령 선거를 앞두고는 갑자기 통화위원회(Currency Board) 제도를 들고 나와 IMF와 대립하다 1개월도 안 되어 이를 철회하는 해프닝을 연출하기도 했다. 그러면 그럴수록 수하르토의 권위는 추락했다.

30년이 넘는 철권통치 기간동안 이렇다할 반대운동 한번 제대로 하지 못했던 인도네시아 국민들이 수하르토에 반기를 들며 대중투쟁을 벌이고 1998년 5월 수하르토를 권좌에서 끌어내릴 수 있었던 것도 바로 이러한 권위추락에서 시작되었다고 할 수 있다. 통신망을 타고 전세계로 송신되어 지구상의 거의 모든 신문과 잡지에 실린 1월 15일의 협정서 서명장면은 어떠한 권력자라도 IMF 앞에서는 유약하고 왜소한 존재일 수밖에 없다는 사실을 단적으로 보여주는 본보기로 두고두고 사용되고 있다.

IMF는 금융위기의 해결사가 아니다

수하르토와 IMF가 대립하는 과정이나 수하르토가 끝내 몰락하는 과정은 위기국가에 대한 IMF의 대응방식을 보여주는 하나의 예에 불과하다. 한국에서는 대통령 선거전의 와중에서 IMF와의 재협상

논쟁이 벌어지자 여야 후보로부터 '대통령에 당선되면 구제금융 프로그램을 성실히 이행하겠다'는 각서를 쓰도록 강요해 국민들의 분노를 사기도 했고, 태국이나 러시아를 포함한 모든 금융위기 국가에 대해 구제금융 프로그램을 받아들이지 않으면 자금지원을 중단하겠다는 고압적인 자세로 일관했다.

이는 IMF가 단순한 금융위기 극복을 지원하는 국제기구가 아니라 금융위기라는 절체절명의 순간에 자금지원을 무기로 경제구조개혁을 압박하고 이를 감독하는 국제관료기구라는 사실을 여실히 보여준다. 위기의 성격이나 특성과는 무관하게 천편일률적으로 적용되는 IMF의 구제금융 프로그램은, 이미 제5장에서 살펴본 대로, 한편으로는 서방금융기관들의 채권회수를 용이하게 하고 다른 한편으로는 위기국들을 새로운 글로벌 캐피털리즘 체제에 편입시키는 역할을 한다. 이런 측면에서 IMF는 미국식 자본주의를 전파하는 전도사이자, 글로벌 캐피털리즘 체제확립의 전위대인 셈이다.

미국 워싱턴에 본부를 둔 IMF는 원래 2차 세계대전 이후의 브레튼우즈 체제에서 국가간 무역을 촉진하고 특정국가의 일시적인 외화유동성 부족을 해결하기 위해 만든 국제기구였다. 고정환율제 아래에서 특정국가의 무역수지가 악화될 경우 세계무역이 위축되는 만큼 이를 보완할 기구가 필요했다. 이에 따라 만들어진 것이 바로 IMF였다. 그러나 1970년대 초반 고정환율제가 붕괴되면서 IMF의 역할은 급격히 위축되었다. 무역불균형 현상이 나타날 경우 각국이 환율을 수시로 조정하면서 이를 극복할 수 있게 되었기 때문이었다.

위기에 처한 IMF가 극적인 소생의 발판을 마련한 것은 1982년에 발생한 중남미의 외채위기였다. 경제개발을 위해 무리하게 해외자본을 차입했던 멕시코가 이를 갚지 못하고 1982년 8월 모라토리엄(대외채무지불유예)을 선언하면서 국제금융시장이 큰 충격을 받자 IMF가 이의 해결사로 등장한 것이다. IMF는 이때부터 긴축재정과 환율인상, 시장개방 등의 정책을 들고 나와 멕시코 정부와 협상을 진행했고 채권회수 위기에 처한 서방선진국들은 이를 적극 지원했다. 멕시코의 모라토리엄이 역설적이게도 위기에 처한 IMF를 극적으로 구해낸 셈이다.

이때부터 IMF는 전세계 개도국과 저개발국에서 끊이지 않고 발생한 금융위기의 '소방수'로 등장하게 된다. 위기가 발생하는 곳이면 어디든지 달려가 자금지원을 대가로 각종 구조개혁을 요구했다. 그러나 그것은 항상 미국과의 정책협조를 통한 것이거나 미국의 원격조종을 받는 것이었고 동시에 국제채권단의 이해를 대변하는 것이었다. 금융위기를 겪고 있는 국가의 주장은 받아들여질 여지가 없었다. IMF가 요구하는 프로그램을 따르든지, 아니면 지원받기를 포기하든지 둘 중의 하나를 선택할 수밖에 없었다. 거기에는 그렇게 될 수밖에 없는 필연적인 이유가 있었다.

IMF는 전세계 186개국이 출자해서 만든 기구로 출자금에 비례해서 의결권이 주어진다. 때문에 출자금이 많은 국가가 그만큼 강한 영향력을 행사하게 되어 있다. 각국이 동등하게 한 표의 투표권을 행사하는 유엔(UN)과 근본적으로 다르다. 철저하게 자본의 논리, 강자의 논리에 따라 운영되는 조직인 셈이다. IMF 출자금 가운데 가장 많은 지분을 갖고 있는 국가는 단연 미국으로 18.5%를 분담하고 있으며 미국을 포함해 독일과 일본, 프랑스, 영국 등 상위 5개국이 40%의 지분을 갖고 있다. 더욱이 사안의 중요도에 따라 총지분의 과반수 이상에서 85%의 찬성이 있어야만 결의가 가능하다. 협정변경을 비롯한 핵심적인 사안의 경우 미국이 반대하면 아예 결의가 불가능하며 구제금융 집행을 위한 이사회 결의 등 일반적인 기구운영에 있어 미국의 승인을 받는 것이 관례화 되어있다. 이런 점에서 일본이 독자기구로 아시아통화기금(AMF)을 들고 나온 것도 이해할 수 있다.

사정이 이렇다 보니 IMF는 국제기구이면서도 철저하게 미국의 이익, 좀더 넓게 보아 서방선진국의 이익에 종사하는 기구로 바뀌었다. 미국 역시 자신이 강력한 발언권과 영향력을 행사하고 있는 이 국제기구를 통해 자신의 이익을 관철하려 하고 있다. 더욱이 엄청난 재정적자로 개도국에 대한 독자적인 자금지원과 이를 통한 영향력 확대에 어려움을 겪는 미국으로서 '소방수 IMF'야말로 자신의 이해를 위기국가에 관철시킬 수 있는 중요한 지렛대가 아닐 수 없다.

IMF가 위기국가에 대해 철저한 시장중심적 경제개혁을 요구하는 것은 이러한 구조를 볼 때 당연한 귀결이라 할 수 있다. 그것이 곧 미국의 이익에 부합하기 때문이다. 미국 콜롬비아 대학 경제학 교수인 자그디시 바그와티 교수와 브라운 대학의 로버트 웨이드 교수가 주장하는 "월가와 재무부, 그리고 IMF의 복합체(complex)"[1]도 바로 여기에서 연유한다. 이들은 이데올로기 측면에서도 시장개방과 규제완화를 금과옥조처럼 여기는 신자유주의로 똘똘 뭉쳐 있다. IMF는 이제 1945년 브레튼우즈 체제의 출범에 맞춰 탄생한 국제유동성 조절기구도 아니요, 금융위기의 해결사도 아니다. 미국을 포함한 서방선진국들—바로 서방자본—의 대리인이며 이들이 만들어가는 글로벌 캐피털리즘의 첨병이다.

'소방수'는 화재나 지진과 같은 재난이 발생하지 않으면 필요 없는 존재이다. 그러나 재난이 다발하는 곳에서는 절대적으로 중요하다. 오늘날과 같은 '위험사회', 달리 말해 글로벌 캐피털리즘 체제로 이행하는 불안한 국면에서는 '소방수 IMF'가 반드시 필요하다. 자본축적의 위기를 극복하기 위해, 어느 정도의 불안이 수반되더라도, 글로벌 캐피털리즘 체제를 만들어야만 하는 서방선진자본의 입장에서는 소방수가 더욱 필요하다. 그 소방수로 하여금 급한 불을 끄게 하되, 한편으로는 화염에 휩싸여 있는 소방수 주인의 재산을 보호하고, 다른 한편으로는 재난이 발생한 지역을 그의 관할 하에 놓도록 길을 닦아놓아야 하기 때문이다.

---

1) Robert Wade, "The Asian Crisis: The High Debt Model vs. the Wall Street-Treasurey-IMF Complex", The Russel Sage Foundation, 1998. 3. 20.

자본의 독재와 국제관료기구―IMF와 세계은행

재난이 빈발하면 빈발할수록 '소방수'의 역할은 커지며 그에 따라 소방수는 더 많은 권한과 영향력을 행사하게 된다. 마찬가지로 1980년대 이후 국제금융시장의 불안이 구조화되면서 IMF의 위상이 더욱 높아졌고 권한도 이전과 비교할 수조차 없을 정도로 막강해졌다. 더욱이 금융위기에 처한 국가가 마지막으로 기댈 수 있는 국제기구가 바로 IMF로 인식되면서 그 힘은 하늘을 찌르고 있다. 냉전체제 붕괴로 정치적 힘의 우위보다 경제적 이해가 국제관계의 결정요소로 자리잡은 마당에 '소방수 IMF'의 힘은 생각하는 것보다 훨씬 강력하다.

특히 위기국가에 대해서는 해당국가 정부의 머리 꼭대기에 앉아서 정책방향을 지휘하고 감독한다. 그것도 한두 나라가 아니다. 제5장에서 지적한 대로 1980년대 이후 전세계 70여 개 개도국과 저개발국을 대상으로 그러한 일을 해왔다. 어느 정도 개방경제를 유지하며 경제개발에 나선 대부분의 개도국과 저개발국을 사실상 모두 포괄하는 구제금융 기록이다. 지금까지 IMF처럼 많은 국가경제의 생사여탈권을 쥐고 있던 국가나 국제기구는 없었다. 제국주의 시대도 아닌 자유경쟁 자본주의가 꽃을 피우고 있는 세기말에 이러한 일이 벌어지고 있다는 것은 아이러니가 아닐 수 없다.

위기를 겪는 개도국의 입장에서 보았을 때 세기말의 세계경제는 서방자본의 전폭적인 지원을 받는 IMF와 IMF의 쌍둥이 기관인 세계은행의 독재체제이다. 물론 개도국의 입장에서 보았을 때 독재체제이지 서방자본의 입장에서는 시장을 지구적으로 확대해나가는 과정이나 마찬가지다.

미국 하버드 대학의 경제학 교수로 중립적이며 때로는 개도국의 입장에 서서 논지를 전개하는 제프리 삭스는 동아시아 금융위기가 최고조에 달했던 1997년 12월 영국의 《파이낸셜 타임스》에 실은 기고문을 통해 개도국에 대한 IMF의 독재를 통렬하게 지적했다.

IMF라는 작은 조직에 지나치게 많은 권한이 주어졌으며, 이 기구가 빗나간 처방을 쓰고 있는데도 전혀 개선되지 않고 있다는 것이었다.

> 이제 IMF를 진지하게 재고해야 할 때가 되었다. 지난 3개월간 이 작고 비밀스런 기구는 인도네시아, 한국, 필리핀, 태국 등 3억5천만 명의 경제를 독재(dictate)해왔다. IMF는 말로는 투명성을 주장하면서도 그들이 위기국가에 제시한 프로그램에 대해서는 단 몇 페이지 분량의 보도자료만 내놓을 뿐이다. 전문가들이 토론하고 검증할 수 있는 자료는 내놓지 않는다. (…) IMF가 국제사회에 얼마나 유용한지 몰라도, 워싱턴 가 19번지에 있는 1천 명의 작은 그룹이 14억 인구의 75개 개도국 경제를 좌지우지(dictate)하도록 하는 것은 논리적으로 납득하기 어렵다. 이는 IMF 프로그램에 들어가 있지 않은 중국과 인도를 제외한 전세계 개도국 인구의 57%에 달한다.[2]

삭스 교수는 이에 따라 철저하게 비밀리에 진행되는 IMF 프로그램을 공개해 토론과 검증의 과정을 거쳐야 하며 집행부 결정에 거수기 역할을 하고 있는 이사회에 실질적인 감독기능을 부여해야 한다고 주장했다. 또 금융위기 처방에 대한 국제적인 여론을 수용할 수 있도록 IMF 운영방식을 바꾸어야 한다고 지적했다.

삭스 교수의 이러한 지적은 IMF가 이제 얼마나 관료적인 조직으로 바뀌었는지를 단적으로 보여주는 하나의 예에 불과하다. 삭스를 비롯해 '한 말' 하는 전문가와 언론들이 모두 나서 IMF가 동아시아를 비롯한 위기국가에 잘못된 프로그램을 적용했다고 질타했다.

그럼에도 불구하고 IMF는 이를 고치기는커녕 오히려 자신들의 처방이 옳다고 강변하며 자신의 입장을 고수했다. 특히 주목되는 것은 IMF 처방이 잘못되었다는 지적은 대부분 학계와 언론계에서 나오고 있으며 금융시장에서는 일부를 제외하고 거의 나오지 않고 있다는 점이다. 그만큼 IMF가 서방자본의 지지를 받고 있음을 보여주

---

2) Jeffrey Sachs, "Power unto Itself", *Financial Times*, 1997. 12. 11.

는 것이기도 하며, 동시에 'IMF의 독재'는 '서방자본의 독재'의 다른 표현에 불과하다는 사실을 보여주는 것이다.

이처럼 IMF에 대한 비판이 빗발치는 가운데 1998년 말부터 국제금융계에서는 브레튼우즈 체제, 즉 IMF와 세계은행 체제에 대한 전면적인 개편이 필요하다는 논의가 활발하게 일어났다. 지금까지와 같은 '사후약방문'식 대처로는 갈수록 강도가 커지고 있는 국제금융시장의 불안을 막을 수 없으므로 금융체계를 아예 바꾸자는 것이다.

그 유력한 대안으로 등장하고 있는 것이 IMF와 세계은행, 그리고 국제결제은행(BIS)을 통합해 세계중앙은행을 만들자는 구상이다. 이는 관세와 무역에 관한 일반협정(GATT)을 대체해 세계무역기구(WTO)를 만들었듯이, 국제금융문제를 총체적으로 다루기 위해 세계금융기구(WFO)를 만들자는 구상과 맥을 같이하고 있다. 새로운 기구를 통해 각국의 통화동향이나, 국제금융시장의 움직임을 실시간으로 파악함으로써, 예상되는 금융불안을 미리 막자는 것이다. 좀더 넓게 본다면 각국의 금융정책, 즉 통화 및 재정정책을 세계중앙은행을 통해 조율함으로써 금융시장의 안정을 도모하자는 것이다.

세계중앙은행 구상이 앞으로 어떤 논의과정을 거쳐, 어떤 모습을 띨지 좀더 두고봐야 하지만, 현재처럼 서방자본의 이해가 일방적으로 관철되어나가는 시스템에서의 세계중앙은행은 그야말로 지구제국 금융총사령부로서의 역할을 하게 될 것이 확실하다. 세계중앙은행이 설립되면 각국은 독자적인 금리정책이나 통화정책을 수행하는 데 많은 제약을 받게 된다. 유럽중앙은행(ECB)이 유럽 개별국가의 금융정책을 거의 대부분 이관받아 권한을 행사하듯이 세계중앙은행이 같은 역할을 수행하는 것이다. 특히 이 역할을 수행하는 데 있어 서방선진국, 특히 미국의 입김이 크게 작용할 것이 분명하다. 그렇다면 강력한 성장정책을 펼쳐야 하는 개도국과 체제전환국, 저개발국들이 이러한 성장정책을 구사하는 데 많은 어려움을 겪게 된다.

결국 세계중앙은행은 이들 약소국들을 글로벌 캐피털리즘 체제에 더욱 속박하는 새로운 서방자본의 통치기구로 전락할 가능성이 높다. 서방선진국 자본의 입장에서 보았을 때, 그것은 글로벌 캐피털리즘 체제를 구조적으로 완성해나가는 징검다리로서 의미를 지니게 될 것이다.

밀레니엄 라운드가 몰려온다

IMF가 금융위기의 '소방수'로 자본자유화와 세계경제의 구조조정을 전파하는 선봉대 역할을 한다면 WTO는 국제교역의 자유화와 시장통합, 그리고 글로벌 스탠더드의 형성을 주도하는 또 다른 국제관료기구라 할 수 있다.

동아시아 금융위기로 세계금융시장에 대한 불안감이 확산되고 있던 1998년 5월 스위스 제네바의 WTO본부는 사뭇 흥분된 분위기에 휩싸여 있었다. 미국의 클린턴 대통령과 영국의 블레어 총리, 자크 상테르 유럽연합(EU) 집행위원장, 넬슨 만델라 남아공 대통령, 페르난도 엔리케 카르도소 브라질 대통령 등 세계적인 거물들이 속속 제네바에 도착했다. GATT/WTO 50주년을 기념하고 21세기를 향한 새로운 자유무역 구상을 논의하기 위한 회의가 예정되어 있었기 때문이었다.

50주년 기념식에서는 지난 반세기 동안의 무역과 세계경제성장 보고서가 발표되었고, GATT가 수행했던 역할에 대한 찬사도 잇따랐다. 132개 회원국 대표들과 옵서버들은 50주년을 축하하느라 정신이 없었다. 실제로 2차 세계대전의 참화를 겪고 난 1948년 보호주의의 확산을 막고 세계무역 확대를 위해 탄생한 GATT는 많은 역할을 했다. 케네디 라운드, 도쿄(東京) 라운드 등 여러 차례의 다자간 무역협상을 통해 관세를 인하하고 무역장벽을 낮추어왔다. 한국을 비롯한 개도국들도 이 기구의 지원을 받아 수출산업을 육성하면서 비약적인 성장을 이룰 수 있었다.

그러나 이 기념식이 끝나고 21세기의 새로운 자유무역협상을 위한 WTO 2차 각료회의가 시작되면서 분위기는 돌변하기 시작했다. 50주년 기념행사 때의 부드럽고 흥분된 분위기는 사라지고 팽팽한 긴장감이 회의장을 감싸고 돌았다. 각국 대표들은 나름대로 개발한 논리를 동원해 상대방을 설득하느라 여념이 없었다. 본격적인 경제외교전이 벌어지기 시작한 것이다.

각료회의 테이블에 올려진 의제는 GATT 출범 이후 9번째이자 WTO 출범 이후 첫 국제협상이 될 이른바 밀레니엄 라운드(Millenium Round)였다. 뉴 라운드(New Round), 클린턴 라운드, 시애틀 라운드라는 다양한 이름을 갖고 있는 이 협상의 의제를 어디까지로 할 것인가에서부터 협상방법에 이르기까지 각국 대표들은 자국입장을 내세우면서 치열한 외교전을 펼쳤다. GATT 체제가 밀레니엄 라운드에 이르기까지 수많은 우여곡절을 겪었듯이 새 라운드를 출범시키는 것 역시 쉽지 않음을 보여주는 대목이었다.

밀레니엄 라운드의 협상범위는 매우 넓다. 농산물, 서비스 분야처럼 이미 상정되었으나 완전타결에 이르지 못한 의제(built-in agenda)와 환경, 투자, 경쟁, 노동, 기술, 부패(뇌물)관행, 전자상거래 등 새로운 현안(new issues)을 모두 포괄하고 있다. 이 가운데 환경분야의 경우 WTO 출범과 함께 무역·환경위원회(CTE)가 구성되어 이미 협상이 진행중이다. 투자자유화와 부패방지에 관한 다자간 규범 마련을 위한 논의는 경제협력개발기구(OECD)에서 이루어졌으나 1996년 WTO 내에 작업반을 구성함으로써 WTO 차원에서 논의할 수 있는 토대를 만들었다. 선진국을 중심으로 논의되던 이들 의제를 개도국을 포함한 전세계적인 규범으로 만들자는 것이다.

밀레니엄 라운드의 협상범위에 대해서는 대체로 의견이 모아졌으나 협상방식에 대해서는 일괄타결론을 주장하는 유럽연합(EU)측과 부문별 타결론을 주장하는 미국이 정면으로 맞섰다. 먼저 자크 상테르 EU 집행위원장이 나서 "과거 우루과이라운드의 타결 경험에 비추어 지역별 혹은 부문별 협상보다는 총체적인 접근이 바람직한 것으로 생각한다"며 일괄타결론을 펼쳤다. 블레어 영국총리도 "일괄타결이 어려운 것은 사실이지만 중요한 것은 전세계가 공동으로 참여하고 노력하는 일"이라며 여기에 화답했다. 각 의제를 모두 협상 테이블 위에 올려놓고 동시다발적으로 협상을 진행한 다음 모든 의제가 타결되었을 때 효력이 발휘되도록 하자는 것이다. 각 협상주체들이 각각의 전략에 따라 양보할 것은 양보하고 밀어붙일 것은 밀어붙임으로써 공통적인 합의점을 찾아보자는 안이다.

이에 대해 클린턴은 "UR 협상이 타결되기까지 무려 7년 5개월이라는 시간이 걸렸다. 더구나 당초 약속된 합의사항들이 아직까지도 완전히 이행되지 않고 있다는 사실을 기억해야 한다. 모든 문제를 한꺼번에 해결하기보다는 분야별로 장벽을 하나하나 제거하는 방법을 모색해야 한다"며 부문별 접근론을 역설했다. 모든 것을 타결하려면 너무 많은 시간이 걸리기 때문에 분야별로 협상을 진행해 타결되는 분야부터 실행에 옮기자는 주장이었다.

양측의 의견이 팽팽히 대립해 결국 합의점을 찾지 못했으나, 132개 회원국들은 밀레니엄 라운드의 협상범위와 방식을 1999년 11월 미국 시애틀에서 열리는 3차 각료회의에서 매듭짓기로 합의했다. 21세기에 진입하면서 본격적으로 밀레니엄 라운드의 협상을 시작하겠다는 것이다.

신세기 벽두부터 본격적인 협상에 들어가게 되는 밀레니엄 라운드는 세계경제지도를 근본적으로 바꾸어놓게 된다. 가령 OECD에서 1999년 발효를 목표로 추진하다 각국 사회단체와 노동계의 반발에 부딪혀 무산된 다자간투자협정(MAI)의 경우 국내외자본의 차별을 원천적으로 금지하는 것을 목표로 하고 있다. 이 협정이 체결되면 해외자본에 대해 어떠한 규제도 가할 수 없게 된다. 자국 산업보호를 위한 국산품 의무사용 비율이나 생산량의 일정부분은 수출해야 한다는 수출의무 비율을 붙일 수 없고, 기술을 이전해야 한다는 등의 부가조건도 내세우지 못한다. 단기차익을 위한 투자에 대해서도 규제해서는 안 되며, 통신이나 전력과 같은 각종 공공산업의 독과점이나 신규진입을 규제해서도 안 된다. 한마디로 자본의 자유를 최대한, 그것도 전세계적으로 보장함으로써 지구촌 어디서나 동일한 조건에서 사업할 수 있도록 하자는 것이다.

이러한 규범을 모든 분야에서 만들자는 것이 바로 밀레니엄 라운드이며 WTO 체제이다. 20세기에서 21세기로 넘어가는 전환기에 놓여있는 세계가 모든 경제영역에서 글로벌 스탠더드를 만드는 대장정에 올라 있는 셈이다. 물론 이러한 작업을 주도하는 것은 항상 미국과 EU를 중심으로 한 선진국, 즉 선진자본이다. 개도국들은 밀레니엄의 파도를 헤쳐나가기 위해 나름대로 자국이익에 맞는 논리를 개발해 대응하고 있을 뿐이다. 불과 몇 년 전 UR로 심한 홍역을 치른 개도국들은 이제 이보다 몇 배, 몇십 배의 파괴력과 폭발력을 지닌 밀레니엄 공세에 정면으로 노출되어 있다.

이와 같은 글로벌 스탠더드 제정작업은 글로벌 캐피털리즘 형성과정의 한 부분이며 GATT를 대체해 출범한 WTO가 바로 그 전위부대로서의 성스러운 역할을 맡게 된 것이다. 나아가 이 밀레니엄 라운드는 세계 각국이 인접국가 또는 원거리 국가와 개별적·집단적으로 활발히 체결하는 수많은 자유무역협정, 그리고 자유무역지대를 추구하고 있는 각종 지역경제블록과 맞물리며 '지구전역을 자유무역지대화'하는 지렛대 역할을 하고 있다.

지구촌을 자유무역지대로

WTO가 범세계적인 자유무역을 추진하는 전위부대라고 한다면 각 대륙 또는 대륙 사이에 형성된 지역경제블록은 이를 향해 가는 징검다리이다. 전세계에 형성되어 있는 30여 개 지역경제블록의 궁극적인 미래는 2차 세계대전 이후 50년의 산고 끝에 단일화폐를 도입하고 완전한 경제 및 정치통합을 꾀하고 있는 EU라 하지 않을 수 없다. EU 다음으로 역내 자유무역 및 경제통합을 활발히 모색하고 있는 곳이 미주 대륙이다.

1998년 4월 칠레의 수도 산티아고에서는 북미와 중미, 남미를 포괄하는 전 미주대륙의 향후 운명을 결정할 중요한 회의가 열렸다. 이름하여 미주 정상회담으로 쿠바를 제외한 미국과 캐나다, 멕시코, 코스타리카, 파나마, 콜롬비아, 브라질, 아르헨티나, 칠레 등 미주지역의 34개국 정상이 참여했다. 회의 의제는 "북극 알래스카에서부터 남극 파타고니아까지 전미주 대륙을 하나로 묶는 미주자유무역지대(FTAA)를 창설하자"는 것이었다.

미주지역에는 5개의 경제블록이 있다. 북쪽에서 내려오면서, 먼저 캐나다와 미국, 멕시코가 1994년 북미자유무역협정(NAFTA)을 발효시켜 이미 하나의 시장으로 통합되었고 그 아래로 내려오면 과테말라, 온두라스, 엘살바도르, 니카라과, 코스타리카 등 5개국이 1960년에 결성한 중미공동시장(CACM)을 만나게 된다. 또 아래로 내려오면 베네수엘라, 콜롬비아, 에콰도르, 페루, 볼리비아가 1969년 결성한 안데스공동체(ANCOM)가 있고 더 아래로 내려오면 브라질, 파라과이, 우루과이, 아르헨티나, 칠레가 1991년 창설한 남미공동시장(MERCOSUR)이 있으며 나머지 카리브해 연안의 국가들은 카리브공동시장(CARICOM)을 형성하고 있다.

산티아고 정상회담은 이들을 아예 하나의 자유무역지대로 통합하자는 것으로, 이보다 4년 전인 1994년 미국 마이애미에서 열린 미주 정상회담에서 처음으로 제기되어 그 동안 여러 경로를 통해 이에 대한 논의를 진행해왔다. 이 지역이 통합되면 인구 8억에 국내총생산(GDP) 10조 달러의 세계최대 자유무역지대가 만들어진다. 이날 회의보다 이틀 앞서 아르헨티나의 부에노스아이레스에서는 메르코수르와 안데스공동체의 통상장관들이 만나 2000년까지 두 시장을 통합하기로 했다. 범미주 시장통합에 앞서 경제여건이 비슷한 지역이 먼저 통합하는 작업을 시작한 것이다.

34개국 정상들은 이틀간의 회의를 마친 후 2005년까지 FTAA를 창설키로 하는 역사적인 '산티아고 선언'을 채택했다. 이들은 또 시장개방, 투자, 서비스, 정부조달, 농업, 지적소유권 등 9개 분야로 나누어 실무협상을 진행키로 했다. 경제분야뿐만 아니라 환경보호, 마약퇴치, 사법공조, 교육개선 등을 위한 공동노력을 기울여나가기로 했다. 의장국을 맡았던 칠레의 에두아르도 프레이 대통령은 "산티아고 선언으로 역사상 최대규모의 자유무역지대 창설을 위한 길이 열렸다"며 흥분을 감추지 못했다.

이러한 FTAA 창설 노력은 지구상의 30여 개 경제블록이 추진하고 있는 비슷한 노력의 하나의 예에 불과하다. 아시아에서는 싱가포르, 인도네시아, 말레이시아, 태국, 필리핀 등 10개국이 동남아국가연합(ASEAN)을 결성해 역내 교역자유화와 경제통합을 추진하고 있으며 2003년까지 동남아자유무역지대(AFTA)를 만든다는 구상이다. 다른 한편 미국과 한국, 일본, 호주 등 태평양 연안의 21개국이 1989년 아시아·태평양경제협력체(APEC)를 만들어 교역확대와 무역자유화 방안을 논의하고 있다. 2006년까지 무역을 자유화하고 관세를 대폭 내려 지역경제블록으로 발전하려 하고 있다.

또 아프리카에는 남아공, 모잠비크, 짐바브웨 등 12개국이 1996년 결성한 남아프리카개발공동체(SADC)가 2002년까지 관세와 비관세장벽을 점진적으로 철폐해 자유무역지대를 만들려 하고 있고 이밖에 서아프리카경제공동체(ECOWAS), 남아프리카관세동맹, 동아프리카공동체, 동남아프리카공동시장 등 크고 작은 경제블록이 형성되어 있다. 이밖에 서남아시아, 중동, 동유럽 등은 각각 그들 나름대로의 경제블록을 만들고 있다. 그야말로 전지구적으로 인근 국가들과 경제통합 경쟁을 벌이는 듯한 양상을 보이고 있다.

언뜻 보면 세계화(globalization)가 빠르게 진행되는 가운데 경제블록을 중심으로 지역화(localization)라는 '역풍'이 불고 있는 듯한 모습이다. 그러나 그것은 '역풍'이 아니다. 물론 블록화에는 해당 지역의 세력확대를 통해 경제패권을 장악하려는 각국의 의도가 내재되어 있지만, 이것이 세계화를 거부하는 것이라기보다는 오히려 자유무역을 확대하려는 큰 흐름에서 비롯되었다고 볼 수 있다. 따라서 지역화와 세계화가 충돌하기보다는 궁극적으로 세계화의 방향으로 통합될 것이다. 특히 WTO가 추진하는 다자간 무역협상이 타결되려면 국가간 경제·사회·문화적 차이로 오랜 기간이 걸리는 데 비해 경제여건이 비슷한 인근국가들은 협정을 신속하게 체결할 수 있다. 따라서 지역경제블록은 다자간 체제의 한계를 보완해주는 성격도 지니고 있다.

이는 블록간의 통합 움직임을 통해서도 입증된다. 미주의 5개 소(小)블록이 FTAA로 통합키로 한 것은 대표적인 예이다. 또 EU는 남미공동시장과 2005년까지 자유무역지대를 창설키로 이미 합의해놓은 상태이며, 미국에 대해서도 경제통합을 위한 협상을 제의해 놓고 있다. EU는 또 아시아 국가들과 아시아·유럽 정상회담(ASEM)을 통해 정치·경제적 유대를 강화하고 있고 헝가리, 폴란드 등 동유럽 국가들의 가입협상도 진행중이다. 한 국가가 여러 블록에 중첩 가입한 경우도 많다. ASEAN 국가들은 모두 APEC 회원국이자 ASEM 회원국이다. 미국과 캐나다 등은 APEC과 NAFTA에 동시에 가입되어 있다. 이와 함께 각 블록이 진행하는 협상의제도 정도의 차이는 있지만 대부분 비슷하고 APEC의 경우 역내국가와 역외국가를 차별하지 않는다는 개방적 지역주의(open localization)를 채택하고 있는 점도 세계화와 블록화가 상충하는 것이 결코 아님을 보여준다.

결국 이러한 일련의 움직임은 지구촌을 완전한 자유무역지대로 만들자는, 달리 말해 다자간 협정을 통해 글로벌 캐피털리즘을 완성하자는 방향으로 통합될 것으로 보인다. 미국 국제경제연구소의 프레드 버그스텐 소장은 이미 1996년 ≪포린 어페어스≫ 기고문 「자유무역의 글로벌화(Globalizing Free Trade)」에서 이같은 구상을 밝힌 바 있다. 2010년이나 2020년까지 전지구적으로 단일한 자유무역지대를 창설한다는 목표를 세우고 이를 위한 협상을 시작하자는 것이었다.

그는 2년 후인 1998년 4월 30일 스위스 제네바에서 열린 GATT/WTO 50주년 기념 심포지엄에서 이를 다시 주장했다. 글로벌화와 지역화, 그리고 밀레니엄 라운드의 향후 모습을 시사하는 중요한 대목이 아닐 수 없다.

오늘날 수많은 지역협정들이 자유무역을 향해 달려가고 있습니다. 나는 이제 2010년이나 2020년까지 모든 (무역)장벽을 제거하자는 목표를 채택할 때가 되었다고 확신합니다. 그것은 우리가 그 동안 자유무역을 확대하면서 획득해온 다양한 혜택을 증진시키는 것이며, 동시에 새 천년을 향한 밀레니엄 라운드에서 자유화라는 수레바퀴가 지속적으로 작동하도록 하는 일이 될 것입니다. 나는 우리의 후손들이 지금으로부터 50년 후인 2048년에 오늘과 비슷한 회의를 열 때, 오늘날의 우리가 선조들의 반세기 전 GATT 창설을 성공적인 것으로 평가하듯이, 그들도 우리가 세기말의 전환기에서 글로벌 무역시스템 창설이라는 과제를 성공적으로 수행했다고 평가하길 기대합니다.[3]

---

3) C. Fred Bergsten, "Fifty Years of The GATT/WTO: Lessons from the Past for Strategies for the Future", 1998. 4. 30.(미국 국제경제연구소 홈페이지, http://www.iie.com).

제3부

글로벌 캐피털리즘의 실체

제10장 자본의 시대, 국가의 위기

투기꾼들을 더 이상 방치할 수 없다

홍콩의 밤거리는 형형색색의 네온사인으로 뒤덮여 유난히 화려하게 보인다. 아스팔트를 달구며 뜨겁게 이글거리던 태양이 빅토리아 항구 저편 태평양 바다로 빨려들어갈 때쯤이면 홍콩과 중국본토기업, 그리고 미국과 유럽, 일본 등 세계적인 다국적기업들의 광고판이 번쩍이기 시작한다. 인구 6백만의 홍콩은 화려한 불빛을 토해내는 네온사인으로 온통 뒤덮인다. 빅토리아 항구에 정박해 있는 유람선에서도 현란한 불빛이 쏟아져나오고 마오타이나 죽엽청주, 또는 프랑스산 포도주를 곁들여 만찬을 즐기려는 세계 각국의 관광객과 미식가들은 레스토랑으로 몰려든다. 세계에서 가장 자유로운 경제활동이 보장되는 아시아의 진주, 홍콩의 밤은 이렇게 깊어간다.

1998년 8월 13일 저녁, 금융정책을 총괄하는 재정사장(재무장관)의 집무실에는 도널드 창 재정사장과 조셉 얌 금융관리국(중앙은행) 총재, 그리고 쉬스런 재정사 사무국장이 명멸하는 홍콩거리의 불빛을 배경으로 조용히 앉아 있었다. 그들의 얼굴엔 심각하면서도 비장한 기운이 감돌았다. 사무실 유리창으로 거침없이 쏟아져들어오는 네온사인의 화려한 불빛도 이들의 굳은 얼굴에선 힘을 잃고 꼬리를 내렸다. 이들은 중대한 결정을 내려야만 했다.

그 동안 유지해왔던 자유방임적 경제정책을 일시적으로 접어두고, 이날까지 10일째 홍콩금융시장을 유린하는 투기자본과 정면 대결할 것인가. 아니면 어느 정도의 피해를 보더라도 시장원리에 그대로 맡겨두고 기존의 자유방임 정책을 고수할 것인가. 바로 1년 전인 1997년 7월 홍콩의 중국반환 이후 홍콩의 금융정책 3인방으로 자리를 굳힌 이들은 좀처럼 결론을 내리지 못하고 각 기관에서 작성한 보고서를 보고, 또 보기를 거듭했다. 보고서에는 지금까지 홍콩에 대한 국제투기자본들의 공격현황과 전망, 그리고 시나리오별 대응방안이 자세하게 적혀 있었다.

국제금융시장을 떠돌아다니는 핫머니와 헤지펀드를 주축으로 하는 투기자본들은 홍콩 주식시장과 홍콩달러화에 대해 그야말로 무자비한 공격을 벌이고 있었다. 1997년 7월 태국의 바트화 평가절하를 계기로 아시아 금융위기가 본격화한 후 같은 해 10월과 1998년 4월, 6월 등 수 차례 홍콩 금융시장을 공격했던 이들은 이제 최후의 일격을 날릴 준비를 하고 있는 듯했다.

이들은 동아시아를 휩쓸고 있는 금융위기가 중국과 홍콩으로 확산되고 있다고 보고 주식시장과 외환(통화)시장을 동시에 공격했다. 이전에는 주식시장을 공격대상으로 했으나 이제는 외환시장으로 확대하면서 총공세를 벌이기 시작한 것이다. 이들은 금융기관들로부터 주식과 홍콩달러를 선물로 빌려 이를 현물시장에 무차별적으로 매각(공매도, short-selling)함으로써 주가를 끌어내리며 홍콩달러의 미국달러화 연동제(페그제)를 위협했다. 일부 헤지펀드가 매도에 나서자 다른 펀드들도 덩달아 이 대열에 합류했다. 순식간에 시장은 공포분위기에 휩싸였다. 홍콩의 항셍지수는 연일 폭락을 지속해 며칠 사이에 8,000포인트에서 5년여 만의 최저치인 6,500선으로 주저앉았고, 홍콩 금융당국은 이를 방어하느라 수십억 달러의 외화를 소진했다.

투기자본들은 궁극적으로 중국을 목표로 하고 있었다. 중국 금융시장은 완전히 개방되지 않은 데다 위안(元)화도 자유롭게 거래할 수 없어 직접 공격하는 게 불가능했다. 따라서 1년 전 중국에 반환된 홍콩을 1차 공격목표로 설정했다. 홍콩이 중국의 일부분으로 편입되어 홍콩을 흔들면 중국본토도 흔들릴 수밖에 없다고 판단한 것이다. 더구나 홍콩은 중국으로 향하는 해외투자자금의 통로로, 투기자본들은 바로 이 길목을 노리고 있었다.

아니나 다를까 홍콩 금융시장이 불안한 모습을 보이자 곧바로 중국 위안화의 평가절하 우려가 고조되기 시작했다. 이는 다시 폭풍이 되어 인근 아시아는 물론 유럽과 미국 금융시장을 강타했다. 전세계 주요국 주가가 일제히 폭락세를 연출하며 홍콩과 중국이 제2의 아시아 위기, 나아가 세계 동시공황의 화약고로 돌변했다. 그러나 투기자본들은 이에 아랑곳하지 않았다. 아니 홍콩 금융시장을 위기에 빠뜨리는 것이 이들의 단기목표였다. 홍콩이 다른 동아시아 국가들과 마찬가지로 화폐 평가절하를 단행해야 이들은 이익을 낼 수 있었다. 홍콩경제가 무너지고 중국 금융시장이 파탄날 수 있다는 분석이 이들에게는 오히려 힘을 주었다. 또 그렇게 되어 세계금융시장이 동시공황에 빠진다 하더라도 그것은 다음의 문제였다. 그들은 홍콩의 주가와 통화가치하락에 돈을 걸고(배팅하고) 있었던 것이다. 당장의 도박에서 이익만 내면 그만이었다.

한참 동안의 심야회의를 진행하던 도널드 창 재정사장은 결단을 내렸다. 투기자본과의 일대 전쟁을 결심한 것이다. 반대는 없었다. 투기자본을 더 이상 방치할 수 없다는 데 모두 공감했다. 이 방침은 곧 둥젠화(董建華) 행정장관에 보고되었다. "경제기본여건을 무시한 투기자본들의 무분별한 투기행위로 금융시장의 정상적 가격질서가 왜곡됨은 물론 수많은 선량한 투자가들이 막대한 손해를 보고 있다. 투기행위로 중국경제가 위협받고 있으며 인근 동아시아, 나아가 세계금융시장의 불안이 고조되고 있다"는 사실과, "이에 대한 정면공격으로 투기자본을 무력화시켜야 홍콩과 중국경제가 안정될 것"이

라는 내용이었다. 둥젠화 행정장관은 즉각 승인했다. 그 역시 금융
시장의 '비이성적인 움직임'을 익히 알고 있었으므로 금융정책 3인
방의 고뇌에 찬 결단을 반대할 이유가 없었던 것이다.

날이 밝은 8월 14일 금요일, 홍콩 금융시장에서는 이러저러한 소
문이 나돌았다. 홍콩당국이 투기자본의 집요한 공격에 손을 들어 페
그제를 포기하고 평가절하를 단행할지 모른다는 소문에서부터 당국
이 헤지펀드의 투기행위를 규제하는 파격적인 조치를 내릴 것이라
는 소문에 이르기까지 갖가지 뜬소문이 난무하며 금융시장의 분위
기는 그야말로 엉망이 되어 가고 있었다. 투기자들은 이러한 불안심
리를 틈타 시장이 열리자마자 또다시 홍콩주식을 내다팔기 시작했
다. 주가는 바닥을 모르고 또다시 하락하기 시작했다. 증시 분위기
는 갈수록 어수선해졌다. 금융위기가 드디어 홍콩으로 상륙할지 모
른다는 우려가 더욱 고조되었다.

그러나 점심식사를 마치고 다시 거래가 시작되었을 때 상황은
180도 바뀌기 시작했다. '홍콩대첩'이 시작된 것이다. 9백억 달러가
넘는 외환을 보유하고 있는 홍콩 금융당국이 드디어 칼을 빼들었다.
썰물처럼 빠져나가던 돈이 갑자기 역류하듯, 무더기 주식 매수주문
이 쏟아져들어왔다. 자금의 출처는 홍콩 금융관리국이었다. 금융관
리국은 항셍지수 움직임에 큰 영향을 미치는 우량주를 중심으로 3
억8,700만 달러의 무더기 매수주문을 퍼부어대며 주가를 끌어올리
기 시작했다. 오전에만 하더라도 하락세를 이어가던 항셍지수가 갑
자기 급등세로 돌변했다. 투자자들이 어리둥절한 채 증시전광판을
쳐다보고 있는 사이에 선물로 빌린 주식을 팔아치우고 있던 투기세
력은 서둘러 매도주문을 철회했다. 주식이 오르고 있는 상태에서 빌
린 주식을 매도하는 것은 자살행위나 다름없기 때문이었다. 결국 폭
락하던 주가는 8.5%나 폭등한 가운데 이날 거래를 마감했다.

투기자본에 일격을 날린 금융당국은 주식매수의 강도를 늦추지
않고 투기자본에 연타를 날렸다. 투기자본과의 일전(一戰)을 결심한

상태에서 이들에게 숨쉴 틈을 주지 말아야 했다. 금융당국이 조금이라도 물러설 기미만 보이면 투기자본들이 역공을 해올 게 분명했다. 치명적인 타격을 날려야만 했다. 물러설 수 없었다. '양떼'처럼 매도행렬에 가담했던 일부 헤지펀드들은 홍콩당국의 확고한 의지를 눈치채고 재빨리 매수세력으로 돌변했다. 상황이 불리하다 싶으면 언제든지 태도를 바꾸어 강자의 편에 붙는 것이야말로 투기자본의 생리이자 특기였다.

홍콩당국의 증시개입은 선물만기일인 28일까지 약 2주간 지속되었다. 선물만기일에 주가를 끌어올림으로써, 주가하락을 예상하고 주식을 매도했던 투기세력들에게 결정타를 날리기 위한 것이었다. 홍콩당국의 작전은 성공적이었다. 시장개입에 나서기 직전 6,500선에 머물던 주가는 2주도 안 되어 8,000선으로 회복되었다. 의기양양하게 홍콩 금융시장을 노리고 덤벼들었던 투기자본들은 쓴잔을 마시며 퇴각해야만 했다. 그 동안 당국이 시장에 투입한 자금은 50억 달러로 홍콩 외환보유고의 5%를 넘었다.

국가는 시장에서 철수하라

홍콩당국은 투기자본과의 물리적인 전쟁에서 일단 승리를 거두었다. 그러나 새로운 전쟁, 그리고 홍콩당국을 더욱 곤혹스럽게 만든 전쟁은 바로 여기서부터 시작되었다. 금융시장 전문가들과 서방언론들이 당국의 시장개입을 일제히 비판하고 나선 것이다. 홍콩이 강점으로 유지하던 시장경제원리가 무너짐은 물론 금융시장에 대한 신뢰가 위기에 처했다며 '홍콩당국은 당장 시장에서 철수하라'고 목소리를 높였다. 또 '투기'는 자본주의 시장경제의 본질적 속성 가운데 하나로, 이것이 성공할지 실패할지는 '시장'이 판단할 문제이지 당국이 나설 문제가 아니라고 주장했다.

≪아시안 월스트리트 저널≫은 발권력까지 동원해 무제한 주식 매입에 나섰던 한국의 1989년 12·12조치를 비롯해 말레이시아와

일본 정부의 시장개입조치가 '일시적으로는 성공한 것처럼 보였으나 결국 실패'하고 말았던 사례까지 열거하며, 홍콩의 시장개입도 결국은 '헛된 시도'가 될 것이라고 주장했다.[1] 이 신문은 주식시장의 주가 움직임을 '시장'에 맡겨야 하고, 통화를 방어하기 위해서도 금리인상이나 통화량 조절 같은 '시장의 원리'에 따라야지 인위적으로 개입해 가격을 왜곡시켜서는 안 된다고 목소리를 높였다.

홍콩과학기술대학의 프란시스 리우 경제개발센터 소장은 신문 기고문을 통해 '홍콩정부가 또 다른 투기꾼이 되었다'고 지적하고 아예 홍콩달러를 없애고 미국달러화를 공용통화로 바꾸면 이러한 투기행위를 막을 수 있을 것이라는 주장을 내놓기도 했다.[2] 나아가 이들 언론들과 금융전문가들은 홍콩당국이 일시적으로 승리하더라도 언젠가 다시 공격을 받을 것이라며, 당국이 입은 신뢰도의 상처는 치유하기 힘들 것이라고 경고했다.

홍콩당국은 이러한 전문가들과 언론의 파상공세에 대응하여 "투기자본들이 경제여건을 무시하고, 단기차익을 노린 무분별한 투기행위를 하여 시장에 개입하지 않을 수 없었다"고 주장하며 "그렇다고 이번 개입으로 홍콩이 자유시장경제 원칙을 포기한 것은 아니다"라고 맞섰다. 조셉 얌 금융관리국 총재는 ≪아시안 월스트리트 저널≫에 「우리는 왜 개입했는가」라는 기고문까지 실어가며 개입의 정당성을 주장하는 데 여념이 없었다. 그는 "홍콩은 시장에 대한 정부개입이 세계에서 가장 적으며, 세계에서 가장 견실한 경제구조를 가지고 있는 곳이다. 그런데 지금 투기행위로 이러한 '모델경제'가 위협받고 있다. 이로 인해 홍콩경제가 무너진다면 나머지 신흥성장국가들은 어떤 희망을 갖겠는가"[3]라며 무분별한 투기자들에게 화

---

1) "Market Intervention In Asia Seems Futile Over the Long Term", *Asian Wall Street Journal*, 1998. 8. 17.

2) Francis Lui, "Now the Government Is a Speculator, Too", *Asian Wall Street Journal*, 1998. 8. 17.

살을 돌렸다.

이러한 금융전문가 및 서방언론들과의 싸움은 투기세력과의 물리적인 전쟁보다 훨씬 힘겨운 싸움이 아닐 수 없었다. 단기적으로는 투기꾼들의 총공세를 물리쳤지만, "세계에서 가장 자유로운 경제활동이 보장되는 곳"이라는 홍콩의 명성에 중대한 오점을 남겼기 때문이었다. 1997년 7월 중국에의 반환 이후, 홍콩이 이전의 자유방임적인 경제체제를 유지할 것인가에 대한 서방의 의구심이 남아 있던 상태에서, 이러한 '일탈행위'가 발생해 신뢰도가 더욱 떨어졌다. 한마디로 홍콩 금융시장을 둘러싼 '시장'과 '당국'의 전쟁은 끝난 것이 아니다.

어찌 보면 홍콩당국은, 금융전문가들과 서방언론들의 지적대로, 이길 수 없는 싸움을 시작했는지도 모른다. 그것은 1970년대 중반 이후 '시장'과 '국가(정부)'의 전쟁에서 국가가 한번도 승리한 적이 없었던 데서도 잘 나타난다. 전후 국제금융질서를 규정해온 브레튼우즈체제의 붕괴에서 시작하여 1992년 영국의 파운드화 평가절하, 1994년 말의 멕시코 페소화 위기, 1997년 동아시아 국가들의 침몰, 1998년과 99년의 러시아 및 브라질 경제붕괴에 이르기까지 지난 20여 년의 역사는 바로 이 싸움에서 국가가 패배하면서 시장에서 철수해온 역사였다. 달리 말해 국가의 기능을 '시장(market)'이라는 새로운 수퍼파워가 대체해온 역사였으며 지금은 그 과정이 마무리되는 단계이다. 이러한 시점에서 발생한 '홍콩대첩'은 바로 중국의 일부로 편입된 홍콩을 매개로, 중국이라는 '지구상에 남아있는 최후의 거대한 통제경제'를 허물어뜨리려는 '시장의 공격'이 시작되었음을 알리는 신호탄일지도 모른다.

1992년 가을에 발생한 영국의 외환위기와 파운드화 평가절하는 시장이 국가와의 전쟁에서 어떻게 승리하는지를 보여주는 대표적인

---

3) Joseph Yam, "Why We Intervene", *Asian Wall Street Journal*, 1998. 8. 20.

사례이다. 당시 유럽연합은 1999년에 유로화를 출범시킨다는 목표를 세우고, 이를 위한 사전조치로 각국의 환율을 일정한 범위 내에 고정시키기 위한 통화조절기구(ERM)를 가동하고 있었다. 중심통화는 유럽에서 규모가 가장 크고 안정된 경제를 유지하던 독일의 마르크화였다. 그러나 독일은 1990년 흡수된 동독의 경제재건을 위해 투자를 확대했고, 이로 인해 인플레 우려가 갈수록 고조되었다. 독일정부는 인플레를 방지하기 위해 금리를 수차례 올리며 고금리정책을 폈고, 당연히 돈은 높은 금리를 보장하는 마르크화로 옮겨갈 수밖에 없었다. 반대로 경기부진과 고실업으로 신음하던 영국의 파운드화는 평가절하 압박을 받기 시작했다. 영국중앙은행인 영란은행은 ERM에서 규정한 기준환율을 고수하기 위해 전전긍긍했다. 독일처럼 금리를 올릴 수도 있지만 그것은 어려운 경제여건을 더욱 어렵게 만들 뿐이었다. 따라서 영란은행은 보유외환을 풀어 시장에 개입하며 어렵게나마 환율을 방어하는 수밖에 없었다.

투기자본들은 바로 여기에 주목했다. 시장의 원리에 따른다면 영국은 파운드화를 평가절하하는 게 당연했다. 물론 그렇게 할 경우 영국경제는 큰 타격을 받게 되고 ERM도 붕괴될 게 분명했다. 그러나 투기자본들에게 그러한 '도덕적인 기준'이 통할 리 없었다. 단지 '돈'을 벌 기회가 온 것일 뿐이었다. 미국 헤지펀드의 대부 조지 소로스가 그 선봉에 섰다. 소로스는 '파운드화 매각, 마르크화 매입'을 외치며 파운드화를 공격하기 시작했다. 영란은행은 '파운드화는 안전하다. 평가절하는 없다'고 맞대응하며 보유외환을 풀어 환율방어에 나섰다.

그렇다고 물러날 소로스가 아니었다. 소로스는, 그가 말하는 시장의 반사성(reflexivity)을 극대화하기 위해, 시장과 언론에 대고 파운드화가 평가절하될 수밖에 없는 필연성을 조목조목 제시했다. 그리고는 그것을 증명하기라도 하듯 무차별적으로 파운드화를 매각했다. 기선을 잡아야 했다. 그리고 우물쭈물하는 시장참여자들을 자기편으로 끌어들여야 했고 그러기 위해서는 한 치도 물러서지 않겠다는 결연한 모습을 보여줘야만 했다.

드디어 다른 헤지펀드들이 파운드화 공격대열에 가담하기 시작했다. 이 순간 영란은행의 패배는 이미 굳어진 것이나 마찬가지였다. 몇몇의 펀드가 소로스 편에 서자 다른 펀드들도 앞뒤 가리지 않고 달려들었다. 투기자본들의 '패거리 속성'이 바로 여기에서 나왔다. 돈을 벌기 위해서는 승산이 있는 쪽에 붙어야 하는 것이 당연했다. 결국 빈털터리가 된 영란은행은 1992년 9월 파운드화를 평가절하하고 ERM에서 탈퇴한다고 선언했다. 이른바 '검은 9월'로 영국 정부가 시장에 백기를 드는 순간이었다. 소로스를 비롯해 파운드화를 공격했던 투기꾼들은 막대한 이익을 냈고 ERM은 붕괴되었다.

이처럼 국가가 시장과의 싸움에서 패배할 수밖에 없는 데에는 몇 가지 이유가 있다. 순수 민간자본끼리의 싸움에서는 상대방의 패를 읽기가 어려워 성공확률이 낮지만, 국가를 상대로 할 때에는 상대방 패를 읽기가 쉬운 것도 그 한 이유이다. "통화당국이 외환시장에 개입하는 데에는 명백한 정책의지가 반영되게 마련이고 이러한 정책의지는 민간에게 쉽게 노출"되기 때문에 투기자본의 효율적인 공격이 가능하다. 또 각국 정부가 보유하고 있는 외화가 수백억 달러에서 많아야 1천억~2천억 달러에 불과하지만 금융시장을 떠도는 핫머니의 파생적인 자금력은 수조 달러에 달한다. 규모면에서도 특정 정부가 대항하기에는 애초부터 게임이 되지 않는다.[4]

그러나 무엇보다 중요한 이유는 규제완화, 자유화, 개방화를 신조로 하는 신자유주의의 물결이 거세게 일면서, 국가가 시장에 더 이상 강력한 영향을 미칠 수 없게 되었기 때문이다. 신자유주의 자체가 "금융을 포함한 경제운용을 시장에 맡기고, 국가는 시장에서 철수하라"는 주문이기도 하다. 더욱이 정보통신기술의 비약적 발전이

---

4) 이찬근, 앞의 책, pp. 22~29.

경제의 글로벌화와 결합하면서 국가의 시장에 대한 영향력은 갈수록 위축되고 있다. 한마디로 글로벌 캐피털리즘 체제가 형성되면서 시장, 즉 자본의 전일적인 지배체제가 공고해지는 반면 국가의 기능은 중대한 위기에 처하게 된 것이다.

국가의 통치권은 어디로 사라졌나

국가기능의 후퇴는 복지국가에 대한 공격에서 시작되어, 국가기능을 극대화했던 현실사회주의의 몰락을 거치며 본격화되었다. 국가가 시장에 개입할 경우 자원의 효율적인 배분이 이루어지지 않고 종종 왜곡현상마저 일어나 생산성과 경쟁력이 떨어지는 반면, 시장원리가 지배하게 되면 생산성이 극대화된다는 것이 주된 이유였다.

1990년대 후반에는 국가주도의 경제개발 전략을 구사하며 놀라운 '압축성장'을 실현했던 동아시아 국가들이 순식간에 몰락하면서 '시장만이 모든 것을 해결해줄 수 있다'는 시장 절대주의가 더욱 기승을 부리고 있다. 이제 국가권력은 경제영역, 특히 시장에 관한 한 이전과 같은 통치권을 행사할 수 없다. 세계화가 진행되면 될수록, 그리고 한 국가가 글로벌 캐피털리즘의 중심으로 빨려들어가면 갈수록 국가의 통치기능은 약화될 수밖에 없다.

글로벌 캐피털리즘 체제에서 국가의 기능을 위협하는 가장 큰 요소는 피터 드러커 교수가 '가상화폐'라고 지적한 초국적 금융자본이다. 이 자본은 어떠한 국가의 통제도 받지 않고, 또 특정국가가 나서 통제할 수도 없다. 자유롭게 움직이는 초국적 금융자본은 특정국가의 금융·재정정책을 포함한 각종 경제정책의 독자적인 수행을 어렵게 만든다. 이들 자본의 이해를 거스르는 정책을 수행하려 할 경우 자본은 이탈 또는 철수라는 수단을 통해 이를 응징한다. 때로는 해당통화에 대한 무자비한 공격을 통해 이들의 비위에 거슬리는 정책에 제동을 걸기도 한다. 그것은 개도국이나 체제전환국처럼 경제규모가 작은 국가에만 해당되는 것이 아니다. 선진국, 심지어 미국조차 여기에서 자유롭지 못하다.

초국적기업들도 국가의 기능을 위협하는 존재이다. 이들에게 있어 세계무역기구(WTO) 체제의 출범은 국경을 초월한 '세계경영'을 가능케 해준 것이었다. 이들은 특히 '자본투자'라는 무기를 가지고 세계 각국에 투자와 인력고용, 기술이전, 세금, 환경 등에 대한 규제를 풀라고 요구한다. 심지어 비슷한 처지에 있는 국가들의 자본유치 경쟁을 이용해 해당 국가들이 규제를 경쟁적으로 풀도록 부추기기도 한다. 해당국가는 자본을 유치하기 위해 최소한 국제기준에 맞도록 국내규정을 바꿔야 한다. 그 국가의 특성과 문화, 경제여건에 맞는 정책을 쓰기가 갈수록 어려워지는 것은 당연하다. 국가가 초국적 자본의 요구를 집행하는 기관이 되어버리기도 한다.

정치권력의 결집체로서 국가가 강력한 권한을 행사할 수 있는 것은 바로 징세권에 있다. 세금을 징수할 권한이 없다면, 그로 인해 국가재정이 제로(0)라면, 국가는 더 이상 사법과 행정, 경찰, 군사조직을 운영할 수 없다. 일부 초국적 기업들은 이러한 징세권에 도전하고 있다. 세계적으로 50여 개에 달하는 세금천국(tax heaven)이 이를 가능케 한다. 세금천국은 기업운영에 어떠한 규제도 가하지 않으면서 세금을 한 푼도 걷지 않는 지역으로, 기업들은 여기에 서류상의 회사(paper company)를 설립하고 사업을 진행하되, 각국에 설립한 실제 회사의 이익을 낮게 계상하고, 반대로 세금천국에 있는 페이퍼컴퍼니가 많은 이익을 계상토록 함으로써 세금을 회피한다.

전세계적으로 불고 있는 이른바 민영화, 즉 공적 부문의 사적 소유화(사유화)도 전통적인 국가기능의 수정을 불가피하게 만든다. 그동안 전기, 통신, 철도, 가스, 석유 등 국민생활에 큰 영향을 미치는 기간산업에 대해서는 국영 또는 민관합작의 형태를 유지해왔다. 국가경제는 물론 국민생활에 아주 중대한 영향을 미치기 때문에 국가가 장악하고 자국의 경제개발전략에 맞추어 운영해왔다. 때로는 국가적 이익을 위해 가격을 통제하기도 한다. 국영기업이 적자를 낸다 하더라도 국가경제에 대한 영향을 고려, 이를 용인하고 공적 자금으로 이 적자를 메워주는 것이다. 그러나 글로벌 경쟁체제가 나타나면서 생산성과 자본효율성이라는 이름 아래 전면적인 구조조정과 사유화 작업이 진행되고 있다. 미국과 유럽등 선진국에서는 민간부문이 대부분의 국영시스템을 장악해 시장원리에 따라 운영하고 있다. 이 물결이 이제 개도국과 체제전환국들로 밀려오고 있다.

특히 IMF의 경제신탁통치를 받는 경우 예외없이 국영기업의 민영화를 요구받고 있다. 이미 이를 경험한 멕시코의 경우 석유와 가스, 통신, 금융산업이 민영화되면서 미국자본의 수중으로 넘어갔고, 동아시아와 러시아, 브라질 등 IMF 신탁통치국가들 모두 같은 경로를 걸어가고 있다. 초대형 국영기업을 인수할 국내자본이 충분하지 못한 상태에서의 민영화는 곧 서방자본에의 귀속을 의미한다. 규제 철폐로 국내외 자본의 차별을 없앴지만, 그것은 차별을 없앤 것이라기보다는 서방자본의 진출기회를 만들어준 것이나 마찬가지이다. 이들이 민영화되면 국가는 이전과 같은 경제전략을 펼칠 수 없다. 국가경제를 위해 산업용 전력을 저렴하게 공급하거나 철강, 화학 같은 중화학산업을 전략적으로 육성하는 것도 어렵다. 이전에는 국가가 했던 일들을 모두 시장의 원리에 맡겨야 한다. 이제는 일반 행정업무는 물론 교도소, 경찰과 같은 전통적인 국가기능의 분야에서도 사유화가 진행되고 있다.

정보통신기술의 비약적 발달은 국가기능을 위협하는 핵심요인 가운데 하나이다. 전 지구를 연결하고 있는 정보통신의 세계에서 물리적 국경은 아무런 의미가 없다. 미국 시티은행 회장과 레이건 행정부의 경제정책자문위원회 위원장을 지냈던 월터 리스톤은 컴퓨터와 통신기술의 결합으로 개별국가의 통치권은 급격하게 허물어지는 반면, 준비가 되어 있건 되어 있지 않건 상관없이 사람들을 글로벌 사회(global community)에 편입되도록 한다고 주장한다.

지구적인 교류는 주권국가에도 압박을 가한다. 정치적인 영향력을 행사하는 것이다. 실제로 1988년 프라하에서 처음으로 시위에 나선 시민들은 경찰을 향해 "세계가 우리를 지켜보고 있다"고 외쳤다. 실제로 그랬다. 다른 동구권 주민들은 러시아 위성을 거쳐 전달된 미국의 CNN 방송을 통해 이 혁명적 장면을 지켜보았고 그들에게 더욱 큰 용기를 주었다. 정보통신기술의 발달로 오늘날 테러리스트에서부터 인권운동조직에 이르기까지 모든 집단들은 더 이상 국가라는 틀 속에 있지 않는다.[5]

이러한 국가기능의 위축 현상이 가장 단적으로 나타나는 곳이 바로 글로벌 캐피털리즘의 축소판인 유럽의 경제통합이다. 유로 창설 11개국은 사실상 독자적인 금융정책을 구사하는 게 어려워졌다. 2002년부터 개별국가의 통화가 퇴장하고 유로만 통용되면 제한된 통화정책조차 쓸 수 없다. 국가주권을 상징하는 핵심적인 통치수단을 상실하는 것이다. 이 기능은 유럽중앙은행(ECB)이라고 하는 새로운 국제기구로 완전히 넘어가게 된다. WTO체제 아래서의 밀레니엄 라운드가 본격 출범하고, 지역경제블록의 통합이 가속화되고, 현재 활발히 논의 중인 세계중앙은행이 출범하면 개별국가들이 가지고 있던 경제정책의 주권이 이들 국제기구로 하나씩 하나씩 넘어갈 것이다.

국가는 과연 소멸할까?

그렇다면 글로벌 캐피털리즘 체제가 심화되면 과연 국가는 소멸하고 이 자리에 세계중앙정부가 들어설 것인가? 이 문제만큼 뜨거운 논쟁이 진행되고 있는 분야를 찾아보기 힘들 정도로 국가의 장래는 오늘날 핫이슈가 되고 있다. 그만큼 미묘하고 복잡한 문제다. 앞에서 지적한 것처럼 오늘날 국가의 기능을 위협하는 요인은 수없이 많다. 글로벌 캐피털리즘 체제의 국가가 예전의 국가와 다른 것

---

5) Walter B. Wriston, "Bits, Bytes, and Diplomacy", *Foreign Affairs*, 1997. 9~ 10. Vol. 76, No 5.

도 분명하다. 그렇지만 이를 뒤집는 사례도 얼마든지 있다. 아직도 미국이라는 엄연한 '국가'가 유일한 수퍼파워로서 영향력을 발휘하고 있고, 개별 국가의 이익이 국제 질서를 형성하는 데 중요한 역할을 하고 있다. 아직도 국제공조라는 이름 아래 G7의 금융(외환)시장 개입이 이루어지고 있고, 또 상당한 효과를 보고 있다. 홍콩의 경우도 종래에 가서는 실패할지 모르지만, 일시적으로 당국이 개입해 시장분위기를 돌려놓는 데 성공했고, 말레이시아에서는 자본통제조치가 일정한 효과를 내기도 했다. 또 갈수록 영향력을 확대하고 있는 IMF, WTO 같은 국제기구들이 국가의 영향력을 약화시키는 초국가적(supranational) 기구가 아니라, 국가라는 실체적 권력을 기반으로 기능적 역할을 수행하는 범국가적(transnational) 기구이며, 따라서 이들 국제기구의 영향력이 확대된다고 해서 국가가 소멸하지는 않을 것이라고 주장하는 전문가들도 있다.[6]

더욱이 통계를 보면 글로벌화에도 불구하고, 일반의 예측과 달리, 정부지출이 줄어들지 않는 것으로 나타난다. 이는 국가가 경제적 영향력을 여전히 강력하게 행사한다는, 그리하여 국가의 기능이 소멸하지 않을 것이라는 주장을 뒷받침하는 핵심적인 '물증'이다. IMF 통계에 따르면 지난 19세기 중반 이후 1913년까지 16개 선진국의 국내총생산(GDP)에서 재정지출이 차지하는 비중은 10% 선에 불과했다. 그러나 이것이 1960년에는 30%로 늘어났고, 1980년에는 무려 42.5%를 기록했다. 이후 10년간 규제완화와 기술의 발전, 세계 경제의 통합이 가속화되었으나 재정지출은 줄어들지 않아 45%까지 올랐다. 그만큼 정부의 국가경제에 대한 영향력이 커졌다는 것이며, 동시에 국가의 징세권이 전혀 흔들리지 않고 있음을 보여주는 지표가 아닐 수 없다.[7]

---

6) Anne-Marie Slaughter, "The Real New World Order", *Foreign Affairs*, 1997. 9~10. Vol. 76, No. 5.

7) "Bearing the Weight of the Market", *The Economist*, 1997. 12. 6., "The

물론 이처럼 재정지출이 늘어난 것은, 실업률이 1980년대 초반 3～4%에서 90년대에는 10%대로 급증한 데 기인하며, 이를 감안할 때 실질적인 재정지출은 오히려 감소했다는 주장도 있다. 하지만 기업들이 세금을 회피하기 위해 세율이 낮은 곳으로 이동하거나 아예 조세천국으로 도피해 국가의 징세권이 위협받는다는 것은 근거가 미약한 '주장'이 되어버리고 만다.

이러한 논쟁에 대해 여기에서 어떠한 결론을 내리는 것은 아주 어려운 일이다. 성급하게 결론을 내리는 것도 바람직하지 않다. 아직 더 깊은 연구와 논의가 진행되어야 한다. 그러나 국가의 소멸을 주장하는 측이건, 이에 반대하는 측이건 모두 부인할 수 없는 것이 있다. 그것은 시장의 원리, 즉 자본의 논리가 갈수록 지배하면서 국가의 성격이 바뀌고 있다는 점이다. 국가의 재정지출이 아무리 늘어난다 하더라도 그 집행과정에서 시장의 원리를 무시할 수 없듯이 국가가 '시장'을 거스르는 정책을 쓸 수 없게 된다는 얘기다.

시장원리에 가장 충실한 미국은 한때 주식 및 채권투자에서 10년 연속 최고의 수익률을 기록하고, 투자회사 골드먼 삭스의 공동회장까지 지낸 로버트 루빈이라는 철저한 시장주의자를 재무장관에 앉혀놓고 세계경제위기의 해결사 역할을 맡겼다. 1998년 후반부터 환난에 휩싸인 브라질 정부는 1999년 2월 조지 소로스의 퀀텀펀드 매니저로 일하던 프라가 네투를 중앙은행 총재로 임명했다. 이에 대해 브라질 야당에서는 "외환투기꾼들이 중앙은행을 접수했다"고 비판했지만 금융시장에서는 "그는 투자자와 시장이 신뢰할 수 있는 사람이며 앞으로 브라질의 신인도가 높아질 것"이라고 긍정적으로 평가했다. 실제로 그의 중앙은행 총재임명 소식을 접한 브라질 금융시장에서는 외화유출과 주식매도가 주춤하며 안정을 보였다.

어쨌든 '국가'라는 형식적 통치기구가 소멸하든 소멸하지 않든

Visible Hand", *Economist*, 1997. 9. 20.

국가는 이제 '시장'에 포위당해 '시장의 원리'를 충실히 수행하는 기구로 변질되고 있으며 그 추세는 더욱 가속화할 수밖에 없다. 이런 측면에서 국가의 소멸여부에 대한 논쟁이 아니라 국가의 변화된 위상에 관한 논쟁이 더 유효할지도 모른다.

이와 함께 국가와 시장의 관계에서 빠뜨릴 수 없는 깃은 시장의 원리가 꼭 합리적인 것만이 아니며, 동시에 국가의 인위적인 개입이 반드시 비효율적이지 않다는 점이다. 실제로 한국을 비롯해 대만, 싱가포르 같은 아시아 신흥성장국들이 비약적인 경제발전을 이루어 선진국 진입을 목전에 둘 수 있었던 것은 국가 주도의 경제개발 전략 때문이었다. 때로는 시장원리를 무시하고 무모하게 투자하기도 했지만 그것이 선진국을 따라잡는 밑거름이 되기도 했다. 이들이 시장원리에 따라 처음부터 선진국 자본과 공정경쟁(?)을 했더라면 고성장이 불가능했을지도 모른다. 오히려 시장원리를 무시하고 한정된 자원을 국가전략적으로 활용한 것이 성장을 가능케 하기도 했다.

이러한 동아시아 국가들이 금융위기에 빠진 것은 반드시 이들의 폐쇄성과 국가주도형 경제정책 때문이 아니다. 그것은 오히려 성장의 원동력이기도 했다. 반대로 '섣부른 개방'과 '적절한 규제장치의 결여'가 오히려 금융위기를 몰고 왔던 것이다. 전세계를 둘러보아도 경제발전을 이룩한 후진국 가운데 국가주도의 경제개발 전략을 채택하지 않은 국가가 없으며, 처음부터 시장원리에 충실하려 했던 후진국치고 저성장 또는 성장정체의 늪에 빠지지 않은 국가가 없다.

시장 역시 항상 합리적으로 움직이지 않는다. 오히려 비합리적으로 움직일 때가 더 많다. 시장이 합리적으로 움직이려면 시장 참여자들이 시장에 관한 모든 정보를 충분히 알고 있어야 한다. 그러나 그것은 애초부터 불가능한 일이다. 시장 참여자들은 불완전한 지식을 갖고 시장에 참여한다. 따라서 시장의 분위기에 휩쓸리는 경우가 많다. 이러한 상태에서 자본력과 정보력에 앞선 거대자본이 유리한 것은 말할 나위가 없다. 시장이 합리적이고 이성적이며 경제운영을 여기에 맡겨야 한다는 주장은, 따라서 허위이고 기만적이다.

자본의 논리가 전일적으로 관철되는 글로벌 캐피털리즘 시대에 국가가 갈수록 반(反)노동자적인 성격을 띠고 있다는 점도 간과해서는 안 될 대목이다. 이는 국가기능이 건재하다는 점을 입증하기 위해 단골로 제시되는 국가의 재정지출을 세밀히 분석해보면 아주 잘 드러난다. 자본에 대해서는 조세부담을 낮추는 반면, 노동자에 대해서는 조세를 강화하는 것이다.

경제협력개발기구(OECD)에 따르면 서방선진 17개국의 기업에 대한 평균 조세부담률은 1980년대 초반부터 90년대 초반까지 35~40% 수준을 유지했다. 그러나 90년대 중반에는 33~34% 수준으로 떨어졌다. 기업들의 지속적인 사업확장에도 불구하고 조세부담률은 오히려 낮아진 것이다. 그러나 노동자의 임금에 대한 조세부담률은 1980년대 초반 24~25% 수준에서 90년대 중반에는 27~28%로 높아졌다. 자본은 세금회피를 위해 다양한 수단을 쓸 수 있고 세금이 낮거나 아예 면제되는 곳으로 생산입지를 조정할 수도 있다. 하지만 노동자는 문화나 언어, 그리고 이민법 등과 같은 각종 장벽과 규제로 국경이라는 테두리에 갇혀 있을 수밖에 없다. 조세를 강화해도 노동자는 피할 수 없다. 이것이 바로 자본의 논리가 일방적으로 관철되어가는 미국식 자본주의, 그리고 글로벌 캐피털리즘의 본질적 측면이기도 하다.

제11장 밑바닥을 향한 경주

한 베트남 여성 노동자의 죽음

1997년 8월 베트남의 수도 호치민시 북동부 지역에 자리잡고 있는 비엔 호아 공업지역의 한 공장에서 23세의 여공이 불의의 사고로 목숨을 잃은 사고가 발생했다. 그녀의 이름은 은구엔 티 투 푸옹으로 세계에서 가장 많이 팔리는 나이키 운동화를 만들고 있었다. 그녀가 재단기로 신발 밑창에 들어가는 합성수지를 자르는 도중 동료 노동자의 기계에서 날카로운 부품이 튀어나와 가슴에 박히는 끔찍한 사고였다. 그녀는 그 자리에서 즉사했다.

당시 언론들은 이 사건을 크게 다루지 않아 일반인들의 관심을 끌지는 못했지만 나이키의 제3세계 노동착취 근절운동을 벌이던 각종 비정부기구(NGO)와 인권단체들은 즉각 이 사건에 주목했다. 그들은 이 사건이 우발적 사고가 아니라 그 동안 나이키가 베트남을 비롯한 저개발국에서 유지해온 가혹한 노동조건에서 유발된 구조적인 문제라고 지적하며, 노동환경과 노동조건의 근본적인 개선을 소리 높여 외쳤다. 나이키 운동화에 대한 불매운동 바람도 거세게 불었다. 그러면서 이 문제는 나이키를 포함한 다국적기업들의 저개발국 노동착취 여부를 가리는 치열한 논쟁의 출발점이 되었다.[1]

인권단체들은 나이키가 저개발국의 열악한 노동환경을 이용해 노동력을 착취하고 있다고 주장했다. 그도 그럴 것이 당시 나이키 신발제조에 투입된 아시아 노동자는 베트남, 중국, 인도네시아, 태국 등지의 30여 개 기업에 모두 50만 명에 달했으나 이들의 노동조건은 열악하기 그지없었다. 이들이 받는 월급은 60~70달러로 나이키 운동화 한 켤레(평균 100달러) 값에도 미치지 못했다. 푸옹이 받았던 월급도 60달러였다. 그러면서도 나이키는 미국의 유명한 농구선수 마이클 조던에게만 무려 4천만 달러를 광고비로 지불했다. 이는 신발 제조에 투입되는 아시아 노동자수보다 많은 60만 명분의 월급에 해당하는 액수이다. 아시아 노동자들은 또 목표량 달성을 위해 초과 근무를 밥먹듯이 해야 했고, 이를 달성하지 못할 경우 인간적인 모욕과 때로는 체벌도 감수해야 했다. 푸옹이 사고로 죽은 푸오 첸 공장에서는 노동자들이 징계의 수단으로 이용되는 강제노동에 시달리다 수명이 졸도하는 사고가 발생하기도 했다.[2] 현란한 광고를 통해 전세계 스포츠시장을 장악한 나이키가 그 이면에서 반(半)노예적인 노동행위를 자행하고 있었던 것이다.

'글로벌 익스체인지'를 비롯해 '캘리포니아 법률가 그룹', '베른 선언'과 '인간의 땅 스위스' 등 각종 NGO들은 나이키가 이같은 비인간적인 노동착취행위, 특히 아동노동 착취행위를 일삼고 있다며 이를 근절하기 위한 캠페인을 벌였다. 캘리포니아 법률가 그룹은 나이키를 법원에 제소했다.

그러나 이에 대한 나이키의 반응은 명확했다. 한마디로 "그렇지 않다. 우리는 신발을 만들지 않는다(No! We don't make shoes)"는 것이었다. 신발을 만드는 것은 이 지역의 신발 제조업자들이며 나이키는 이들 가운데 유리한 조건을 제공하는 기업에 신발을 주문한다는 것

---

1) "Sneaker Gulag: Are Asian Workers Really Exploited?", *TIME*, 1998. 5. 11. Vol. 151, No. 18.

2) "Taking A Look Inside Nike's Factories", *TIME*, 1998. 3. 30., Vol. 151, No. 12.

이었다. 대부분의 현지공장들은 한국과 대만기업들이 투자한 현지법인이며 푸옹이 죽은 공장도 대만의 푸오 첸이라는 기업이 설립한 현지공장이었다. 나이키는 치열한 국제경쟁을 뚫고 나가기 위해 저렴한 가격에 양질의 제품을 생산하는 제조업체를 선정하는 게 자연스런 선택이라고 주장했다. 또 동남아 주민들에게 많은 일자리를 제공하고 있으며 임금도 상대적으로 후한 편이라고 주장했다. 실제로 나이키가 지불하는 급료수준은 현지기업에 비해 나은 편이었다. 동남아 각국 정부들도 이같은 나이키 주장의 타당성을 인정했다. 각국은 현지기업들과 협력해 나이키를 유치하기 위해 적극 노력했다.

그러나 이에 대한 나이키 비판자들의 시각은 또 다르다. 물론 나이키를 직접 생산하는 것은 현지업체이지만 이들은 일반적인 주문·생산관계를 뛰어넘는다는 것이었다. 베트남이나 인도네시아에 진출한 한국과 대만기업들은 대부분 본국에서부터 나이키와 관계를 맺어온 기업들이며 나이키와의 합의에 따라 진출했다. 또 하청기업 중 상당수가 나이키 신발을 전문적으로 생산하며 노동자들도 자신이 나이키에서 일하고 있다고 인식하고 있다. 일부 공장에는 나이키의 상징인 '저스트 두 잇!(Just Do It!)'이라는 표어를 붙여놓고 일체감을 조성하는가 하면, 대부분 기술요원을 파견해 기술을 지도한다. 보안상의 문제로 나이키 측이 출입자들을 통제하는 경우도 있다.

이와 함께 나이키가 상대적으로 양호한 일자리를 제공하고 있다는 주장에 대해서도 인권단체들은 동의하지 않는다. 나이키는 현지의 열악한 노동조건과 노동관행을 이용하고 있을 뿐이며 나이키 제조공정에 적용되고 있는 노동조건이 결코 국제적으로 인정받을 수 있는 것은 아니라는 애기였다. 현지의 아주 열악한 노동조건 또는 노동환경보다 양호한가 아니면 더 열악한가의 문제가 아니라 나이키 신발을 만드는 데 노동력이 적절하게 투입되었는가 그렇지 아니한가의 문제라고 주장했다.

나이키의 노동착취 논쟁은 끊이지 않고 이어졌다. 사실 이 논쟁은 나이키 생산공장에서의 한 여성 노동자 사망사건으로 불거져나왔지만 사실은 아디다스, 리복, 폴로, 게스 등 다국적 신발 및 의류업체(정확히 표현하면 상표 소유업체)들을 포함한 모든 다국적기업들에 적용되는 것이었다. 나이키 공격에 나섰던 각종 인권단체나 NGO들도 이 때문에 이 사건을 부각시켰다. 결국 나이키는 이들 단체의 비판을 부분적으로 받아들여 16세 이하의 아동 또는 어린이 노동을 금지하고 노동조건 개선을 위해 노력할 것이라고 한 발 물러났다. 나이키 스스로 그 동안 불법적인 어린이 노동을 눈감아왔다는 사실을 인정한 셈이었다.

이러한 논쟁이 진행되는 동안 노동자 정부를 자칭하는 베트남의 공산당 정부는 자체적인 사건진상 규명에 나섰다. 그러나 그 결과는 실망스러운 것이었다. "공장 운영상 별다른 법적인 하자를 발견할 수 없었으며, 이 사건은 우발적인 사건이었다"고 결론을 내렸다.

밑바닥을 향한 끊임없는 경주

한 베트남 여성 노동자 사망사건을 둘러싼 이 논쟁은 글로벌 캐피털리즘의 본질을 밝히는 중요한 실마리를 제공해준다. 동시에 나이키 측의 주장이 옳은지 아니면 인권단체의 주장이 옳은지 여부도, 글로벌 캐피털리즘을 어떻게 이해하느냐에 따라 정반대로 달라진다. 나이키의 주장을 경쟁원리에서 본다면 지극히 합리적이다. 상대적으로 값싸게 제조하는 기업에 주문을 주는 것은 살아남기 위한 필연적인 선택이다. 하지만 글로벌 캐피털리즘의 두꺼운 껍질을 벗겨내고 본다면 그것은 '서로의 살을 파먹는 비인간적인 경쟁체제'일 따름이다.

무한경쟁시대에서 남들에게 뒤지지 않기 위해선 좋은 조건을 제시하는 거래기업을 찾는 것이 아주 당연한 일이다. 특히 세계 각국은 더 나은 사업조건을 찾아 지구촌을 배회하는 '자본'을 조금이라도 더 유치하기 위해 앞장서고 있다. 각국은 외국자본에 세금혜택과 저렴한 공장용지, 낮은 임금, 노동쟁의의 제한 등 각종 혜택을 제시하며 이들 자본을 끌어들이는 데 총력을 경주하고 있다. 외국자본이 자유롭게 사업을 벌여 이익을 낼 수 있도록 규제를 없애고 서비스를 강화하며 동시에 각종 사회간접자본시설 등 편의시설을 제공하고 있다. 각국 정상들은 "우리나라를 세계에서 사업하기 가장 좋은 나라로 만들겠다"며 '외자유치'라는 세일즈 외교를 펼친다.

한마디로 오늘날 세계 각국은 자본을 끌어들이기 위해 '밑바닥을 향한 경주(Race to the Bottom)'를 치열하게 벌이고 있다. 마치 기업들이 상품가격을 낮추는 경쟁을 벌이듯 국가들도 해외자본에 더 유리한 조건을 제시하며 이들을 유치하기 위해 치열한 경쟁을 벌이고 있는 것이다.

나이키의 개도국 노동력 착취논쟁은 이러한 '밑바닥을 향한 경주'의 한 단면에 지나지 않는다. 이 경주는 단지 신발이나 섬유와 같은 경공업 분야에서만 벌어지는 일이 아니다. 자동차, 철강, 석유화학 등 중화학공업은 물론 컴퓨터, 반도체, 통신기기, 유전공학에 이르기까지 전 산업에서, 세계적으로 진행되고 있다.

1997년 후반부터 금융위기의 격랑에 휘말린 아시아 각국은 해외자본 유치에 그야말로 필사적이었다. 각국은 외국기업에 대해 각종 세제혜택을 주는 한편 토지를 저렴한 가격에 공급하고 노동쟁의를 유보하는 등의 그야말로 파격적인 조건을 내세웠다. 필리핀은 미국 제너럴 모터스(GM)와 포드 자동차—이들 기업은 일자리를 창출한다는 이유로 아시아 각국이 치열한 유치전을 벌인 기업들이다—를 유치하기 위해 회사설립 후 5년간 부가세를 면제하고 토지를 거의 무상으로 공급하겠다는 조건을 내세우기도 했고, 인도네시아와 태국도 이들을 유치하기 위해 5~10년간 법인세 면제, 설비도입에 대한 관세 면제 등을 내세우기도 했다.

돈주머니를 든 서방선진국의 자본가들은 전세계 어디에서나 황제로 대접받는다. 이들의 요구는 무엇보다 우선해서 들어준다. 이를 위해 각국이 투자유치를 담당하는 특별기구를 만들어 원 스톱 서비스(one stop service)를 제공한다. 자본가들은 조건을 들어주지 않을 경우 언제든지 투자지역을 다른 나라로 바꿀 수도 있다며 항상 느긋한 자세를 취한다. 자본이 우선이고 국가권력은 이 자본을 유치하기 위한, 또는 자본의 요구를 들어주기 위한 심부름꾼으로 전락하는 듯한 모습이다.

멕시코는 미국과의 국경지역에 이른바 '마낄라도라'라는 자유무역지대를 설치해 여기서 수출되는 제품에 대해서는 아예 세금을 받지 않는다. 미국의 자동차, 반도체, 컴퓨터업체들을 포함해 한국의 주요그룹도 이 지역에 진출하는 등 세계 각국의 기업들이 앞다투어 진출했지만, 멕시코는 일자리를 제공하고 있다는 이유로 조세주권을 외국의 자본가들에게 반납한 것이다.

한국도 마찬가지다. 1997년 12·12 대선으로 정권을 잡은 김대중 대통령이 취임 일성으로 내뱉은 말이 바로 해외자본을 유치하기 위해 세계에서 가장 사업하기 좋은 국가로 만들겠다는 것이었다. 이를 위해 노조측에는 정리해고제, 근로자 파견제 등 노동시장 유연화 조치를 취하겠다고 약속했다. 또 그래야 외자가 들어와 외환위기를 탈출할 수 있다며 한국노총과 민주노총에 노사정위원회 참가를 촉구했다. 언론들은 김대통령과 자본가들의 이러한 주장을 대서특필하는데 열을 올렸고 국민들도 마치 이것이 당연한 것처럼 받아들였다. 노동기본권에 엄연히 보장되어 있는데도 "파업하면 외국자본이 들어오지 않는다"는 이유로 노동쟁의가 갑자기 금기시되었다. 파업행위는 "외국자본의 한국투자를 방해하는 반애국적 행위"로 매도당했다. IMF 체제로 노동조건이 급속히 악화되어 그 어느 때보다 권익확보를 위한 노동운동이 필요한 시점인데도 노동운동은 급속도로 위축되었다. 이러한 '이상한' 분위기가 지배하는 가운데 노사정위원회는 노동시장 유연화 조치에 합의하기에 이르기도 했다. 노동자의 이해와 요구를 대변하는 것을 생명으로 하는 노동자단체가 외국자본을 유치해야 한다는 이유 때문에 노동자의 기본권을 근본에서 위협하는 법안에 도장을 찍은 것이다.

열악한 노동조건을 찾아서

그러면 이들 해외자본이 국내에 들어오면 해당국가의 경제가 발전하고 그 나라 국민들의 삶의 질이 과연 향상되는 것일까? 물론 해외자본 유입으로 고용이 늘어나고 생산이 활기를 띠어 지표상의 플러스 효과를 낼 수도 있다. 그러나 그것이 과연 그 나라의 경제기초를 튼튼히 하고 나아가 국민들의 삶을 풍요롭게 만드는지는 꼼꼼히 따져봐야 한다. 더욱이 전세계적인 '밑바닥을 향한 경주'는 빈곤을 구조화, 고착화시키고 전세계 노동자들의 권리를 연쇄적으로 위협하고 있다.

애초에 해외자본이 들어올 때 이들 자본은 해당국가의 경제발전이나 노동자 권익, 또는 그 나라 국민들의 삶의 질 따위에는 아예 관심도 없었다. 오로지 임금이 저렴하고 사업을 어렵게 하는 장애물을 걷어치워 주겠다는 약속 때문에 투자한 것이다. 이들 자본은 해당국가의 열악한 노동조건이나 노동관행, 그리고 노동법규를 이용할 뿐이다.

미국의 유명한 경제학자로 자유시장경제 신봉자인 폴 크루그먼도 해외자본 유입에 따라 나타나는 혜택이 결코 "마음씨 좋은 서구인들의 원조 때문이 아니다"라고 말한다. 그는 "그것(해외자본 유입에 따른 혜택)은 오로지 저렴한 노동력을 사용해 자신의 이익을 늘리려는 탐욕스러운 기업가들과 비정한 다국적기업들의 행동이 빚어낸, 간접적이고 의도하지 않은 결과"[3]라고 지적했다. 그렇지만 그는 "열악한 노동조건과 저임금을 감수하는 것이 아예 일자리가 없는

---

3) Paul Krugman, "In Praise of Cheap Labor: Bad Jobs at Bad Wages Are Better Than No Jobs at all", 1998. 3. 27.(MIT대 인터넷 홈페이지, http://www.mit.edu)

것보다는 낫지 않느냐"고 주장한다. 일면 타당성이 있는 듯한 말이지만, 개도국이나 저개발국의 노동자들이 겪어야 하는 실제적인 고통을 외면하는, 그야말로 '탐욕스런 자본의 생리'를 잘 보여주는 지적이 아닐 수 없다.

이러한 자본의 탐욕은 나이키의 생산기지 이전 과정에서 잘 나타난다. 나이키가 아시아 지역에서 신발과 스포츠 의류를 생산하기 시작했던 것은 1970년대 초반 일본이었다. 그러나 일본노동자들의 임금이 높아지면서 70년대 후반에서 80년대 초에 이 기지를 한국과 대만으로 이전했고 80년대 후반부터는 이를 다시 인도네시아, 태국, 베트남, 중국 등으로 이전했다. 하지만 이 과정에서 저임금에 기반을 둔 생산공정을 그대로 유지하고 있으며 부분적으로는 해당국가의 묵인 아래 전근대적인 노동행위까지 자행하고 있다.

나이키가 떠난 곳에는 폐허가 된 공장건물과 고철덩이로 변한 기계들, 그리고 일자리를 잃은 실업자들만이 남을 뿐이다. 이들은 한때 다국적기업에 막대한 이윤을 가져다주는 '일등공신'들이었지만 이제 쓸모가 없어져 폐기된 존재들이다. 떠나는 자는 이에 대해 어떠한 책임도 지지 않는다. 남은 자들이 떠안아야 할 몫이다. 이들이 살아남으려면 다른 곳보다 더 유리한 조건을 자본가에게 제시해야 한다. 달리 말해 "밑바닥을 향한 경주"에서 남보다 한발 앞서야 하는 것이다.

더욱이 상품이동의 자유화에 이어 자본자유화, 투자자유화가 진행되고 국제적인 투자규범이 마련되어 전세계 어느 곳에서든 동일한 시스템 아래에서 사업을 수행할 수 있게 되면서 자본은 더욱더 가혹한 '밑바닥을 향한 경주'를 요구하고 있다. 이 과정에서 노동자들의 권익은 축소되고 복지혜택은 줄어들며 일자리를 원하는 노동자들은 더욱 더 높은 생산성을 보장해야 한다. 그것은 비단 저개발국 또는 개도국의 노동자에만 해당되는 것이 아니다. 이들의 '밑바닥을 향한 경주'는 곧바로 같은 산업분야에 있는 선진국 노동자들

에게 타격을 주며 전세계 노동자들에게 연쇄적인 고통을 가져다준
다. 여기에서 혜택을 보는 것은 극소수의 자본가들뿐이다.

프랑스의 대표적 자동차업체로 매출액이 세계에서 8번째로 큰 르
노는 1980년대 초반 벨기에의 양호한 투자환경에 매력을 느껴 빌보
르드 지역에 공장을 설립했다. 그러나 1990년대 중반 이후 동유럽
과 스페인 등 생산비용이 저렴한 지역에서 만들어진 자동차가 쏟아
져 나오면서 이 공장은 위기를 맞기 시작했다. 1996년에는 52억5천
만 프랑의 적자를 냈다. 이에 따라 르노는 97년 5월말 구조조정의
일환으로 벨기에 공장을 폐쇄하고 3천여 명의 인력을 감축키로 결
정했다. 벨기에 공장의 효용성이 한계에 이른 것이다. 르노는 대신
인건비 등 생산비용이 저렴한 스페인에 대한 투자확대를 추진했다.
르노의 이 결정은 당시 통화통합을 앞두고 활발히 일어났던 유럽기
업들의 사업구조 및 생산입지 조정의 한 단면이었다.

그 동안 르노 공장에서 일하던 노동자들은 물론 벨기에 정부로서
는 엄청난 충격이 아닐 수 없었다. 공장 철수는 실업증가를 의미하
며 국가경제에도 적지 않은 타격이 불가피하기 때문이다. 노동자들
은 곧 대책위원회를 구성하고 공장폐쇄에 반대하고 나섰다. 이들은
파업과 시위, 공장 및 도로를 점거하는가 하면 브뤼셀에 있는 경제
협력개발기구(OECD) 본부 앞에서 피켓시위를 벌이는 등 국제기구에
도 호소했다. 벨기에 정부와 프랑스의 리오넬 조스펭 사회당 정부도
공장철수를 재고해줄 것을 요청했다.

그러나 그 어느 것도 무한경쟁체제 아래에 내몰려 있던 르노의
'선택'을 바꾸지는 못했다. 더 이상 적자가 나는 벨기에 공장을 고
수할 수는 없다는 것이었다. 2개월 동안 격렬한 시위, 농성, 도로점
거 등을 통해 필사적인 투쟁을 벌였던 빌보르드 공장의 노동자들은
"공장폐쇄 이후 일정 수의 노동자들을 회사 관리직으로 채용하고
일자리를 잃는 노동자들에게 위로금을 지급한다"는 협상안을 받아
들여야만 했다. 일자리를 잃은 노동자들은 뿔뿔이 흩어져 다른 일자

리를 알아보아야만 하게 되었다.

르노의 사례는 결국 자본의 욕구가 충족되지 않는다면 언제든지 떠날 수 있다는 사실과, '밑바닥을 향한 경주'가 다른 나라 노동자들에게 연쇄적으로 영향을 미치게 된다는 사실을 잘 보여주었다. 공장이전에 따른 이익이 공장철수 비용보다 많을 경우 언제든지 생산입지를 바꿀 것이라는 얘기다. 물론 벨기에 노동자들이 동구나 스페인의 노동자들보다 더 열악한 노동조건을 받아들인다면, 즉 임금을 절반으로 낮추고 노동시간은 늘리고 연금보험을 포함한 각종 사회보장혜택을 줄이겠다고 제시했다면 르노는 기어이 공장을 폐쇄하고 발길을 돌리지 않았을 것이다. 오히려 투자를 확대했을 것이다. 물론 벨기에에서 이런 조건을 제시했다면 동구나 다른 지역에서는 더욱 더 열악한 조건을 제시했겠지만.

제12장 위기에 처한 노동자들의 권익

기업의 지상과제는 해고?

소문으로 떠돌던 미국 최대 석유업체인 엑손과 2위 업체인 모빌의 합병설이 공식 확인된 1998년 11월 27일. 두 회사 주가는 이 소식을 기폭제로 급등세를 연출했다. 모빌 주가는 25일(26일은 추수감사절로 휴장)보다 무려 10% 가까이 치솟은 85.50달러를 기록했다. 엑손 주가도 27일 1.68달러가 오른 74.37달러를 기록했다. 두 회사의 합병소식에 힘입어 석유관련 주식들이 동반강세를 나타내 뉴욕증시의 다우지수가 강세행진을 했고 나스닥, 스탠더드 앤드 푸어스(S&P)지수는 사상최고치를 경신했다. 증권시장은 초대형 기업들의 잇따른 인수합병(M&A) 소식에 상승 무드를 즐겼다.

주말과 일요일을 보내고 난 12월 1일 마치 턱이 두 개인 것으로 착각을 일으킬 정도로 두툼한 턱을 가진 리 레이먼드 엑손 회장과 대머리에 인상적인 콧수염을 자랑하는 루치오 노토 모빌 회장은 잔뜩 상기된 표정으로 양사의 합병을 공식발표했다. "두 회사를 합병함으로써 우리는 세계 최대의 석유업체로 부상하게 되었으며 주식시장 시가총액은 2,375억 달러로 세계에서 세 번째로 큰 기업이 되었습니다. 우리는 세계 석유시장에서 가장 강력한 경쟁력을 지니게 되었습니다." 세계 주요통신과 언론들은 시티코프와 트래블러스 그룹의 합병기록을 제치고 새로운 사상최대 규모의 합병기록을 세운 이 소식을 속보로 보도하는 데 여념이 없었다.

그러나 바로 그 시각 두 회사의 종업원들은 다른 소식에 귀를 기울였다. 미국의 CNN은 두 회사의 합병발표문에는 명시되지 않았지만 회사 소식통의 말을 인용해 "전세계 12만3천 명의 양사 종업원 가운데 9천 명이 감원될 것"이라고 보도했다. 다른 방송과 신문들은 "해고인원이 9천 명에서 1만5천 명으로 전체 직원의 10%에 이를 것"이라고 전했다. 두 회사의 합병으로 중복되는 관리 및 영업부서 직원들이 1차 해고대상으로 지적되었고 대대적인 기업구조조정 작업이 진행되면 전부문의 직원들이 해고바람의 사정권 안으로 들어올 게 분명했다.

엑손과 모빌의 합병에 따른 해고바람은 그러나 시작에 불과했다. 아니 시작이 아니라 초대형기업들의 M&A가 성사될 때마다 스테레오 타입으로 등장하는 기업구조조정 작업의 작은 예에 불과했다. 시티코프와 트래블러스의 합병으로 탄생한 시티 그룹은 합병발표 6개월 후 전체직원의 6%인 10,400명을 감원키로 하는 구조조정계획을 발표했다. 뱅크 오브 아메리카와 시카고 뱅크의 합병은 8천 명의 직원에 대한 감원계획과 함께 발표되었다. 뱅커 트러스트 은행을 인수한 독일의 도이체방크는 5,500명의 인원을 정리하기로 했고 다임러벤츠와 크라이슬러, 벨 애틀랜틱과 GTE, 컴팩과 디지털 이퀴프먼트 등 모든 M&A 뒤에는 항상 수천 명의 감원계획이 따라붙었다. 이에 따라 'M+A(Merger and Acquisition)＝L(Lay-off: 해고)'이라는 방정식이 등장하기까지 했다. 세계시장을 장악하기 위한 '자본의 결합'이 해당기업 노동자에게는 '해고통지서'가 되어버린 것이다.

합병으로 인한 감원은 전체 감원바람의 아주 작은 부분에 불과하다. 엑손과 모빌이 합병계획을 발표한 1998년 12월 1일 보잉은 향후 2년 동안 2만 명을 해고할 것이라고 발표했다. 이보다 5개월 전인 7월에는 아시아 금융위기의 여파로 항공기 수요가 줄어들어 2만

8천 명을 해고할 것이라고 발표했었다. 이로써 보잉의 해고대상 직원은 전체종업원 23만8천 명의 20%에 달하는 4만8천 명으로 늘어났다. 모토롤라, 질레트, 레이시온 등 초대형기업들도 전체 종업원의 5~10%를 감원한다고 발표했고, 비슷한 시기에 월가의 금융기관들 역시 경쟁적으로 해고계획을 발표했다. 불과 몇 개월 전만 해도 호황바람을 타던 월가에 갑자기 찬바람이 불어닥친 것이다. 메릴린치는 전체 직원 6만5천 명 가운데 5%인 3,400명을, 살로먼 스미스 바니, 뱅커스 트러스트, ING 베어링스 등도 5~10%의 직원을 감원한다는 소식이 전해졌다.

미국의 챌린저 그레이 앤드 크리스마스(CGC)라는 고용컨설팅 전문회사가 집계한 통계를 보면 1998년 한 해 동안 미국에서 해고당한 노동자는 모두 67만7,795명에 달했으며, 특히 9~11월 사이에 해고된 노동자는 하루에 3,432명꼴인 21만6천 명으로 7년 만의 최고치를 기록했다. 12월에는 평균 1시간(하루 8시간씩 22일 기준)에 586명꼴인 10만3,166명이 경비절감 등을 이유로 해고를 당해 1994년 이후 가장 많았다.[1] 이러한 감원바람은 미국경제가 전후 최장의 호황을 구가하는 가운데 불어닥친 것이다. 물론 미국의 노동시장은 진입과 퇴출 모든 분야에서 유연화되어 있어 이들 해고당한 노동자들이 곧바로 일자리를 찾아가 실업률은 낮은 상태를 유지하고 있지만, 호황도 일자리를 보장해주지 못하는 시대가 된 것이다.

이러한 대량감원의 가장 큰 이유는 경비절감이다. 기업은 경비절감의 가장 손쉬운 방법으로 해고를 선택하고 있다. 종업원 수를 줄이고, 줄어든 종업원의 생산성을 높이려는 것이다. 사업이 호전될 듯하면 경쟁적으로 노동자들을 채용하다가도 기업실적이 조금이라도 악화될 조짐을 보이면 곧바로 해고통지서를 보낸다.

또 다른 이유는 생산공정의 자동화와 생산기술 및 관리기법의 혁

---

1) "1998 Record Year for Layoff", CNN, 1999. 1. 7.(CNN 홈페이지, http://www.cnn.com)

신이다. 정보통신기술과 경영기법이 발전하면서 과거에 여러 사람이 하던 일을 한 사람이 할 수 있게 되자 잉여인력을 기업 밖으로 몰아내는 것이다. 생산성 향상에 따른 혜택이 거기에서 땀을 흘리는 종업원들에게 돌아가는 것이 아니라, 거꾸로 이들의 '목을 자르는 칼날'로 변해버리는 것이다. 기업은 경비를 줄이고 수익을 늘리게 되나 거기서 일하는 종업원들은 항상적인 해고의 불안에서 벗어날 수가 없다.

더욱이 글로벌 경쟁체제가 형성되면서 이러한 해고바람은 더욱 거세게 불고 있다. 기업들의 지상과제는 이제 고용이 아니라 역설적이게도 해고가 된 듯한 양상이다. 어떻게 하면 (더 많은 이익을 내기 위해) 생산공정을 합리화하고 업무흐름을 효율화함으로써 인력을 줄일 수 있을까 하는 것이 기업경영의 제1원리가 되었다. 일단 사업이 어느 정도 궤도에 올라가면 기업들은 기존 인력을 효율적으로 활용하고 불필요한 인력을 골라내는데 심혈을 기울인다. 이를 잘하는 경영인이 우대 받는다. 이를 전문화해서 기업의 인력을 줄이는 방법만을 전문적으로 지도하는 컨설팅업체도 성업중이다.

인력의 가치는 오로지 투자와 산출의 비정한 방정식에 의해서만 평가될 뿐이다. 이들이 어떠한 삶을 살아가고 있고 이들이 어떻게 가정을 꾸려가고 있으며 이들이 어떻게 자신의 삶의 가치를 실현하는지는 아예 관심이 없다. 기업들이 막대한 자금을 투자해 고용을 창출하고 생산을 확대함으로써 삶을 향상시킨다는 주장은 이제 허위이고 기만이다. 기업의 유일한 목적은 이익창출이며 이를 위해 고용을 최소화하는 경영자가 최고로 평가받는다.

노동시장 유연화 신화의 허상

이처럼 자유로운 해고를 보장하는 노동시장의 유연화제도는 미국식, 또는 앵글로 ─ 색슨식 자본주의 체제의 핵심요소이자 글로벌 캐피털리즘의 지도이념으로 자리잡고 있다. 물론 이것이 아무런 고통

없이 정착된 것은 아니었다. 수많은 인권운동가들과 노동자들의 희생 위에서 만들어졌다. 미국의 레이건 행정부와 영국의 대처 정부는 노동시장 유연화정책을 정착시킨 일등공신이었다. 이들은 1980년대 중반 노동자계급과 일대 전쟁을 벌이며 노동시장 유연화제도를 정착시켰다.

1980년대 중반 세계 최대의 자동차업체인 제너럴 모터스(GM)가 20만 명의 인력을 정리한다고 발표했을 때 미국 노동계는 이를 저지하기 위한 총력전에 돌입했다. GM 노동자들은 전미자동차노조(UAW)의 전폭적인 지원을 받으며 치열한 파업투쟁을 벌였다. 공장은 수개월 동안 제대로 가동되지 않아 수익에 엄청난 타격을 주었다. 하지만 자본가와 레이건 정부는 한 발짝도 물러나지 않았다. 이들은 이번 싸움을 승리로 이끌어야만 앞으로 진행될 기업의 구조조정을 손쉽게 할 수 있을 것으로 보았다. 또 그래야만 기업의 경쟁력도 살아날 것이라고 보고 강경 일변도로 나갔다.

영국에서는 부실화된 탄광폐쇄와 이에 따른 대규모 정리해고 계획을 둘러싸고 대처 정부와 영국탄광노조연맹(NUM)이 격돌했다. 1984년 중반부터 1985년 3월까지 1년 가까운 기간동안 탄광노조는 파업으로 맞섰으나 대처는 '철의 여인'답게 한치의 양보도 하지 않고 노조를 밀어붙였다. 파업에 대비해 석탄을 미리 비축하고 외국으로부터의 긴급수입 계획까지 수립하는 치밀함을 보이면서 노조를 압박했다. 대처 역시 이 투쟁이야말로 보수당에게 눈엣가시 같은 존재였던 노조를 무력화시키고 '경제적 이유에 의한 해고를 자유화'할 수 있는 계기로 만들고자 했다.

이들 싸움이 노조의 패배로 끝나면서 미국과 영국의 노동운동은 급격한 쇠퇴의 길로 접어들기 시작했고, 노동시장 유연화제도도 자리를 잡아갔다. 동시에 자본과 노동 사이의 힘의 균형이 붕괴되면서 자본의 일방적 질주를 보장하는 체제로 바뀌었다.

이러한 과정을 거쳐 이루어진 노동시장 유연화제도는 기업의 경쟁력을 향상시키는 데 큰 역할을 했다. 한때 '몰락하는 공룡기업'에 비유되었던 GM과 IBM은 무자비한 해고를 동반한 구조조정으로 1990년대 중반 이후 연간 수십억 달러의 흑자를 내는 '새로운 유망기업'으로 부상했다. IBM의 루이스 거스너 회장이나 GM의 잭 스미스 회장은 부실부문의 정리와 잉여인력의 감축을 성공적으로 수행함으로써 공룡기업의 부활신화를 창조한 유능한 경영자로 칭송 받고 있다.

이러한 성공사례는 글로벌 캐피털리즘의 이론적 기반인 신자유주의를 강화하는 역할을 한다. 노동시장의 유연화가 궁극적으로 기업의 경쟁력을 향상시킴으로써 국가경제를 활성화시킨다는 것이다. 노동시장 유연화제도의 옹호자들은 기업경쟁력 강화로 국가경제가 활성화되어 궁극적으로 실업률을 낮추게 된다고 주장한다. 노동시장 유연화제도가 노동자들의 고용을 일시적으로 불안정하게 만드는 것은 사실이지만 궁극적으로는 이와 반대로 고용을 안정시킨다는 것이다.

이들은 특히 1990년대 들어 전후 최장의 경기확장을 경험하고 있는 미국경제의 성공을 그 증거로 제시한다. 노동시장의 유연화와 철저한 수익중심의 운영으로 미국기업들은 세계적인 경쟁력을 확보, 미국경제의 기초를 튼튼하게 만들었으며 이에 따라 새로운 일자리가 끊임없이 만들어져 실업률이 20여 년 만의 최저치를 기록했다는 것이다. 기업들이 기술발전에 따른 노동력 감소요인을 외면하고 고용을 유지할 때 고용의 안정이 이루어지는 것이 아니라, 역설적이게도 과감한 해고를 통해 기업의 경쟁력을 높여야 고용의 안정이 이루어진다고 주장한다.

그러나 이러한 노동시장 유연화 옹호론자들의 주장은 '자본'만을 사고의 중심에 놓고 사물을 바라보는 '비인간화'의 극치를 보여준다. 이들이 지적하듯 노동시장이 유연화되면 기업들의 수익이 늘어나는 효과를 볼 수 있지만 이 과정에서 수십만의 노동자들이 일자리를 잃고 방황해야만 한다. 해고광풍을 피해 살아남은 노동자들은 더욱 더 강화된 노동강도에 시달려야 한다. 또 해고라는 칼바람을 피했다고 해서 안정적인 직장이 유지되는 것도 아니다. 이들 역시 언제든지 해고될 수 있는 불안한 처지에 놓이는 것이다.

나아가 이전에 해고된 수십만의 인력들은 산업예비군으로 변해 직장에 남아 있는 노동자들의 지위를 지속적으로 위협하게 된다. 해고 노동자들은 광범위한 예비 노동력의 저수지 역할을 하게 되고, 기업들은 여기에서 언제든지 필요한 인력을 뽑아 사용할 수 있다. 해고된 노동자들이 부메랑이 되어 해고당하지 않는 노동자들을 위협하게 되는 것이다. 일정한 실업률을 유지하는 것이야말로 노동자들의 임금을 묶어두는 중요한 수단인 셈이다.

미국경제를 노동시장 유연화의 성공사례라는 지적 역시 몇 가지 중요한 문제들을 간과하고 있다. 무엇보다 4~5%의 실업률에 대한 평가다. 이는 유럽국가들의 평균실업률 11%에 비해 아주 낮은 수준이다. 그렇다고 이것이 과연 성공한 경제일까? 실업자수가 수백만 명에 달한다는 사실, 비정규직 노동자와 '일하는 빈곤층'이 급증하고 있다는 사실, 그리고 이들 개개인과 이들의 가족이 겪고 있는 '소외의 고통'을 생각하면 전후 최저라는 실업률 수치를 단순히 긍정적으로만 보기 어렵다. 이들에게는 결코 성공한 경제가 아니다. 이로 인한 빈부격차는 상상을 뛰어넘는다. 1999년 초 ≪뉴욕 타임스≫가 8년째 장기호황을 구가하던 미국경제를 진단하면서 지적한 소득과 부의 불균형은 이 문제가 한계에 도달하고 있음을 여실히 보여준다.

매사추세츠 공과대학(MIT) 프랭크 레비 교수의 최근 저서(*The New Dollars and Dreams*, Russell Sage Foundation, 1998)에 따르면 미국 납세자의 상위 0.5%가 총소득의 11%를 차지하며, 상위 5%의 가구가 차지하는 소득비중은 20%에 달한다. 미시건 대학의 셸든 댄치거 교수는 1969년에

서 1997년 사이 대졸자들의 소득은 비약적으로 증가했지만 고졸 백인여
성의 소득은 물가상승률을 감안할 때 거의 30%나 줄어들었음을 입증했
다. 또 물가를 감안한 미숙련 백인노동자들의 소득도 엄청나게 감소해
미숙련 흑인노동자들이 30년 전에 받던 봉급보다도 적은 상태가 되었다.
정보집약형 기술의 속성상 대졸 이상의 교육수준에다 수학적 재능을 갖
춘 계층만이 최근 경제성장의 혜택을 볼 뿐이며 최소한 절반 이상의 노
동자들은 이로부터 소외되어 있음을 보여주는 징표가 아닐 수 없다.

이러한 소득불균형으로 부의 편중현상이 갈수록 심화되고 있다. 뉴욕
대학의 에드워드 울프 교수는 미국 가구의 20%는 재산이 전혀 없거나
부채가 자산을 웃도는 상태라고 지적한다. 이들을 포함한 하위 40%의
가구가 차지하고 있는 재산비중은 전체의 0.2%에 불과하다. 반면 상위
1%가 차지하는 비중은 40%에 달한다. 더욱이 비상시에 현금화하기 어
려운 주택을 제외할 경우 하위 40%의 가구는 자산보다 부채가 많다.
1983~95년 사이 하위 40%의 가구는 그들 재산의 80%를 잃었지만 상
위 1%의 가구는 17% 늘어났다.

소수인종의 상태는 더욱 악화되었다. 울프 교수에 따르면, 95년 흑인
가구의 평균소득은 백인 평균의 12%에 불과하며 주택을 제외할 경우 이
수치는 1%로 떨어진다.[2]

≪뉴욕 타임스≫는 이러한 소득불균형과 빈부격차 확대를 포함
해 생산성 정체, 학력간 격차확대, 사회복지 축소 등을 미국경제의
위협요인이라며 이를 해결하지 않는 한 경제적 성공이 사상누각이
될 것이라고 경고했다.

이러한 문제들은 결국 삶에 대한 만족도를 떨어뜨리게 된다. 유
엔개발계획(UNDP)의 보고서는 "오늘날의 소비패턴이 어느 정도 만
족을 주는가? 미국인들 가운데 자신이 행복하다고 느끼는 사람들의
비율은 1957년에 최고에 달했다. 그 이후 1998년까지 그들의 소비
규모가 2배나 늘어났음에도 불구하고 더 많은 사람들은 자신이 행
복하지 않다고 느끼고 있다"[3]고 지적한다.

---

2) "5 Problems Tarnishing a Robust Economy", *New York Times*, 1999. 1. 4.

3) UNDP(United Nations Development Program) 보고서, *Human Development Report 1998*, 1998. 9., p. 2.

이를 접어둔다 하더라도 미국경제의 성공을 노동시장 유연화의 성공사례만으로 보기는 어렵다. 미국은 유럽대륙을 합한 것보다 넓은 국토와 풍부한 자원, 그리고 유럽인구에 버금가는 2억6천만 명의 시장을 지닌 세계 최대의 경제대국이다. 더욱이 컴퓨터, 통신, 생명공학, 금융, 서비스 등 성장산업을 실질적으로 이끌며 이들 분야의 세계수요를 대부분 미국에서 충당하고 있다. 미국기업들은 이들 분야의 신흥 유망기업을 인수하고 있고, 각국의 두뇌들은 미국으로 몰려들어 경쟁력을 더욱 높여주고 있다. 미국경제가 지니고 있는 특수성을 감안하지 않은 채 이들이 채택하고 있는 노동시장 유연화제도를 맹목적으로 따라갈 경우 전체경제가 수렁으로 빠질 수도 있다.

더구나 이러한 자본의 일방적인 질주를 언제까지 그대로 수용해야할지를 생각하면 아찔할 정도이다. 정보통신기술의 비약적인 발전과 이에 따른 경영합리화로 앞으로 노동자들의 일자리는 갈수록 줄어들 것이다. 이대로 간다면 경제는 고용 없는 성장을 지속할 것이며 그에 따른 이익은 극소수의 자본가들에게 집중될 것이 분명하다. 과연 언제까지 노동자들이 무자비한 해고광풍에 떨며 지내야 하는지 생각하지 않을 수 없다.

미포만의 새벽을 밝힌 협상 테이블

국경을 자유롭게 넘나드는 자본은 이제 자국의 범위를 넘어 외국에 대해서도 노동시장의 유연성을 요구하고 있다. 자본을 무기로 노동시장이 유연화되지 않으면, 다시 말해 노동자에 대한 해고의 자유가 주어지지 않으면 투자할 수 없다는 방식으로 노동시장의 유연화를 압박하기도 한다. 국경을 뛰어넘어 세계적인 노동시장의 유연화를 요구하고 있는 것이다. 1998년 여름을 뜨겁게 달군 현대자동차의 파업사태는 이를 잘 보여준다.

울산 중공업지역을 감싸고 있는 미포만이 뿌옇게 밝아오던 1998년 8월 24일 현대자동차 울산공장 일대에 일촉즉발의 긴장감이 흐르고 있었다. 공장 주변에는 중무장한 전투경찰 1만5천여 명이 언제 떨어질지 모르는 진격명령을 기다리고 있었고, 공장 안에서는 수천 명의 노동자와 이들의 가족이 노조대표와 기업측의 협상결과를 초조하게 기다리고 있었다. 협상이 결렬될 경우 공권력이 투입되는 것은 이미 예상된 수순이었다. 협상결렬에 대비해 노동자들은 공장으로 들어오는 길목마다 대형 크레인과 지게차, 트럭, 공장집기 등을 이용해 바리케이드를 치는 한편 진입경찰과의 싸움을 위한 각종 병기(?)들을 준비해두고 있었다. 일부 노조원들은 높이 20여 미터의 철탑 위에 최후의 저항을 위한 농성장까지 만들었다. 날이 밝아오면서 상공 위로는 경찰의 무력진압 사전탐지용 헬기가 날기 시작했다.

노동자와 기업이 맞선 최대 쟁점은 해고문제였다. 사용자측에서는 외환위기로 경영여건이 악화되어 전체 2만 명의 노동자 가운데 1,538명을 해고해야 한다는 입장이었다. 회사를 살리기 위해서는 불가피한 선택이라는 주장이었다. 이에 대해 노조는 이미 수차례에 걸쳐 7천여 명의 노동자가 해고 또는 장기휴직 상태에 들어간 마당에 또다시 정리해고를 단행하는 것은 부당하다며 이를 철회할 것을 요구했다. 또 1,538명의 노동자를 해고하더라도 실제 경영개선에는 도움이 되지 않으며, 이는 경영난의 책임을 노동자에 전가하는 것이라고 맞섰다. 이들은 임금비용을 줄이는 것이 불가피하다면 순환휴직이나 노동시간 축소를 통해 해결할 수도 있다며 일방적인 정리해고는 받아들일 수 없다고 주장했다.

양측의 주장만을 놓고 본다면 타협의 여지가 없지 않았으나 문제는 이 사태가 당시 정리해고제를 비롯한 노동시장 유연화조치를 한국에 정착시키느냐 그렇지 못하느냐를 가늠하는 하나의 시금석으로 평가된 데 있었다. 정리해고를 둘러싼 현대자동차의 노사분규는 한국 내 총자본과 총노동의 대리전 양상을 띠고 있었다. 10여 년 전에 벌어진 미국 자동차노조 파업투쟁과 영국 탄광노조 파업투쟁의 한국판이었던 셈이다.

더욱이 한국에 대한 투자를 모색하던 해외자본들도 이를 한국에서의 노동시장 유연화 여부를 가늠할 수 있는 사건으로 보고 시선을 집중했다. 현대자동차 사태는 매일 외신을 타고 전세계에 알려졌으며 전세계자본가와 노동자들도 세계 11위의 경제대국이자 세계적인 자동차 생산국인 한국에서의 이번 쟁의를 주목하고 있었다. 이러한 복합적인 사정을 반영하듯 현대자동차 사태는 수 차례 우여곡절을 겪었다. 노사가 협상을 통해 타협점을 찾으려 하자 자본가의 대표집단인 전국경제인연합회(전경련)가 반대, 정리해고를 밀어붙여야 한다고 주장하고 나서 협상이 다시 원점으로 돌아가는 일이 발생하기도 했다.

팽팽한 긴장이 지속되는 가운데 양측의 협상은 전면파업 50일째 되던 8월 23일부터 숨가쁘게 진행되었다. 이날 밤을 꼬박 새우며 양측은 밀고당기는 협상을 지속했다. 간간이 흘러나오는 협상장의 분위기는 낙관과 비관을 오락가락했다. 협상이 결렬될지 모른다는 얘기가 흘러나오는가 하면, 중재에 나선 노무현 국민회의 부총재와 이기호 노동부 장관이 타결 가능성에 무게를 두는 발언을 해 안도감을 심어주기도 했다.

어쨌거나 오락가락 하는 협상장의 분위기는 양측의 입장조율에 상당한 진전이 있었음을 알리는 신호였다. 아니나 다를까 24일 아침이 환하게 밝으면서 희소식이 전해졌다. 양측이 협상을 성공적으로 타결, 최종적인 문구수정 작업을 남겨놓았다는 전갈이 날아든 것이다. 농성장을 메우고 있던 노동자들과 가족들은 긴 안도의 숨을 내쉬었다. 무엇보다 전투경찰과의 참혹한 정면대결을 피하게 된 것이 천만다행이었다. 공권력이 투입될 경우 양측에 막대한 사상자가 발생하고 공장시설에도 피해가 돌아갈 것이 분명했으나 평화적 타결로 비극을 막을 수 있게 된 것이다.

협상결과는 해고자를 277명으로 축소하고 나머지 해고대상자 1,261명에 대해서는 1년 6개월 동안의 무급휴직을 실시한다는 것이었다. 또 회사측에서는 해고노동자들의 계열사 취업을 위해 적극 노력하고 2년 안에 재고용을 위한 노력과 의무를 다하도록 했다. 반대로 노조에서는 생산성 향상을 위해 적극 협력키로 했다. 노조는 해고노동자 수를 1,538명에서 277명으로 줄이고 추가 정리해고 불가 원칙을 얻어내는 대신, 회사측에게는 생산성 향상이라는 실리와, 규모가 축소되긴 했지만, 일정인원에 대한 정리해고를 성사시켰다는 명분을 동시에 주었다. 무엇보다 큰 선물은 노사간의 극한대립과 이로 인한 공권력 투입을 막은 것이었다.

끝까지 총자본과 총노동의 대리전을 치르면서도 협상 테이블을 깨지 않고 노동현장의 평화를 가져온 데서 얻은 양측의 신뢰감이야말로 그 어느 것에도 견줄 수 없는 수확 중의 수확이었다. 이는 그동안 노조의 파업과 공권력 투입, 그리고 농성 노동자에 대한 강제진압이라는 전근대적 노동관행이 지배하고 있던 한국 노동운동사에 한 획을 긋는 사건이었다. 노조와 사용자측은 24일 오전 최종 협상안에 서명함으로써 2개월 가까이 지속되었던 극한대립에 종지부를 찍었다.

해고의 자유가 없으면 투자하지 않는다

그러나 이러한 양측의 성공적인 협상타결에 따른 들뜬 분위기는 채 하루를 넘기지 못했다. 해외언론과 외국투자가들 사이에서 아주 엉뚱한 반응이 나오면서 여론도 180도 달라지기 시작한 것이다. 정반대의 반응이었다. 회사에서 경영상의 이유로 정리해고를 단행키로 결정했으면 계획대로 밀고 나갈 것이지, 왜 정리해고 숫자를 줄였느냐는 것이었다. 이들은 한국정부가 IMF와 합의했던 노동시장 유연화 조치를 포기했다느니, 노동자를 자유롭게 해고할 수 없는 한국에 어떻게 투자하겠느냐 하면서 노사 양측의 평화적 협상타결에 못마땅하다는 논평을 늘어놓았다.

≪파이낸셜 타임스≫와 ≪월스트리트 저널≫ 등 서방의 보수언

론들은 일제히 "현대자동차의 이번 파업 해결방식은 한국기업의 구조조정 작업을 후퇴시키는 것"이라고 비판했다. 정리해고를 합법화해 놓고 이를 강력히 밀어붙이지 못하는 김대중 정부에 대해서도 비판의 목소리를 높였다. 외국 투자가들 역시 "처리방식에 크게 실망했다. 한국경제의 개혁 이미지가 현대 사태로 한꺼번에 무너졌다"며 한국의 외자유치 작업이 더 어려워질 것이라는 전망까지 내놓았다. 1980년대 중반의 레이건이나 대처 정부처럼 한국의 김대중 정부도 노동자들의 저항을 무력으로 진압하기를 기대했던 서방자본 입장에서는 이번 현대자동차 사태의 평화적 해결이 마음에 들지 않았던 것이다.

국민들은 당황했다. 과거 한국의 노동자와 전투경찰, 학생과 전투경찰이 공장에서, 거리에서, 그리고 학교에서 피를 흘리며 싸웠던 것을 지켜보았던 국민들은 현대자동차의 파업사태가 평화적으로 해결되기를 한결같이 기대했다. 또 그렇게 됨으로써 불안하고 초조하던 가슴을 쓸어내리며 안도하고 있는데, 서방자본과 보수언론들이 이를 정면으로 비판하고 나섰기 때문이었다. 더욱이 많은 노동자들이 일자리를 잃지 않고 비록 줄어든 봉급이나마 가족과 화목하게 지낼 수 있게 되었는데, 이것이 아주 잘못된 것처럼 언론이 보도하는 데서 당황하지 않을 수 없었던 것이다.

정부측에서도 이러한 사태 전개에 놀라지 않을 수 없었다. 정부에서는 노동자와 공권력이 정면대결하는 사태를 막기 위해 정치인들을 내세워 협상을 종용하고 이를 성사시켰으나 해외투자가들은 이것에 대해서도 일제히 부정적인 반응을 보였다. 더욱이 정부는 외자유치를 경제위기의 유일한 타개책으로 삼고 있었으나 현대자동차 사태를 계기로 해외자본의 비판이 거세게 일자, 당황하지 않을 수 없었다.

현대자동차 사태가 평화적으로 타결되자 다음으로 만도기계의 파업사태가 주목을 끌기 시작했다. 자동차 부품을 전문적으로 생산해

온 만도기계 역시 정리해고와 임금삭감을 반대하며 파업을 벌이고 있었다. 특히 만도기계의 노동자들은 불만이 아주 많았다. 만도기계는 우량한 기업이었다. 현대자동차의 부품업체로 출발해 끊임없는 기술개발과 거래선 확대로 탄탄한 경영을 구가해왔다. 그러나 여기서 얻어진 수익금은 만도기계의 경쟁력을 향상시키거나 종업원들의 복지를 늘리는 데 쓰이지 않았다. 같은 한라그룹의 부실기업을 지원하는 자금으로 빠져나갔다. 또 만도기계의 우량자산은 한라그룹의 다른 계열사가 은행에서 돈을 빌리는 데 아주 적합한 담보물이 되었다. 만도기계는 재벌총수 사업확대 욕망의 희생물이 되어가며 재무구조가 점점 악화되었다.

이런 과정이 지속되는 가운데 1997년 외환위기가 터지고 곧이어 완성차 업체들의 가동률이 떨어지면서 만도기계도 직접적인 경영상의 어려움을 겪기 시작했다. 특히 만도기계의 이익금이 흘러들어갔던 같은 계열회사 한라중공업의 부도로 만도기계가 동반부도의 골짜기로 떨어지고 말았다. 바로 한국재벌의 문어발식 경영이 빚은 총체적 부실의 결과였다.

회사가 부도가 나자 사용자측은 문어발식 경영에 대한 자본가의 책임은 도외시한 채 이를 노동자에게 전가하려 했다. 이미 임금은 수개월째 체불된 상태였고, 기업은 정리해고를 추진했다. 노동자들은 반발했다. 이들은 정리해고 철회와 부실경영의 책임이 있는 경영진의 퇴진, 그리고 체불임금지급을 요구하며 파업에 들어갔다. 이런 상태에서 현대자동차 노동자들의 정리해고 저지투쟁 승리소식은 만도기계 노동자들에게 큰 힘이 되었다.

그러나 그것도 잠시, 정부와 기업측의 태도가 갑자기 바뀌었다. 서방자본과 보수언론의 정리해고 부분관철에 대한 비난여론이 비등해지자 정부와 기업이 강경한 입장으로 돌아선 것이다. 현대자동차 노사분규의 '평화적 해결'에 실망한 해외자본에게 무언가 보여주어야 했다. 그것은 만도기계 사태에 한치의 물러섬이 없는 강경한 자세를 보여주는 것이었다.

공장 주변으로는 전투경찰이 증강 배치되었고 양측은 마치 마주 보고 달리는 기관차처럼 정면으로 맞섰다. 회사측은 정리해고를 수용하라는 입장만을 반복할 뿐 협상을 통해 이를 해결하려는 의지를 보이지 않았다. 결국 협상은 결렬되고 말았다. 현대자동차 사태가 해결된 지 10일 만이었다. 그리고 공권력 투입이 초읽기에 들어갔다는 소식만이 언론을 타고 흘러나오기 시작했다. 현대자동차 사태 때 적극적인 중재역할을 했던 정치권에서도 별다른 관심을 보이지 않았다.

현대자동차 사태가 마무리된 지 2주째 되던 1998년 9월 4일 새벽, 중무장한 공권력이 드디어 만도기계 공장문을 박차고 들어갔다. 노동자들은 맨몸으로 맞섰으나 강경진압 방침 아래 밀고 들어오는 전투경찰들을 막아내지는 못했다. 만도기계를 우량기업으로 키워왔던 노동자들은 강제로 경찰차에 태워져 유치장으로 끌려갔다. 끝까지 직장을 지키기 위해 싸운 노동자들 가운데는 거의 한평생 만도기계에서 일해온 늙은 노동자들도 있었다. 오로지 만도기계에서 자동차 부품을 만드느라 평생을 바친 노동자들이었다.

10억의 실업·반실업자를 어찌할 것인가?

세기말 글로벌 캐피털리즘 체제의 형성이 가속화되면서 외형상의 지표경제는 성장세를 유지하고 있지만 늘어나는 것은 실업자뿐이다. 노동자들은 언제 실업자로 전락할지 모르는 불안한 상태에서 일을 하고 있다. 이제 어느 회사가 어느 정도의 노동자를 해고했다거나 해고할 계획이라는 얘기는 언론의 '신선한' 화젯거리가 되지 않는다. 그만큼 일상적인 일이 되었기 때문이다. 반대로 어느 회사가 어느 정도의 신규 노동수요를 창출할 것인가가 중요한 뉴스로 취급될 정도이다.

국제노동기구(ILO)의 통계에 따르면 1998년 중반 전세계의 실업

및 불완전 고용자는 총노동인구의 3분의 1에 해당하는 약 10억 명에 달한다. 인류역사상 이토록 많은 사람들이 농업이든, 제조업이든, 서비스업이든, 직종을 막론하고 안정적인 일자리가 없이 지낸 적이 없었다. 이 10억 명 가운데 1억5천만 명 정도는 완전실업자들이며 총노동인구의 25~30%에 해당하는 7억5천만~9억 명이 일용직 또는 시간제 근로자들이다.[4)

특히 금융위기를 겪으며 글로벌 캐피털리즘 체제에 순식간에 폭력적으로 편입된 동아시아의 실업상태는 최악이다. 구조조정이라는 이름 아래 수백만 명의 노동자들이 길거리로 내몰리고 있다. 인도네시아의 경우 실업률이 1996년 4% 수준에서 1998년 9월에는 무려 15%로 급등했다. 실업자 수는 약 5백만 명에 달한다. 국민소득이 격감하며 최저생계비 이하의 소득으로 살아가는 빈곤층이 4천만 명을 넘었다. 태국도 금융위기 이전 실업률이 2%에서 3배나 늘어난 6%로 실업자가 2백만 명에 달한다. 한국도 사정이 다를 게 없다. IMF 체제에 진입하기 직전인 1997년 11월 2.6%(57만4천 명)이었던 실업률이 불과 8개월 만에 7.6%(165만1천 명)로 뛰어올라 순식간에 1백만 명이 직장을 잃었다. 중국에서는 1998년 도시지역에서만 350만 명이 직장을 잃어 도시실업률이 5~6%에 이르렀고 말레이시아는 실업률이 2.6%에서 5.2%로, 홍콩은 2.4%에서 5%로, 싱가포르는 1.8%에서 4.5%로 모두 2배 이상 급증했다.[5) ILO는 한국과 태국, 인도네시아 등 구제금융 3국과 홍콩, 중국, 말레이시아, 필리핀 등 7개 동아시아 국가에서 금융위기 이후 1999년 초까지 2,060만~2,470만 명의 실업자가 추가로 발생했다고 분석했다.[6)

자유화, 자본주의화의 길에 들어선 동구지역은 1989년 이후 10년

4) ILO 보고서, *World Employment Report 1998-1999*, 1998. 9.(ILO 홈페이지).
5) ILO 보고서, *The Asian Financial Crisis: The challenge for social policy*, International Labour Office, Geneva, 1998. 11.(ILO 홈페이지).
6) ILO 심포지엄 자료, 1999. 3. 6.(ILO 홈페이지).

간 상황이 가장 '극적으로' 악화된 곳이다. 형식적이나마 0%로 기록되었던 이들 국가들의 실업률은 10년도 안 되어 평균 9%로 뛰어올랐다. 사회주의 체제에서 갑자기 글로벌 캐피털리즘 체제로 편입되면서 경제기반이 흔들리며 실질임금이 하락하고 소득 불균형도 확대되어 노동자들의 삶은 더욱 피폐해지고 있다. 러시아의 경우 점점 더 많은 기업들이 종업원들에게 임금을 줄 수 없는 처지로 전락하는 가운데 상황이 개선될 조짐을 보이지 않고 있다. 1998년 현재 그나마 직장을 지니고 있는 러시아 노동자들의 실질임금조차 1989년의 60%에 불과한 상태다. 폴란드는 같은 기간 실질임금이 20% 줄어든 가운데 실업률은 10.4%를 기록하고 있고 체코의 실업률이 5.4%, 헝가리가 9.2%, 불가리아가 13%, 크로아티아가 17.6%에 달한다.

이미 글로벌 캐피털리즘 체제에 편입된 중남미는 완만한 경제성장에도 불구하고 실업이 개선되지 않는 전형적인 지역이다. 해외자본 유입으로 수출산업이 활기를 띠면서 경제지표는 호전되었지만, 상대적으로 많은 노동자를 고용하고 있던 국내산업과 농업부문이 급속히 무너졌기 때문이다. 전체적으로 1997년에 인플레의 진정 속에 평균 5%의 성장률을 기록했지만 실업률은 91년 이후 지속적으로 높아져 1997년에 7.4%를 기록했고 이후 금융위기의 영향권에 들어가면서 상황은 더욱 악화되었다.

중남미에서 경제성장과 고용이 정반대로 가고 있는 대표적인 국가는 아르헨티나이다. 경제안정화와 구조조정 프로그램으로 아르헨티나 경제는 1991~97년 사이 연평균 5.8% 성장했다. 그러나 고용 사정은 오히려 악화되어 실업률이 1991년 6.3%에서 1995년에는 17.5%까지 치솟았고 1997년에는 이보다 조금 내린 15%를 기록했다. 1998년 실업률이 7.9%를 기록했던 브라질은 IMF 구제금융을 받으며 벼랑으로 향하고 있고, 베네수엘라의 실업률은 1998년 중반 현재 11.3%, 콜롬비아가 15.2%를 기록했다.[7]

유럽은 고용 없는 성장을 지속하고 있는 대표적인 지역으로 만성적인 고실업병을 앓고 있다. 1998년에는 2%가 넘는 성장률을 보였지만 실업률은 10.2%로 여전히 두 자릿수를 기록하고 있다. 통화통합으로 경제 성장지표는 다소 호전될 전망이나 노동자들의 일자리는 더욱 위협을 받고 있다. 유럽연합(EU) 역내의 경쟁이 더욱 격화하면서 대규모 해고를 동반한 기업들의 인수합병(M&A)과 생산입지 재조정 작업이 본격화되고 있기 때문이다.

이런 가운데 노동자들의 권익을 대변할 노조의 힘은 갈수록 약화되고 있다. 이는 노조 가입률에서 그대로 나타난다. 공업화가 어느 정도 진전된 전세계 92개국을 기준으로, 노조에 가입한 노동자 수는 1980년대 후반 이후 10년 동안 20%나 감소했다. 1995년에는 13억 노동자 가운데 10%를 약간 웃도는 1억6,400만 명이 노조에 가입한 것으로 나타났다. 특히 동유럽 각국의 경우 노조가입자가 1985년에서 95년 사이에 25～50%씩 줄어들었고 미국이 21.1%, 멕시코가 28.2%, 아르헨티나가 42.6%, 베네수엘라가 42.6%, 영국이 27.7% 줄었다. 한결같이 미국식 자본주의를 채택한 국가들의 노조가 치명적인 타격을 받았음을 알 수 있다. 전세계적인 구조조정 바람에 따른 공공부문의 인력감축과 경쟁의 격화, 제조업 분야의 인력축소 등이 복합적으로 영향을 미친 결과다. 이 기간 중 노조 가입률이 증가한 국가는 민주화운동이 활발히 전개된 남아프리카공화국과 한국 정도에 불과하다.8)

결국 자본과 노동의 균형이 붕괴되고 자본의 전일적인 지배체제가 확립되면서 세계는 실업의 바다를 향해 달려가고 있는 셈이다. 세계자본의 대공습 앞에 전세계 노동자들은 바람 앞의 등불과 같은 존재가 되었다. 여기에 바로 글로벌 캐피털리즘의 본질이 있다. 바

---

7) ILO 보고서, *op. cit.*(1998. 9.)

8) ILO 보고서, "World Labour Report 1997-1998. Industrial Relations, Democracy and Social Stability", 1997. 11.(ILO 홈페이지).

다를 이룬 전세계 실업자들을 어찌할 것인가? 새로운 세기를 맞이하고 있는 인류가 머리를 맞대고 풀어야할 가장 중요하고 긴급한 숙제가 아닐 수 없다.

제13장 공동체의 붕괴와 소외

디트로이트의 낮과 밤 ― 수퍼파워 미국의 두 가지 얼굴

1997년 4월 세계 최대기업인 미국의 제너럴 모터스(GM)가 필자를 포함한 한국의 기자 10여명을 자동차의 본고장인 미국 디트로이트로 초청했다. 본격적인 한국시장 공략을 위해 GM의 위상과 자동차 및 기술의 우수성을 홍보하기 위한 것이었다. 한국에서 입이 닳도록 설명하는 것보다 현장에서 직접 눈으로 보여주는 것이 훨씬 효과적이라고 생각한 것이다. 때문에 그들은 일반인의 출입이 엄격히 제한되는 기술연구소와 주행시험장 등의 취재를 허용했고, 기자들의 궁금증에 대해 친절하고 상세하게 설명해주었다. GM의 첨단기술을 채용한 차량을 직접 운전하는 기회도 주어졌고, 잭 스미스 회장 겸 최고경영자와 만나 GM의 글로벌 사업구상과 한국시장 진출계획에 대해 인터뷰하는 기회도 주어졌다.

마지막 일정은 디트로이트 시에서 가장 높은 르네상스센터에서의 저녁식사였다. 르네상스센터는 73층짜리 초고층 원형빌딩을 4개의 39층짜리 빌딩이 4면에서 감싸고 있는 현대적 건물로, 빌딩 이름이 말해주듯 디트로이트의 번영을 상징한다. 미국경제의 장기호황을 바탕으로 승승장구하던 GM은 20여 년 전에 건축된 이 빌딩을 포드로부터 헐값에 사들여 본사를 이곳으로 이전했다. GM의 잭 스미스 회장도 이 건물에 입주해 있었다. 미국경제와 GM, 그리고 디트로이트가 새로운 밀레니엄을 앞두고 바로 이 르네상스센터에서 제2의 부흥기를 맞을 것이라고 강조하기도 했다.

르네상스센터 원형빌딩의 맨 꼭대기에 자리잡고 있는 레스토랑에서의 저녁식사는 그야말로 일품이었다. 그 레스토랑은 천천히 회전하도록 설계되어 있어, 탁 트인 창밖을 통해 바라보는 저녁풍경 역시 장관이었다. 빌딩 옆으로는 5대호의 하나인 이리 호와 휴런 호를 잇는 디트로이트 강이 흐르고, 그 강 건너편으론 캐나다의 윈저 시가 한눈에 들어왔다. 레드와인을 곁들여 수백 달러가 넘는 값비싼 가재요리를 들면서 미국 북동부의 대평원으로 넘어가는 태양과 붉은 노을도 감상할 수 있었다. 잘 훈련된 종업원들은 고객들이 최상의 만족감을 느낄 수 있도록 아주 세심하고 친절하게 대했다.

그러나 이런 종류의 감상은 회전식당에서 즐긴 걸로 만족해야 했다. 맛있는 식사를 끝내고 좀더 낭만적인 분위기를 즐기기 위해 거리로 나섰다가는, 값비싼 음식을 소화도 시키지 못한 채 어떤 봉변을 당할지 아무도 모르기 때문이었다. 동행한 GM 관계자는 건물 현관에서 벗어나 걸어다니지 말고, 특히 혼자서는 길거리로 나가지 말라고 몇 차례 주의를 주었다. 주의만으로는 부족하다고 생각했던지 식사를 마치고 나오는 현관 앞에 리무진을 대기해놓고는 서성거리지 말고 즉시 승차할 것을 요구했다.

길 건너편은 르네상스센터와 다른, 도시빈민과 불량배들의 사회였기 때문이었다. 불과 수미터밖에 떨어지지 않은 곳에서는 르네상스센터와 같은 안락함과 친절함을 찾아볼 수 없었고, 감미로운 음악도 없었다. 한 해 평균 100만 건의 강력사건이 발생하고 매일 60여 명이 폭력으로 사망하는 미국사회의 뒷골목이 바로 거기에 있었던 것이다. 범죄와 살인, 알코올중독, 마약, 질병에 그대로 노출된 채 살아가는 세계, 눈앞의 어두움 속에 웅크리고 있던 것은 바로 '범죄와 죽음의 도시 디트로이트'였다.

1960년대 중반 2,500개의 상점이 파괴되고, 43명의 시민이 목숨을 잃고, 7,200여 명이 투옥된 최악의 흑인폭동 이후 디트로이트 다운타운은 급격한 공동화의 길을 걸어갔다. 가장 먼저 부유층이 다운타운을 탈출해 교외에 그들만의 공간을 만들었고 이어 중산층들도 '불안한 도시'를 줄줄이 빠져나갔다. GM과 포드, 크라이슬러 등 빅3가 모여 있는 세계 자동차산업의 본고장 디트로이트는 갈수록 범죄와 죽음의 도시로 변해갔다.

1970년대와 1980년대 말의 경기불황을 거치며 이러한 현상은 더욱 심화되었고 경제가 성장가도를 달리던 1990년대 들어서도 개선되지 않고 그대로 이어졌다. 회색의 건물들만이 버티고 있는 거대도시 디트로이트는 활력을 잃어갔다. 저녁만 되면 일을 끝낸 직장인들이 썰물처럼 교외로 빠져나가 이른바 '도심 공동화 현상'은 극에 달했다. 당연히 부동산 값은 하락을 거듭했고 빌딩의 사무실도 텅텅 비어갔다. GM이 르네상스센터를 헐값에 사들일 수 있었던 것도 이런 이유 때문이었다.

때문에 GM이 본사를 이 빌딩으로 이전하고 근교에 산재해 있던 관리직과 기술담당 직원들을 이 빌딩으로 불러모으는 데 많은 어려움을 겪어야 했다. 직원들이 불안한 도심으로 이사하기를 꺼리며 사무실 이전에 반발했기 때문이었다. 근교에는 자신들만의 안락한 사회가 있는데, 굳이 다운타운으로 들어갈 필요가 없었던 것이다. GM으로서는 문제가 아닐 수 없었다.

GM은 이러한 직원들의 불안을 덜기 위해 스미스 회장이 출연하는 비디오를 만들어 직원들에게 배포했다. 스미스 회장은 비디오에서 흑인들과 함께 최신의 유행가요에 맞춘 랩 댄스를 추기도 했고, 디트로이트가 불안한 도시가 아니라 다양한 삶이 살아 숨쉬는 역동적인 도시로 바뀔 것이라고 강조하기도 했다. 또 GM이 앞장서 디트로이트를 살맛 나는 도시로 만들 것이라는 '디트로이트 르네상스 플랜'도 제시했다.

GM은 직원들의 불만도 문제지만 더욱 중요한 것은 그들 가족의 불안을 덜어주는 것이라고 보고 이 비디오를 가족과 함께 집에서 시청하도록 나누어주었다. 그리고 직원들에게는 몇 시간에 걸친 특별 교육을 시키기도 했다. 그만큼 디트로이트에 대한 공포가 그들의 뇌리에 깊이 박혀 있었던 것이다.

이것이 세기말 최강의 경제력을 일구어낸 수퍼파워 미국의 두 가지 얼굴이다. 미국만이 아니라 글로벌 캐피털리즘 체제가 완성되면서 나타나고 있는 지구촌의 모습이다. 한편에서는 전후 최장기 호황을 찬양하는 노랫소리가 요란하게 울려퍼지는가 하면, 다른 한편에서는 소외의 고통이 갈수록 심화되고 있는 것이다. 두 세계는 화합하지 못하고 갈수록 정반대의 길을 걷고 있다.

가상경제의 세계

이러한 현상이 나타나는 것은 글로벌 캐피털리즘의 이념적 기반이 되고 있는 경쟁우선주의의 공동체 파괴적 자기모순성 때문이다. 글로벌 캐피털리즘 체제에서는 오로지 시장과 자본의 가치만이 유일한 척도로 등장할 뿐 다른 요소는 여기에 종속되거나 부차적인 의미밖에 가지지 못한다. 따지고 보면 자본주의 체제는 본질적으로 도덕적 가치를 배제하고 이익만을 추구하는 체제이다. 경제가 발전하는 것은 기업이 사회에 기여하고자 하는 '공리적'이거나 '온정적'인 활동에서 연유하지 않는다. 경쟁을 통해 다른 기업을 누르고 이익을 극대화하고자 하는 이기주의가 바로 사회운영의 제1원리이다. 경쟁에서 떨어지는 기업은 도태되고 거기서 일하던 노동자들이 직장을 잃는 것이 당연하다.

오로지 만인에 대한 만인의 투쟁, 그리고 이를 정당화하는 정글의 법칙만이 존재할 뿐이다. 서로가 서로를 경쟁자로 인식할 뿐이다. 같은 회사의 직장인들도 한 배를 탄 공동체의 일원이 아니다. 서로가 뛰어 넘어야 할 경쟁자이다. 또 그러한 경쟁이 가속화됨으로써 기업의 생성과 소멸이 활발히 반복될 때에만, 경제가 더욱 역동적으로 발전한다고 믿고 있다. 역설적이게도 상대기업과 직장 동료를 제압하는 것이 공동체를 위한 바람직한 행위로 추앙받는다.

이러한 신자유주의의 모순은 두 개의 서로 다른 경제를 만들어낸다. 하나는 경제성장률이나 기업의 매출액 또는 이익, 무역규모, 투자규모 등 각종 실적지표와 주가, 채권이자율 등의 금융지표가 보여주는 '지표경제'이다. 다른 하나는 그 사회 속에서 살아가고 있는 사람들의 삶과 관련된 '실질경제'이다. '얼마나 많은 사람들이 부유하게 또는 가난하게 살고 있는가, 얼마나 많은 사람들이 취업 또는 실업상태에 있는가, 얼마나 많은 사람들의 임금이 증가 또는 감소했는가, 얼마나 많은 사람들이 충분한 의료혜택을 받고 있는가, 환경은 얼마나 개선 또는 악화되었는가, 사람들은 사회적인 위험으로부터 얼마나 적절하게 보호받고 있는가' 등 삶의 질과 관련된 지표에 의해서 측정되는 경제이다. 삶의 질과 관련된 실질경제를 '사회경제(social economy)'라고 한다면, 각종 실적지표와 금융지표에 의해 측정되는 경제는 '가상경제(virtual economy)'라 할 수 있다.[1]

이 두 경제는 글로벌화가 진행되어온 지난 20여 년간 서로 다른 길을 걸어왔다. 아니, 정반대의 길을 걸어왔다. 지표경제, 즉 가상경제는 호조를 보인 반면, 사회경제는 악화되었다. 어쩌면 당연한 일이다. 무한경쟁 체제에서 일반인들의 삶은 서로가 서로를 억누르고 짓밟으면서 피투성이가 되었지만, 승자들이 만들어내는 경제지표는 장밋빛으로 채색되기 마련이기 때문이다. 이를 가장 단적으로 보여주는 것이 갈수록 확대되는 빈부의 격차이다.

유엔개발계획(UNDP)은 1998년 9월에 발표한 인간개발보고서에서 이렇게 지적했다.

---

1) International Federation of Chemical, Energy, Mine and General Workers' Unions(ICEM), *Power and Counterpower, The Union Response to Global Capital*, Pluto Press, London·Chicago, Illinois, 1996, pp. 7~9.

1998년 전세계의 민간 및 공공부문의 소비지출은 24조 달러로 1975
년보다는 2배, 1950년보다는 6배가 증가했다. 그러나 소비패턴은 종종
인간개발(human development)과 적대적인 경향을 보였다. 환경을 파괴하
고 불평등을 심화시켰다. 이러한 소비－빈곤－불평등－환경의 역학관계
는 지금도 후퇴하고 있다. 고소득 소비자에서 저소득 소비자로 재분배가
이루어지지 않거나, 공해를 유발하는 상품과 기술이 청정상품과 청정기
술로 전환하지 않거나, 현란한 전시품에 대한 소비에서 기초수요를 충족
시키는 소비로 전환하지 않으면 오늘날의 소비와 인간개발의 문제는 더
욱 악화될 것이다. 오늘날 소비패턴은 미래의 인간개발을 향상시키기 위
해 변화되어야 한다.[2]

이 보고서에 따르면 세계적으로 부자나라의 상위 20% 인구가
1960년에는 전세계 소비의 70%를 차지했지만 1998년에는 이 비율
이 86%로 늘어났다. 반면 하위 20%가 차지하는 비율은 2.3%에서
1.3%로 떨어졌다. 1960년에는 상위 20%의 인구가 하위 20%의 인
구보다 30배 많은 소비를 했지만 1998년에는 66배나 더 많은 소비
를 하게 된 것이다. 이런 통계를 토대로 프랑스 ≪르몽드≫는 세계
최고부자 3명의 재산이 라오스, 앙골라 등 48개 최빈국의 국내총생
산(GDP)을 모두 합한 것보다 오히려 많고, 세계 최고부자 15명의 재
산을 합하면 사하라 이남 아프리카 전체의 GDP를 웃돈다고 보도해
극단으로 치닫는 현상을 확인케 했다. 부자는 더욱 부자가 되고 가
난한 사람들은 더욱 가난하게 되는 빈익빈 부익부 현상이 극단으로
치닫고 있는 것이다.

이를 좀더 들여다보면 독일의 언론인 한스 피터 마르틴과 하랄드
슈만이 말하는 "20대 80의 사회"[3]가 과장된 것이 아님을 금방 알
수 있다. 오늘날의 사회는 20%의 사회라고 할 만하다. UN 조사에
따르면 그들은 전세계 육류와 생선의 45%를 먹어치우며, 총에너지

---

2) UNDP 보고서, *Human Development Report 1998*, 1998. 9., p. 1.

3) 한스 피터 마르틴·하랄드 슈만, 『세계화의 덫—민주주의와 삶의 질에 대
한 공격』, 강수돌 옮김, 1997, 영림카디널, pp. 26~28.

의 58%를 소비한다. 또 전화라인의 74%가 그들 것이며, 세계 종이의 84%를 그들이 사용한다. 세계 자동차의 87%가 상위 20%의 소유이다.

그러나 하위 20%의 사람들은 고기에서 자동차에 이르기까지 각각 1~5%만을 소비하는 등 세계적인 소비증가로부터 배제되어 있다. 전세계적으로 10억 명의 인구가 기본적인 소비수요를 얻지 못하고 있다. 개도국에 사는 44억의 인구 가운데 75% 정도는 기본적인 위생시설조차 없이 살고 있다. 거의 3분의 1의 사람들이 깨끗한 물을 얻지 못하고 있고 20%의 어린이들은 초등교육을 받지 못한다. 선진국의 5,500만 명을 포함해 전세계적으로 20억의 인구가 빈혈증에 시달리고 있다.

런던 정치경제대학의 앤서니 기든스 교수는 신자유주의의 '평등' 개념이 역설적이게도 불균등의 원천이라고 말한다. 그는 오늘날의 평등이란 기회의 균등, 혹은 능력지배를 말하며 "철저한 능력지배 사회는 결과적으로 심각한 불평등을 만들어내고, 이것은 사회의 결속을 위협한다"고 주장한다. "가령 노동시장에서 나타날 수 있는 승자독식현상을 고려해보자. 다른 사람보다 단지 근소하게 더 나은 재능을 가진 사람이 다른 사람보다 훨씬 더 많은 보수를 받는다. 일류 테니스 선수 혹은 일류 오페라 가수는 자신보다 못한 사람보다 훨씬 더 많은 돈을 번다. 다른 사람보다 능력이 조금밖에 뛰어나지 않다면, 보수도 다른 사람보다 조금만 더 받아야 하지 않겠는가? 겨우 인지할 수 있는 근소한 차이가 상품의 성공이나 실패 사이의 차이를 만들어 낸다면 이것이 기업에 적용될 때 이해관계는 엄청나게 크다."[4]

이렇게 형성되는 두 세계는 독자적으로 움직인다. 경제의 글로벌화, 자유화가 진행되면 될수록 이 두 세계는 극단을 향해 치닫는다.

---

4) 앤서니 기든스, 『제3의 길』, 한상진·박찬욱 옮김, 1998, 생각의 나무, pp. 160~161.

서로가 서로를 배제하는 것이다. 특히 심각한 문제는 상류계층의 '자발적 배제'로 이것이 당연한 것으로 받아들여지고 있다는 점이다. 상류계층은 사회로부터 자신을 스스로 단절 또는 배제함으로써 더 많은 자유를 누리려고 한다. 그 사회시스템과 장벽을 쌓음으로써 상류사회만의 '해방공간'을 만드는 것이다.

이른바 '엘리트들의 반란'이 지구적으로 광범위하게 이루어지고 있다. 기업들은 이들 고소득층만을 위한 고급 브랜드를 만들고, 고급빌라를 건설한다. 이들만을 위한 쇼핑공간을 제공하고, 이들만을 위한 최고급 레스토랑을 만든다. 글로벌 경쟁체제에서 저임금을 강요당하는 노동자들이나 경쟁에서 패한 실업자, 소외계층, 빈민, 노숙자들은 아예 넘볼 수도 없다. 그들을 고객으로 생각하지도 않는다. 구매력이 적은 이들은 '좁쌀'이다. 반면 고소득층은 '호박'이다. 좁쌀이 수없이 굴러도 '호박'이 한번 구른 것만 못하다.

이들은 저소득층과 소외계층이 만들어내는 도시의 '짜증'으로부터 해방되기를 원한다. 문제를 해결하기보다는 여기에서 벗어난 '그들만의 공간'을 만들어가고 있는 것이다. 주요 도시마다 이러한 공간이 무수하게 존재한다. 국내에 영화로도 소개되고 야구선수 박찬호가 저택을 구입해 유명하게 된 미국 로스앤젤레스의 베버리힐스와 같은 부유층의 공간이 바로 그것이다. 그 속에서는 미국의 최신 전자제품과 승용차와 패션이 존재한다. 도로는 깨끗하게 정돈되어 있고 주변의 녹지에는 조깅을 즐기는 젊은 남녀에서부터 산보를 즐기는 노인과 아이들이 있다. 모두들 친절하고 여유가 있다. 도시의 부랑인들은 전혀 접근할 수 없다. 사설경찰을 허용하고 있는 일부 국가에서는 이들을 고용해 주변을 항상 순찰토록 하고 있다. 사설경찰은 전체사회의 안녕과 질서를 유지하는 것에는 관심이 없다. 자신을 고용한 상류층을 길 건너편의 사회로부터 보호하는 것이 그들의 임무이다.

계층간의 양극화현상이 심화되면서 한국에서도 이러한 양상이 나

타나고 있다. 이른바 '특금층' 등이 밀집해 있는 서울 강남이나 성
북동, 평창동 같은 고급 주택가에는 다른 어느 지역보다도 많은 경
비초소가 있다. 최소한 1백 평 이상의 주택에 수영장과 미니 골프연
습장까지 갖춘 집들이 밀집해 있는 이들 주택가에는, 일반 주택가에
서 볼 수 있는 야채행상을 구경할 수 없다. 걸어다니는 사람들도 거
의 찾아보기 힘들다. 모두 고급 승용차나 외제 승용차로 다닐 뿐이
다. 물론 구멍가게도 거의 없다. 고급 백화점에서 쇼핑을 즐기기 때
문이다.

신자유주의와 황금당근

신자유주의를 기반으로 경제개혁을 활발히 추진한 국가일수록 이
러한 불균등은 심하다. 1999년 1월 미국의 타워즈 페린 컨설팅 사
가 연간매출액 2억5천만~5억 달러의 중견기업을 대상으로 조사
(1998년 4월 기준)해 발표한 최고경영자(CEO)들의 연봉은 간접적이나
마 이를 잘 보여준다.[5] 10개국을 대상으로 실시한 이 조사에서 최
고경영자의 연봉이 가장 많은 나라는 단연 미국으로 107만 달러에
달했다. 이어 브라질이 놀랍게도 70만1,219달러로 2위를 기록했고
홍콩이 68만616달러로 3위, 영국이 64만5,540달러로 4위를 기록하
는 등 상대적으로 미국식 자본주의로의 경제개혁을 활발히 추진한
국가들이 모두 상위권에 매겨졌다. 철저한 승자독식 현상이 나타난
것이다. 반면에 미국식과 다른 자본주의 전통을 갖고 있는 일본은
42만855달러, 독일은 39만8,430달러로, 1인당 국민소득이 비슷한
미국의 절반에도 미치지 못했다. 이는 또 평균소득이 훨씬 적은 브
라질 최고경영자 연봉의 60% 안팎에 불과한 것이며 멕시코의 45만
6,902달러에도 미치지 못하는 것이다.

한국은 10개국 가운데 가장 낮은 15만711달러였다. 1980년대부

---

5) "American Pay Rattles Foreign Partners", *The New York Times*, 1999. 1. 17.

터 신자유주의 경제개혁을 추진해온 브라질과 멕시코 최고경영자의 20~30%에 불과한 수준이다. 이는 부의 편재가 상대적으로 덜했다는 것을 의미한다. 실제로 통계청의 발표에 따르면 1998년 현재 한국사회에서 상위 20%가 차지하는 부의 비중은 전체 국민소득의 39.8%로 나타났다. IMF 체제에 편입되기 이전인 1년 전에 비해 2.6%, 10년 전에 비해서는 3.9% 높아진 것이지만, 이는 선진국에 비해 절반도 안 되는 수준이다. 물론 한국의 최상류 1~2% 계층은 선진국 상류층 못지 않은 많은 부를 향유하고 있고, 또 이 통계가 부유층의 감추어진 재산과 음성적인 소득을 얼마나 정확히 반영하고 있는지 의문이지만, 국가주도의 경제개발 과정에서 부의 편재가 상대적으로 덜했던 것으로 보인다. 하지만 금융위기를 계기로 미국식 자본주의가 상륙하면서 상황은 달라지고 있다. 미국이나 브라질, 멕시코처럼 승자가 전리품을 독차지하는 현상이 본격적으로 나타나고 있는 것이다.

미국을 비롯한 서방자본의 한국 접수가 가속화하던 1999년 2월 초 세계적인 금융투기꾼 조지 소로스 사단의 야심만만한 30대 사장이 국민들을 깜짝 놀라게 했다. 그 주인공은 소로스가 서울증권을 인수한 후 초대 사장으로 내세운 당시 38세의 한국인 강찬수. 대구 태생인 그는 초등학교 5학년 때 가족을 따라 미국으로 건너가 수많은 어려움을 극복하고 하버드대 경제학과를 나온 수재이다. 강사장은 졸업 후, 제임스 울펀슨 세계은행 총재가 경영하던 울펀슨 투자회사에서 애널리스트로 명성을 날리며 월가의 금융전문가로 자리를 잡았다. 그러던 그가 서울증권 인수를 결정하고 적임자를 물색하던 소로스에 의해 초대 사장으로 전격 발탁되어 고국에 금의환향하게 된 것이다. 그가 화제를 뿌린 것은 이민생활의 어려움을 뚫고 성공에 이르기까지의 인생역정도 역정이었지만 그가 받게 되는 연봉이었다.

그의 연봉은 스톡옵션까지 포함해 무려 36억 원에 달했다. 전문

경영인으로서는 국내 최고대우였다. 일반 봉급생활자들이 평생 모아도 만져보기 힘든 거액이었다. 미국 타워즈 페린 컨설팅 사가 조사한 한국 중견기업의 최고경영자 평균연봉(15만 달러를 당시 환율 1,200원으로 계산하면 1억8천만 원이 된다)보다도 20배나 많은 액수였다. 국내 모든 언론들은 이 사실을 대서특필하며 새로운 화제의 인물이 탄생했음을 알리는 데 여념이 없었다.

이는 한국기업의 경영시스템이 미국식으로 바뀌는 신호탄이었다. 그리고 기업경영자에 대한 인식의 대전환을 알리는 중대한 계기가 되었다. "주주에게 이익만 많이 남겨주면 보수는 얼마든지 주겠다. 그러니 모든 능력을 발휘해서 일하라"는 철저한 자본의 논리가 기업경영의 전면으로 등장하는 순간이었다. 불과 몇 년 전만 해도 한국기업의 경영진들이 종업원들을 다스리는 방법 가운데 즐겨 쓰던 것 중의 하나는 '함께 하자'는 공동체적 논리였다. 은연중에 기업과 경영진, 그리고 노동자가 공동체라는 인식을 불어넣음으로써 종업원들의 자발적인 노력을 유발하는 방식이었다. 일부 경영자들은 "기업이 수익을 내기 이전까지는 한푼의 월급도 받지 않겠다", "종업원들과 고통을 나누기 위해 집에 들어가지 않고 공장에서 살겠다"며, 형식적이나마 고통을 나누는 듯한 인상을 심어주려고 노력하기도 했다. 더욱이 실업자가 200만 명에 육박하고 대부분의 봉급생활자들이 수익감소로 고통을 당하는 상황이었다면 이러한 '호소법'을 쓰는 기업이 많았을 것이다.

그러나 이제는 그런 제스처를 쓸 필요가 없다. 이익을 내면 평생 먹고 살 수 있는 '황금당근'을 흔들어 보임으로써 상호간의 피를 말리는 경쟁을 유발하는 것이다. 수십만, 수백만의 노동자들이 일자리를 잃고 길거리를 헤매는 것은 '우리 동네' 얘기가 아니다. 오로지 그 황금당근을 따먹기 위해 경제논리에 따라 기업을 조직하고 사람을 관리하고, 급여를 주면 된다. 그러나 문제는 이 '황금당근'을 가져가는 것은 극소수의 사람일 뿐이며 대부분은 여기서 배제된다는 것이다.

한국경제가 IMF 체제에 진입한 이후 계층간의 양극화 현상은 갈수록 심화되고 있다. 통계청의 분석에 따르면 월소득이 495만 원 이상인 최상위 소득가구의 월평균 소득은 1997년 2·4분기의 655만 원에서 1998년 2·4분기에는 1,017만 원으로 무려 55%나 늘어났다. 경제위기 이후 금리상승에 따른 금융소득이 크게 늘어났기 때문이다. 반면 월소득이 55만 원 이하인 가구의 월평균 소득은 29만2천 원으로 오히려 17.1% 줄어들었다. 상류층과 하류층이 경제위기를 겪으며 정반대의 길을 가고 있는 셈이다.

칼날은 바로 당신을 겨냥하고 있다

신자유주의 이념을 가장 잘 구현하고 있는 국가는 미국이다. 주주중심의 자본주의 사회인 미국에서 저축수단으로서 주식은 이미 1990년대 중반 은행예금의 비중을 넘어섰다. 국민들의 노후를 위해 만든 각종 연기금의 주식투자도 활발히 이루어지고 있다. 대부분의 국민들이 직·간접적인 주식투자를 통해 형식상이나마 기업의 주인이 된 셈이다.

주주중심의 자본주의 체제가 확립되면서 자본의 효율성도 극대화되었다. 경영진은 주가를 끌어올리기 위해, 그럼으로써 주주에게 더 많은 이익을 가져다주기 위해 전력투구한다. 수익극대화를 위해 무자비하게 경비를 줄이고 종업원들의 노동강도를 높인다. 생산성이 떨어지거나 불필요한 인력에 대한 해고도 수시로 단행한다. 특히 해고를 통해 비용을 줄이고 이익을 높이겠다는 경영계획이 발표되면 주가가 어김없이 오른다. 펀드매니저들과 기업분석가들은 이익을 늘리도록 더욱 더 강력한 기업구조 조정을 촉구한다. 이러한 요구에 부응하는 소식이 발표될 때마다 펀드매니저와 주식투자가들은 흥분하며 주식을 사들인다.

그러나 이들 주식투자가들은 다른 사람이 아니라 바로 미국 국민

들이다. 무자비한 해고와 비용절감의 칼날이 바로 환호하는 펀드매
니저와 일반 주주를 향하는 것이다. 주식이나 뮤추얼 펀드에 투자하
고 있는 대다수의 노동자, 즉 일반 국민들의 희생을 바탕으로 주가상
승이 이루어지고 있다. 투자전문가, 애널리스트를 자처하며 노동자
에 대한 해고를 줄기차게 요구하는 바로 그들 전문가를 향하기도 한
다. 자신의 직장과 가정을 위협하는 조치를 촉구하고 여기에 환호하
며, 동시에 이를 두려워하는 아이러니야말로 미국식 자본주의가 갖
고 있는 해결할 수 없는 모순이다.

　1998년 6월 18일. 이날 IMF의 권고에 따라 금융감독위원회는 55
개 퇴출기업 명단을 발표했다. 그 동안 상당수의 퇴출기업 명단이
암암리에 흘러나오면서 각 기업들은 여기에서 빠지기 위해 치열한
로비전을 벌이기도 했다. 일부 퇴출기업으로 거론되던 기업들의 노
동자들은 자신들의 안위를 걱정하며 상황이 어떻게 돌아가는지 온
갖 신경을 곤두세웠다. 이날 아침 이헌재 금융감독위원장은 비장한
어조로 퇴출기업 명단을 발표했다. 역사상 유례를 찾아보기 힘든 기
업의 무더기 사망선고였다. 해당기업의 노동자들은 자신의 일터가
하루아침에 사라지는 것을 지켜봐야 했다.

　그러나 퇴출기업에서 나오는 비명소리가 주식시장에는 흥분제로
작용했다. 기다렸다는 듯 주가는 폭등세를 보였던 것이다. 종합주가
지수는 303.81에서 325.49로 무려 7.1%(21.68포인트)나 올랐다. 거의
사상최대 상승률이었다. 사망선고를 받은 기업의 노동자들에게는 엄
청난 충격이었으나 주식시장에서는 이것이 호재로 작용했던 것이다.
그 동안 증권시장의 투자심리를 억압했던 악재가 해소됨으로써 주
가가 폭등했다.

　시장이 원하는 것 그리고 비정한 시장의 논리가 바로 이것이다.
시장은 한 사회를 이루는 구성원들의 안위와는 무관하게 자본의 효
율성만을 중시한다. 사회구성원의 안위야 어찌되든 자본이 효율적
으로 배분되어 자기증식을 해나간다면 그것으로 만족이다. 인간의

의지를 이처럼 비정한 자본의 논리에 종속시키는 것이 글로벌 캐피
털리즘이다. 사회에서 인간은 사라지고, 인류의 행복을 증진시키기
위해 만든 자본이 인간을 지배하면서 인간의 소외가 극명하게, 그리
고 아무런 제어장치 없이 드러나는 곳, 그곳이 바로 세기말 자본주
의의 모습이다.

제14장 민주주의의 위기와 지구제국주의

복지국가와 민주주의의 위기

　민주주의는 자본주의 체제의 발전과 더불어 인류가 만들어낸 최고가치의 하나이다. 1789년 프랑스 혁명으로부터 시작해 200여 년이 흐르는 동안 민주주의 이념은 수차례의 위기와 고비를 겪으면서도 지속적으로 발전해왔다. 그 과정에서 민주주의를 수호하기 위한 무수한 사람들의 투쟁과 희생이 따르기도 했다. 정치체제로서 그리고 하나의 사회질서로서 민주주의는 앞으로도 인류가 간직하고 발전시켜나가야 할 중요한 가치가 아닐 수 없다.

　그렇다면 민주주의란 무엇인가? 투명하고 공정한 선거를 통해 국회의원이나 대통령 같은 국민의 대표를 선출하고, 민주적인 법질서에 따라 국가가 운영되는 것이 민주주의인가? 아니면 사회적 갈등을 합리적으로 조절하고, 사회구성원이 직면한 유무형의 위험으로부터 이들을 보호하며, 사회가 안고 있는 위험을 구조적으로 제거하는 '총체적인 정치행위'를 민주주의라고 할 수 있는가? 물론 민주주의는 이들을 모두 포괄하고 있다. 특히 중요한 것은 전자의 형식적·절차적 민주주의가 아니라 '총체적 정치행위'라고 하는 바로 내용적 민주주의이다. 민주주의를 이렇게 정의하고, 구체적으로 한 사회가 당면하고 있는 갈등과 위험이 무엇인가를 살펴볼 때, 비로소 민주주의의 내용이 풍부해지고 그 실체도 드러나게 된다.

좀더 구체적으로 글로벌 캐피털리즘 시대의 민주주의의 문제를 생각해보면 문제가 복잡해진다. 시장의 원리, 자본의 논리가 사회를 지배하면서 노동자의 권리는 갈수록 위축되고, 빈익빈 부익부로 계층간의 양극화가 심화되는 상황에서 민주주의는 과연 신장될 수 있는 것일까? 초국적자본의 대공세와 무한경쟁, 약육강식의 논리 아래 공동체가 파괴되고 극단적인 인간소외가 일반화되는 것은 과연 민주적인 사회질서라고 할 수 있을까? 자유주의 시장경제체제는 과연 민주주의 경제질서라고 할 수 있나? 케인지언이 지배하던 수정자본주의 시대에 채워놓았던 자본에 대한 고삐를 완전히 풀어주고 민주주의를 실현할 수 있을까?

불행하게도 우리는 이러한 모든 질문에 대해 '그렇다'고 대답할 입장이 못 된다. 그렇지 않다. 지금까지 살펴본 대로 고삐 풀린 자본주의, 광포한 자본의 글로벌 이동을 허용하는 자본주의는 민주주의와 양립하기 어렵다. 자본의 효율성과 생산성을 최대의 가치로 여기고, 모든 사회관계를 여기에 종속시키는 사회체제를 결코 민주적인 사회라고 할 수 없다. 빈익빈 부익부 현상을 가속화시키고, 노동자와 소외계층의 삶을 더욱 질곡으로 빠뜨리는 오늘날의 글로벌 캐피털리즘 체제를 민주적인 체제라고 하기도 어렵다.

조지 소로스조차도 '시장근본주의야말로 열린 사회와 민주주의를 위협하는 최대의 적'이라고 걱정할 정도이다. 전체주의, 즉 사회주의는 그가 공격대상 1호로 지목하고 이를 붕괴시키기 위해 많은 노력을 기울여온 체제이다. 사회주의를 무너뜨리기 위해 재단을 만들어 헝가리, 러시아 등의 민주주의 단체와 학술단체 등에 대한 지원활동도 벌였다. 그러나 이제는 그 체제보다 시장근본주의가 더 위험한 적이라고 목청을 돋구고 있다.

케네디 대통령 시절 특별보좌관을 역임하고 저술가, 역사가로 활동하고 있는 아더 슐레진저는 "민주주의가 정착되려면 자본주의 체제가 필요하지만, 자본주의 체제를 유지하기 위해서 꼭 민주주의가 필요한 것은 아니다"면서 "고삐 풀린 자본주의"가 민주주의에 파괴적인 결과를 가져올 수 있다고 경고한다.[1] 이윤만을 추구하는 자본주의가 사회의 균형적인 발전을 저해하고 부유층과 빈곤층의 격차를 확대함으로써 결과적으로 민주주의가 위협받게 된다는 주장이다.

자본주의 사회에서의 민주주의는 자본가계층과 노동자계층의 힘의 균형이 이루어질 때 신장될 수 있다. 그 힘은 시장에 의해 만들어지지 않는다. 시장은 노동자나 빈곤층, 소외계층보다는 부유층의 편이다. 자본의 논리는 강자의 논리이다. 따라서 규제완화와 자유화, 민영화, 개방화를 통해 자본의 자유를 극대화시킨 오늘날의 글로벌 캐피털리즘 체제는 역설적으로 민주주의를 위협하고 있다.

이러한 민주주의의 위협은 전후 자본주의의 이상적인 형태로 자리잡았던 복지국가가 위기를 맞고 있는 현실과도 관련이 있다. 복지국가는 국가의 개입을 통해 자본과 노동의 세력균형을 도모하면서 소외계층에 대한 구제와 사회통합을 도모하던 체제였다. 여기에 들어가는 자금은 재정에서 충당되었으며, 재정을 확충하기 위해 기업과 개인으로부터 많은 세금을 징수했다.

그러나 1970년대 중반과 1980년대 초 두 차례에 걸친 오일쇼크로 선진국 경제가 스태그플레이션 국면에 들어가면서 복지재정이 집중적인 공격을 당하게 된다. 경기침체로 국가의 재정도 압박을 받게 되었지만 늘어나는 실업자와 빈곤층을 구제하기 위한 복지지출은 오히려 늘어날 수밖에 없었다. 따라서 재정적자도 늘어날 수밖에 없었다. 기업들, 즉 자본은 바로 이러한 모순에 문제를 제기했다.

때마침 등장한 영국의 대처 수상과 미국의 레이건 대통령은 이러한 자본의 요구를 수용해 복지국가의 모델을 파기하면서 본격적인 신자유주의적 구조조정에 나선다. 특히 영국에서는 과다한 복지지

---

1) Arthur Schlesinger, Jr., "Has Democracy a Future?", *Foreign Affaires*, 1997. 9~10, Vol. 76, No. 5.

출과 이로 인한 재정적자, 비대해진 정부 등을 시급히 고쳐야 할 '영국병'이라고 주장하며 이에 대한 대대적인 개혁에 나섰다. 40년 전 베버리지가 궁핍과 무지, 질병, 나태, 불결 등 5대 사회악에 대한 척결을 주장하면서 복지국가 모델을 만들었다면, 대처는 영국병 척결을 주장하며 복지국가 모델의 파괴에 나선 것이다.

지구제국은 단순한 우려일까?

국가기능의 형해화와 자본의 전지구적 지배는 새로운 지구제국의 도래 가능성을 높여주고 있다. 지구제국의 외형상의 통치자는 범국가적 기구이면서 부분적으로—그 '부분'은 갈수록 확대되고 있다—초국가적 성격을 띠고 있는 각종 국제기구이다. 각국 정부는 이들 국제기구에 보조를 맞추어 개별국가의 질서를 유지하는 대리인이 된다. 각종 기술과 금융파워를 장악하고 있는 초국적자본은 지구제국을 지배하는 사실상의 권력자이며 전세계 노동자들은 이들 초국적자본의 무한한 가치증식욕구를 충족시켜주는 총체적인 생산수단의 일부가 된다.

그 가운데서도 잉여가치는 지속적으로 초국적자본이 뿌리를 두고 있는 서방선진국으로 흘러들어가고, 이러한 현상은 자본의 자유로운 이동을 통해 더욱 촉진된다. 따라서 전세계 노동자들이 동일하게 밑바닥을 향한 경주를 벌이는 가운데서도 서방선진국의 숙련 기술 노동자들은 상대적으로 많은 부를 확보하게 되고 체제전환국을 포함한 개도국과 저개발국의 노동자들은 항상적인 잉여가치 유출로 빈곤상태가 지속된다. 특히 이들 개도국과 저개발국의 실업자와 빈곤층은 사회체제 유지를 위한 최소한의 생계비만으로 생존하면서도 사회적인 보호장치로부터 점점 단절된 생활을 강요당하게 된다.

이른바 지구제국의 새로운 계급구조가 현실화될 가능성이 높아지고 있는 것이다. 특히 자본은 아무런 통제장치나 장애 없이 국경을 뛰어넘어 움직이는 반면 사람은 문화, 언어, 생활관습, 사회적응력 등의 한계로 물리적인 국경에 속박당한다. 이 가운데서도 미숙련노동자와 빈곤층, 소외계층은 더욱 높은 국경에 갇혀 살 수밖에 없다.

방글라데시와 네팔, 베트남의 노동자들이 한국과 홍콩, 말레이시아의 최하위 노동자로 들어오고, 한국과 말레이시아의 노동자들은 그것보다 한 단계 높여 독일과 미국, 프랑스의 노동자로 들어가는 것은 바로 이러한 지구제국의 새로운 계급형성의 가능성을 보여준다. 한국의 노동자들이 선진국으로 간다 하더라도 그들은 그곳의 하위노동자로 일하게 된다.

이런 과정을 거쳐 개도국 또는 저개발국의 실업자 및 빈민층을 최하층으로 하고, 서방선진국의 자본가들을 최상층으로 하는 새로운 글로벌시대의 계급구조를 만들어갈 것이다. 물론 세계 총소비의 80% 이상은 세계인구의 20%도 안 되는 상류층의 몫이 될 것이며 그런 부의 편재는, 현재 추세라면 더욱더 심화될 가능성이 높다. 그 사이에 선진국의 고급기술노동자, 숙련노동자, 화이트칼라 계층과 개도국의 고급노동자, 화이트칼라 등이 다층적 구조를 이룰 것이다.

이러한 새 계급구조는 글로벌 문화세대(cultural generation)의 형성을 통해 강화된다. 자국의 문화나 관습, 경제여건과 무관하게 글로벌한 차원의 다층적 문화구조가 형성되는 것이다. 개도국의 상류층들은 인터넷을 통해 지구 반대편 쇼핑센터의 패션의류를 구입하고 초국적 금융기관의 세련된 자금관리 서비스를 받는다. 미국 등 선진국의 케이블 방송을 안방까지 끌어들여 이를 즐긴다. 이들은 동일한 개도국이라는 공간에 살지만 실제 숨쉬는 공간은 그곳이 아니다.

유엔개발계획의 보고서는 이러한 글로벌 계층(global class)의 등장과 이들을 대상으로 한 시장이 서서히 형성되고 있다고 지적한다.

글로벌화는 무역과 투자, 그리고 금융시장만 통합하지 않는다. 소비시장도 통합한다. 이들은 경제적인 측면과 사회적인 측면 모두에 영향을 미친다. 경제통합은 신상품의 부단한 이동을 동반하면서 소비시장의 개방을 촉진해왔다. 전세계의 소비자들을 대상으로 상품을 팔기 위한 격렬한 경쟁이 진행되고 있으며, 갈수록 공격적인 광고활동이 전개되고 있다. 사회적 측면에서 지역적·국가적 장벽은 무너지고 있다. 시장조사 결과 동일한 소비스타일을 따르고 '글로벌 브랜드'에 호감을 갖는 '글로벌 엘리트'와 '글로벌 중산층'의 형성이 입증되고 있다. 40여 개국의 약 2억7천만 명의 15세에서 18세의 청소년들은 '글로벌 10대(global teens)'를 형성하는데 이들은 '글로벌 공간', 즉 동일한 대중문화에 익숙하며, 동일한 비디오를 보고 음악을 듣는다. 이들은 또 운동화와 티셔츠, 진의류 디자이너들에게 엄청나게 큰 그들만의 글로벌 시장을 제공한다.[2]

이러한 현상은 앞으로 더욱 심화될 게 분명하다. 19세기말~20세기초에 형성되었던 제국주의 사회체제가 이제 일국적인 차원을 넘어 세계적인 차원에서 공고화되면서 글로벌 사회체제를 근본적으로 바꿔놓는 것이다.

이러한 시나리오를 과연 쓸데없는 공상이라고 할 수 있을까? 과연 세계가 이렇게 변하지 않는다고 장담할 수 있을까? 물론 이러한 지구제국이 등장하지 말아야 하며, 또 등장하지 않도록 해야 한다. 그러나 지금처럼 자본의 논리가 일방적으로 관철되고, 자본의 운동이 아무런 제어장치 없이 진행된다면, 이러한 세계가 오지 않으리라고 장담할 수 없다. 더욱이 이러한 지구제국은 자본의 자기증식 욕구를 채워주는 효율적인 체제가 아닐 수 없다. 지구제국은 결코 쓸데없는 공상이 아니다.

---

2) UNDP 보고서, *op. cit.*, p. 6.

제4부

글로벌 캐피털리즘의 미래

제15장 역사는 반복되지 않는다

공황은 이론이 아니다

1930년대의 끔직한 세계대공황과 1970년대 중반, 그리고 1980년대와 1990년대 초반의 세계적 경제불황을 경험한 서방의 경제학자들은 생리적으로 '공황'이라는 말을 싫어한다. 글로벌 캐피털리즘의 이론적 토대를 제공하고 있는 신자유주의 경제학자들은 더 싫어한다. 공황이 현실화된다면 이는 크나큰 불행이면서, 동시에 신자유주의 경제학의 실패를 의미하기 때문이다. 그래서 이들은 공황(panic)이라는 용어 대신 경기둔화(slow down), 경기후퇴 또는 경기침체(recession), 불황(depression), 경기부진(economic slump), 경제위기(economic crisis) 같은 말들을 사용한다. '공황'이라는 말이 가져다주는 '끔찍함'과 '공포', '통제불능', '극도의 혼란', '두려움', '절망' 같은 분위기를 조금이라도 누그러뜨리고자 하는 것이다. 거기에는 또 세계가 공황에 빠지지 않기를 바라는 이들의 염원이 들어 있기도 하다.

경제학자들이 그토록 꺼리는 공황이라는 말이 60여 년 만에 다시 등장했다. 그것은 동남아 금융위기가 홍콩을 강타하면서 세계주가가 일제히 폭락한 1997년 10월이었다. 자극적인 말로 독자들의 눈길을 끌어야 하는 언론들이 앞서 공황론을 제기했다. 그러나 이 때만 해도 경제학자들은 이를 불건전한 금융구조를 지니고 있는 동남아 국가들의 일시적인 '금융혼란'으로 보고, '공황'이란 말을 사용하기를 거부했다. 하지만 동아시아 사태가 러시아, 중남미, 동구로 번지고, 원유를 비롯한 각종 원자재와 상품가격이 하락하면서 디플레이션 현상이 심화되자 이들의 시각이 달라지기 시작했다. 특히 동아시아 금융위기 발발 1년 후인 1998년 8월 러시아의 모라토리엄 선언으로 세계금융시장이 극도의 혼란에 빠지자 공황이라는 용어가 본격적으로 등장했다. 이러한 혼란이 일부 국가의 잘못된 경제운영에서 비롯된 것이 아니라 세계자본주의의 근본적인 결함 때문이라는 분석이 유력하게 대두되었다. 세계경제의 총체적 위기를 우려하는 목소리도 고조되었다. 경제학자들이 경제학 또는 역사 교과서에 가두어놓기를 바라는 '공황'이라는 말이 다시 현실세계로 뛰쳐나온 것이다.

그러나 이러한 우려와 불안은 불과 6개월도 지나지 않아 옛이야기처럼 치부되고 있다. 언제 '공황론'이 풍미했었냐는 듯 세계경제가 급속도로 안정을 찾아가고 있는 것이다. 미국주가는 1999년 3월 말 대망의 10,000포인트를 넘었고 동아시아와 남미의 금융시장도 빠르게 안정되었다. 한때 이머징 마켓에서 "불이야" 하고 외치며 경쟁적으로 탈출하던 서구자본들이 다시 돌아왔고, 디플레이션 우려를 고조시켰던 유가도 석유수출국기구(OPEC)의 감산결정으로 꾸준한 상승세를 연출했다. 한국 등 일부국가의 경제성장률 예측치가 잇따라 상향조정되는 등 세계경제가 일시적인 '위기국면'을 완전히 벗어난 인상마저 풍겼다. 1997년 하반기부터 1999년 초까지 1년 6개월여 동안 지속된 경제위기 도미노는 한밤중에 일어났던 소란 정도로 치부되는 양상이다.

그렇다면 세계경제는 '일시적인 혼란'을 완전히 극복하고 새로운 선순환의 궤도에 안착한 것일까? 세계 동시공황 우려는 한때의 기우였을까? 글로벌경제는 한때의 우려와 달리 일부지역의 위기를 흡수할 정도로 충분한 자기조절 기능을 지니고 있는 것일까? 이제 적정하지 않아도 되나? 다시 위기가 도래해 세계경제를 공황에 빠뜨릴 가능성은 없는가?

이러한 질문에 대한 대답을 찾기에 앞서 한 가지 짚고 넘어가야 할 문제가 있다. 공황은 각종 경제지표나 주가, 환율 또는 금리의 등락 속에 존재하는 것이 아니라, 바로 그 속에서 살아가는 사람들의 '삶의 문제'라는 점이다. 또 어느 순간 공황이라는 괴물이 찾아와 경제를 마비시키는 것이 아니라, 특정 체제 또는 시스템의 누적된 모순으로 인해 그 시스템이 붕괴되고 새로운 질서가 창출되는 '일련의 과정'이라는 점이다.

사실 따지고 보면 동아시아와 러시아, 중남미, 동구와 같은 금융위기국의 국민들은 이미 엄청난 공황의 고통을 겪었고, 지금도 겪고 있다. 공황이 '예상' 또는 '분석'해야 할 문제가 아니라 바로 이들의 '삶의 문제'인 것이다. 뉴욕 도이체방크의 수석 이코노미스트인 에드워드 야데니가 지적하듯 공황에 대한 논의가 미국인과 유럽인들에게 과장된 질문으로 들릴지 모르지만, 아시아나 러시아인들에게는 현실적인 것임에 틀림없다.[1]

금융위기가 시작되면서 각국 경제가 순식간에 무너지고 그 속에서 각국 국민들이 겪은 고통은 '공황'이라는 말이 아니고는 설명할 수가 없다. 거시경제적인 측면에서도 마찬가지이다. 야데니는 공황을 "재정 및 통화정책의 자극조치에도 경제가 반응을 나타내지 않는 경기침체 현상"이라고 정의한다. 수많은 개도국과 체제전환국들이 겪은 '금융위기'야말로 이러한 정의에 잘 어울리는 대표적인 공황의 사례가 아닐 수 없다. 이들이 경험한 고통과 혼란은, 비록 기간은 짧을지 몰라도, 1930년대 세계대공황 당시에 못지 않았다. 따라서 동아시아 금융위기는 동아시아 공황으로, 러시아 경제위기는 러시아 공황으로, 한국의 금융위기는 한국의 공황으로 각각 용어를

---

1) Edward Yardeni, "Great Depression Ⅱ", 1998. 9. 14.(야데니의 홈페이지, http://www.yardeni.com).

바꾸어야 할지도 모른다.

금융위기가 본격화하면서 통화와 주가가 각각 50% 이상 폭락했지만 정부의 어떠한 대책도 먹혀들지 않았다. 경제성장률은 −10% 가까이 주저앉았고 기업들의 도산이 잇따르면서 수백만 명의 노동자들이 하루아침에 일자리를 잃었다. 수천 명의 노숙자들은 길거리나 역 대합실, 또는 지하도에서 새우잠을 잤다. 일부지역에서는 식량부족 현상마저 나타났고 이에 따른 대규모 폭동이 발발하기도 했다. 희망을 잃은 사람들은 스스로 또는 가족이 함께 목숨을 끊기도 했다.

이러한 형태의 국지적 공황—세계적인 차원에서 보면 국지적 공황이지만 각 국가 국민의 입장에서 보면 세계공황이나 별반 다를 게 없다—은 그러나 어제오늘의 일이 아니다. 짧게 보면 1994년 말 멕시코의 페소화 위기, 달리 말해 멕시코 공황의 연장선상에 있는 것이며, 좀더 길게 보면 1970년대 중반 이후 주기적으로 나타나고 있는 국지적 공황의 한 형태인 셈이다. 자본주의 역사에서 수없이 경험한 공황의 하나이며 오늘날의 공황도 이런 측면에서 살펴보아야 한다.

경제위기는 끝났다?

이제 앞의 문제로 돌아가보자. 과연 세기말 세계경제는 대공황의 블랙홀에서 완전히 빠져나온 것인가? 불행하게도 "빠져나왔다"고 단언할 수 없다. 표면적으로는 위기에서 벗어난 것처럼 보이지만, 동아시아와 러시아, 남미 등을 잇따라 위기에 빠뜨리며 세계를 공포에 몰아넣은 근본적이고 구조적인 문제는 해결되지 않았기 때문이다. 아직도 여진이 지속되고 있는 1997년 하반기~98년 말의 연쇄적 위기에서 성공적으로 벗어난다 하더라도, 글로벌 캐피털리즘 체제가 변화하지 않는 한, 공황의 가능성이 완전히 사라지지 않는다는 얘기다. 오히려 더 높아질 가능성이 많다.

서방선진국 자본의 입장에서 볼 때 글로벌 캐피털리즘은 세계 단일시장 창출을 통한 시장확대와 이윤극대화를 가장 잘 보장해주는 체제가 아닐 수 없다. 그러나 노동자들, 특히 개도국과 저개발국의 노동자들은 핍박을 당하게 되며, 이들의 구매력은 갈수록 떨어진다. 각종 기술이 빠르게 발전하며 생산이 촉진되는 반면 여기에 들어가는 인력 수요는 갈수록 줄어들고 이들마저 가혹한 경쟁체제에서 저임금을 강요당한다. 이같은 과정의 연속은 생산의 무정부성과 수요의 정체라는 자본주의의 고유한 모순을 확대재생산하며 필연적으로 위기, 즉 공황을 불러일으킬 수밖에 없다.

되돌아보면 동아시아에서 시작된 개도국의 연쇄 금융위기는 이러한 자본주의 모순을 극적으로 심화시킨 일대 사건이었다. 1998년 후반~99년 초에 최고조에 이른 세계동시공황 우려는 개도국의 수요위축으로 인한 디플레이션 현상에서 비롯되었다.

이미 세계적으로 자동차와 반도체, 철강, 석유화학 등 각 산업의 소비능력을 훨씬 초과하는 과잉시설을 보유하고 있는 상태[2]에서 개도국의 수요위축은 세계시장에 큰 부담을 주었다. 특히 동아시아 국가들은 위기극복을 위해 일제히 수출에 매달렸다. 1997년 말 이후 수입이 격감하는 가운데 수출에 경쟁적으로 나서 무역수지가 모두 적자에서 흑자로 돌아섰다. 한국은 1997년 무역적자가 86억 달러에 달했으나 1998년에는 390억 달러의 흑자를 기록했고 태국, 인도네시아도 마찬가지였다. 이들 구제금융 3국과 말레이시아, 필리핀 등 동아시아 5개국의 1998년도 무역흑자 규모는 모두 850억 달러로 1997년의 150억 달러에 비해 무려 5.6배나 늘어났다. 세계적인 소비(무역적자)국이 생산(무역흑자)국으로 바뀌어 세계시장에 물건을 쏟아냈다.

이들의 수요위축으로 각종 원자재 가격도 급락세를 보였다. 대표적인 산업용 원자재인 원유가격은 1997년 초에만 하더라도 배럴당

---

2) "The Threat of Deflation", *Business Week*, 1997. 11. 10.

20달러에 육박했으나 1998년 말에는 10달러 아래로 떨어지며 20여 년 만의 최저치로 곤두박질쳤고 금과 니켈, 구리 등도 각각 10여 년 만의 최저수준을 맴돌기도 했다. 기상이변으로 농업생산이 타격을 받았음에도 불구하고 수요가 더욱 크게 줄어들어 곡물가격도 하락세를 보였다. ≪이코노미스트≫가 집계하는 원자재 전품목 가격지수는 1997년 5월부터 1998년 하반기까지 1년 3개월 동안 30%나 폭락했다.3)

이로 인해 글로벌 캐피털리즘 체제의 외곽에 있는 중동지역을 비롯해 지구상의 더욱 많은 국가가 위기에 휩싸였다. 1998년 이라크는 석유수출제한 등 미국의 경제제재로 거의 모든 경제활동이 마비되었고, 이란은 재정적자가 60억 달러에 이르러 외채상환이 불가능했다. 친서방국가인 사우디아라비아는 석유수입 감소로 재정적자가 국내총생산(GDP)의 12% 수준인 150억 달러에 달했고, 재정적자가 70억 달러에 이른 쿠웨이트에서는 주가가 1998년 한해 40%나 폭락했다. 요르단은 디나르화 가치가 폭락하는 가운데 실업률이 30%를 넘어 IMF의 긴급자금지원을 받아야 할 처지에 놓이기까지 했다.

호주, 뉴질랜드, 캐나다, 아르헨티나, 칠레, 브라질 등도 모두 원자재 가격폭락에 취약한 국가들로 상당한 경제적 충격을 받았다. 심지어 미국의 농업도 큰 타격을 받아 댄 글릭먼 농무장관은 미국 농부들이 10년 만에 최악의 위기상황을 맞았다고 우려하기도 했다.4)

이러한 글로벌 경제의 연쇄효과(ripple effect), 즉 '위기의 확대재생산' 과정이 1997년 하반기부터 1년 6개월 이상 지속되며 1999년 초에 최고조에 이르렀던 것이다. 또 이러한 상황이 재연될 가능성을 배제할 수 없다는 데 문제의 심각성이 있다.

---

3) "On the Edge of Global Chaos", *Financial Times*, 1998. 8. 29.
4) "More Signs of Looming Global Deflation", *AP*, 1998. 10. 27.

세계경제의 엔진이 공황의 뇌관으로

그렇지만 이러한 연쇄반응이 곧바로 세계경제의 동시공황을 유발하지는 않았다. 특히 위기의 진원지였던 세계금융시장이 1999년 2월을 고비로 급속히 안정되며 위기의 확대재생산을 막았다.

그것은 무엇보다 전세계의 신흥개발국이 차지하는 세계총생산 비중이 17%에 불과하기 때문이었다. 개도국과 저개발국, 체제전환국 등 주변부 국가들을 모두 합쳐도, 인구로는 80% 이상을 차지하지만, 세계경제에서의 비중은 3분의 1 정도밖에 안 된다. 나머지는 미국과 유럽, 그리고 일본 등 중심부의 몫이다. 특히 미국이 주변국 금융위기의 파장을 흡수하며 세계경제의 동시침몰을 막는 강력한 버팀목 역할을 해왔다.

그러나 이러한 미국경제의 팽창이 무한정 지속될 수는 없다. 1998년 이머징 마켓의 잇따른 붕괴에도 불구하고 세계경제성장률을 플러스로 돌려놓는 데 결정적인 역할을 한 미국의 경기팽창에 제동이 걸리는 순간, 공황이 현실화할 것으로 예상하기 어렵지 않다. 아이러니컬하게도 미국경제의 급브레이크 요인은 바로 버블(거품)논쟁까지 유발하며 승승장구하고 있는 미국 주식시장이다.

미국 주식시장은 그 동안 미국 국민들에게 엄청난 부를 가져다주면서 이들의 폭발적인 소비열기를 지탱해온 기둥이었다. 앞서 지적한 대로 베이비붐 세대는 상승하는 주가로 노후를 대비하며 거의 저축을 하지 않은 채 소득의 대부분을 소비하고 있다. 연금의 주식투자도 매우 활발하다. 1988년 이후 주식자산의 증가액이 가계 수입액의 2.1배에 달해 그 동안의 투자는 대단히 성공적인 것이었다. 때문에 클린턴 정부는 주가상승세를 지속적으로 유지해야 할 필요가 있었으며, 눈덩이처럼 불어나는 무역적자에도 불구하고 강한 달러를 고수하는 것도 이 때문이다.

그러나 이에 대한 우려는 바로 미국 내부에서 나오고 있다. 조지 소로스 퀀텀펀드 회장은 1999년 1월 일본 ≪니혼게이자이(日本經濟)

신문≫과의 인터뷰에서 "미국은 1980년대 후반 일본의 거품경제 붕괴 때와 같은 자산거품상태가 진행되고 있으며 이것이 꺼질 때 미국이 다음 세계경제위기의 진원지가 될 것"이라 경고했다. 그는 또 "미국은 세계 각지의 경제위기를 향유하고 있으나 그 결과 미국 소비자는 버는 것 이상으로 소비할 수 있게 되었다. 하지만 그것은 건전하지도, 오래 지속될 수도 없다. 이런 점에서 다음의 경제위기는 이런 붐이 끝날 때 미국에서 일어날 것이다"라고 우려했다.

앨런 그린스펀 미국 연방준비제도이사회(FRB) 의장도 1999년 1월 20일 하원 세출위원회 증언을 통해 브라질 경제위기의 파장보다 미국 주식시장 자체의 거품붕괴 가능성이 더 위험하다고 우려했다. 그린스펀 의장은 미국경제가 주가상승과 왕성한 소비지출에 의존하고 있지만 주가의 급락 또는 상승세 둔화만으로도 소비지출이 억제될 수 있다고 말했다. 그는 또 사회보장기금을 주식투자에 허용하려는 클린턴 대통령의 구상은 "주식투자에 대한 정치적인 개입이 이루어질 수 있으며 자원배분 왜곡을 통해 경제전반에 나쁜 영향을 미칠 수 있다"고 비판하기도 했다.

영국의 ≪파이낸셜 타임스≫도 "전세계 경제가 직면할 수 있는 최대의 위험은 그 동안 기적적인 '부의 제조기' 역할을 해온 미국 주식시장이 반대결과를 낳을 수 있다는 점"이라고 단정했다. 이 신문은 또 "미국 주식시장이 50% 하락하면 다음해 미국의 GDP는 주가하락이 없는 경우와 비교해 7% 하락할 것이다. 정부가 상당히 유연한 통화정책을 쓴다 하더라도 GDP 축소규모가 5%에 달할 것"이라며 미국 주가가 폭락할 경우 미국은 물론 전세계 경제가 치명적인 상처를 입을 것이라고 경고했다. 세계경제가 월가의 자율조절 능력에 저당 잡혔다는 지적이었다.[5]

1999년 봄 아시아 증시의 회복, 남미의 경제혼란 진정 등에 힘입

---

5) "On the Edge of Global Chaos", *Financial Times*, 1998. 8. 29.

어 다우지수가 사상최고치 행진을 거듭하는 것과 비례해서 버블우려가 고조된 것 역시 이러한 불안심리의 표현이라 할 수 있다. 마땅한 투자처를 찾지 못하던 투기자본들이 미국증시에 대량 유입되어 다우지수가 상승세를 나타냈지만 그와 똑같이 위험성도 커지고 있는 셈이다. 한마디로 곳곳에 대형지뢰가 매설되어 있는 셈이며 그것이 세계의 중심부를 향하고 있는 것이다.

적은 자본주의 내부에 있다

이러한 세기말 세계경제의 위험요인보다 더 큰 위험이 있다. 그것은 외부가 아니라, 글로벌 캐피털리즘 체제 내부에 있다. 바로 금융시장의 불안정성이다. 상품교역, 즉 수출이나 수입 같은 실물경제와는 아무런 상관도 없이 지구촌을 떠도는 수조 달러의 투기자금들은 조금의 차익이라도 남기기 위해 이 시장에서 저 시장으로 광속으로 자금을 이동시킨다. 이들 자본은 '시장(market)의 원리'라는 누구도 거역할 수 없는 강력한 명분 아래 무한한 자유를 누리고 있다. 누구의 지시도 받지 않는다. 그렇다고 이 자금이 항상 합리적으로만 움직이는 것은 아니다. 오히려 현실과 다른 방향으로 움직이는 경우가 더 많다. 자금이 움직이면서 특정국가가 위기에 빠지기도 하고 세계금융시장이 극도의 혼란에 빠지기도 한다.

마치 동아시아 국가들이 "섣부른 자본자유화와 취약한 금융시스템의 결합"으로 공황상태에 빠졌듯이 글로벌 캐피털리즘 체제도 똑같은 이유로 공황에 빠질 가능성이 많다. 국제투기자본들은 급속한 자본자유화와 규제완화의 바람으로 국경을 넘어 자유롭게 움직이면서 사실상 단일화된 글로벌 금융시장을 형성하고 있지만 이를 관리하고 감독할 국제기구는 존재하지 않는다. 이러한 금융시장이 실물경제를 왜곡시키고 세계 곳곳의 경제를 망가뜨리고 있는데도 이를 제어할 규제체제는 존재하지 않는다.

소로스는 바로 이러한 금융시장의 불안정성과 시장근본주의가 세계경제를 위협하고 있다며 이런 상태가 지속된다면 세계적인 불황이 도래할지도 모른다고 경고한다.6) 그는 금융시장의 불안정성이 근본적인 위협요인으로 이 체제의 결함을 인식하고 제때에 행동하지 않으면 글로벌 캐피털리즘은 붕괴될 것이라고 경고하기도 했다.

동아시아 금융위기가 촉발된 지 1년 2개월이 지난 1998년 9월과 10월의 세계금융위기는 이러한 가능성을 보여준 대표적인 케이스이다. 당시 헤지펀드들은 예상을 벗어난 러시아의 모라토리엄 선언으로 막대한 손실을 입은 상태였다. 롱텀 캐피털 매니지먼트(LTCM)를 비롯한 일부 헤지펀드들은 파산위기에 몰리기까지 했다. 이들은 손실을 만회해야만 했다. 그러기 위해서는 새로운 투기대상이 필요했다. 바로 미국 달러화였다.

그들은 동아시아 금융위기 이후 주기적으로 나타난 세계금융혼란으로 미국경제가 '피로 조짐'을 나타내고 있는 데 주목했다. 러시아와 남미의 금융위기는 미국경제를 더 어렵게 만들 것으로 분석되었다. 여기에다 미국과 일본정부는 엔화 약세에 따른 중국 위안화 평가절하 가능성을 불식시키기 위해 시장 공동개입을 준비하고 있었다. 이러한 움직임은 헤지펀드들에게 중요한 투자기회였다. 다른 펀드들보다 먼저 달러화를 팔고 엔화를 매입하면 막대한 이익을 볼 수 있었다. 정치권의 움직임도 달러화 공격에 유리한 환경을 제공했다. 클린턴 대통령은 섹스스캔들로 탄핵위기에 처해 있었다. 10월에는 클린턴이 장관과의 통화중에도 르윈스키와 '부적절한 관계'를 맺었다는 스타 검사의 보고서가 공개되어 미국 정가는 그야말로 벌집을 쑤셔놓은 듯 뒤죽박죽이 되어가고 있었다. 지도력의 공백기를 틈타 세계 유일의 수퍼파워인 미국과 한판 승부를 벌일 기회가 온 것이다.

여기에 불을 지핀 것이 러시아 모라토리엄으로 엄청난 손실을 본

6) 조지 소로스, 앞의 책, pp. 190~197.

미국의 타이거 펀드였다. 타이거 펀드는 9월 초 미국 달러화를 팔고 엔화를 매입했다. 이를 신호로 헤지펀드들이 이 대열에 속속 가담했다. 투기자본이 패를 지어 움직이는 '양떼' 속성을 유감없이 발휘해 시장분위기가 이전의 '달러 매입—엔화 매각'에서 '달러 매각 —엔화 매입'으로 180도 바뀌었다. 이 대열에 편승하지 못하면 손실을 볼 수밖에 없었다. 이 바람에 달러당 147엔에 거래되던 엔화가 며칠 만에 달러당 110엔대로 폭등했다. 반대로 달러화 가치는 폭락했다. 급격한 달러 약세는 곧바로 뉴욕 증시에 치명타를 날렸다. 7월 9,300까지 치솟았던 다우지수는 순식간에 7천 선으로 밀렸다. 주가가 오르더라도 달러화 가치가 그보다 더 크게 떨어지면 손해를 볼 수밖에 없기 때문에 투기자본들은 일단 주식을 내던졌다. 뉴욕증시의 혼란은 전세계 주식시장을 덮쳤다. 아시아와 유럽 증시가 동반 폭락세를 보이며 국제금융시장 전체가 앞날을 예측할 수 없는 극심한 혼돈 속으로 빨려 들어간 것이다.

이대로 두었다가는 소로스가 지적한 대로 세계자본주의 체제가 붕괴될지도 모른다는 우려가 확산되었다. 당장의 이익을 쫓아 날뛰는 투기자본들은 이러한 우려에도 불구하고 투기행위를 멈추지 않았다. 그렇지만 국제사회는 투기자본들의 광포한 움직임을 제어할 어떠한 견제장치도 갖고 있지 못했다. 가능한 수단이란 각국이 정책의 공동보조를 취해 안정을 도모하는 수밖에 없었다. 탄핵위기에 몰려있던 클린턴과 루빈 재무장관은 영국과 프랑스, 독일, 일본 등 선진국의 카운터 파트들과 긴밀히 연락하며 금융시장 불안의 진화방안을 찾았다. 핵심은 경제에 활력을 불어넣기 위해 금리를 동시에 인하하는 것이었다. 그러나 쉬운 일이 아니었다. 각국의 경제상황이 다르기 때문에 일부 국가에서는 선뜻 금리인하에 동조하지 않았다. 이러한 국제공조체제의 균열 소식이 전해질 때마다 금융시장은 요동을 쳤다. 국제사회의 지도력 공백에 대한 우려도 높아졌다.

사정이 급박하게 돌아가는 가운데 10월 초에는 IMF—세계은행 연차총회와 서방선진 7개국(G7) 정상회담 등이 잇따라 열려 어렵게나마 국제공조 방안의 윤곽이 마련되었다. 각국이 금리를 인하하고 미국은 하원에 계류중인 IMF 증액안이 조속히 가결되도록 노력하는 한편 일본은 소비진작을 위한 경기부양책을 실시한다는 것이었다. 또 일본은 300억 달러의 기금을 조성해 아시아 경제부양을 지원하겠다고 발표했다. IMF는 금융위기국에 대한 긴축일변도의 정책에서 벗어나 일정한 통화확대를 통한 경기진작에 나서고 브라질과 진행하고 있던 구제금융협상에 가속도를 붙였다. 국제금융체계의 개편에 관한 논의도 본격적으로 대두되기 시작했다.

국제공조방안이 마련되는 가운데 미국이 먼저 9월 29일에 금리인하를 단행했고 이어 10월 15일, 11월 17일에도 금리를 추가인하했다. 미국이 보름에서 1개월 단위로 금리를 인하한 것은 이례적인 일이었다. 특히 10월과 11월의 금리인하 때는 1996년 1월 이후 2년 8개월간이나 손을 대지 않던 재할인금리까지 내려 강력한 시장안정 의지를 천명했다. 미국의 금리인하에 이어 영국과 일본, 네덜란드 등도 속속 금리를 인하했다. 미국하원에 계류 중이던 IMF 기금 증액안도 조만간 가결될 것이라는 소식이 전달되었다. 이러한 국제공조체제가 가동되면서 국제금융시장이 안정을 찾아가기 시작했다. 미셀 캉드쉬 IMF 총재와 제임스 울펀슨 세계은행 총재, 로버트 루빈 미국 재무장관 등 국제금융계의 황제들은 아시아 위기가 최악의 상황을 지났고, 남미 경제도 곧 안정을 찾을 것이라며 불안에 떨고 있던 국제금융자본을 달래기에 여념이 없었다. 그야말로 총력전을 펼친 것이다.

국제공조체제를 통해 급한 위기를 넘길 수 있었다. 그렇다고 해서 국제금융시장의 본질적인 불안정성이 해소된 것은 아니다. 그 불안정성을 기반으로 형성되고 있는 것이 바로 글로벌 캐피털리즘이기 때문이다. 더욱이 1998년 가을에만 하더라도 국제금융체계를 금방이라도 개편할 것처럼 나섰던 서방선진국 지도자들이 불과 6개월 정도 만에 이 논의를 슬그머니 접어버렸다. 세계금융시장이 안정을 찾아가자 헤지펀드나 단기투자자금 이동을 규제하자던 목소리는 작아지고 각국 금융정책의 투명성을 강화하자는 원칙적인 입장만 강조했다. 이런 상태라면, 달리 말해 국제금융시장을 근본적으로 개편하지 않는다면 언제 어느 순간에 금융불안이 재연될지 알 수 없다는 것이다.

1930년대 공황이 재연될 것인가?

사람들은 흔히 미래의 일을 생각할 때 과거의 경험을 들추어낸다. 과거의 경험에서 오늘을 사는 지혜를 얻을 수 있기 때문이다. 공황을 얘기할 때도 1930년대의 역사적 경험에 비추어 생각하기를 좋아한다. 사실 1998년 말의 세계경제위기는 여러 측면에서 70년 전의 세계대공황과 비슷한 모습을 보였다. 세계적인 과잉투자로 공급과잉 현상이 나타난 점이라든가 소비수요가 줄어 디플레이션 현상이 나타난 점 등은 아주 닮은 모습이었다. 각국의 무역전쟁이 격화되며 부분적이나마 보호무역주의 바람이 분 것도 우려되는 대목이다. 생산의 무정부성과 수요 위축이라는 자본주의 체제의 근본모순이 글로벌 캐피털리즘의 형성과 함께 심화되고 있는 것도 마찬가지이다.

도이체방크의 야데니는 1930년대와 오늘날의 공황전야 상황이 아주 유사하다며 1930년대에는 미국이 공황의 진원지였지만 오늘날에는 "일본이 파멸로 향하며 똑같은 길을 걷고 있다"[7]고 지적했다. 폴 크루그먼도 러시아 경제붕괴에서부터 제3세계의 금리폭등과 무더기 기업 도산, 일본의 금융개혁 실패와 엔화 폭락, 미국 주가 폭락으로 이어지는 세계대공황의 시나리오를 제시하고 "이러한 시나리오가 단순한 허구라고 생각하지 말라"고 경고했다.[8]

그러나 여기서 70년 전의 상황과 현재의 상황이 지니고 있는 근

---

7) Edward Yardeni, *op. cit.*

8) Paul Krugman, "Let's Not Panic-Yet", *The New York Times*, 1998. 8. 30.

본적인 차이점을 간과해서는 안 된다. 두 시기를 단순비교하기에는 너무나 큰 차이가 있기 때문이다. 가장 큰 차이점은 경제의 세계화가 당시와 비교할 수 없을 정도로 진전되어 있다는 점이다. 정보통신기술도 70년 전에는 도저히 상상할 수 없을 만큼 발전되어 있다. 기술 및 생산력 수준도 마찬가지이다. 정치·사회적으로는 사회주의 세력이 붕괴해 자본주의 체제로 사실상 단일화되어 있다는 점도 무시할 수 없다. 이들은 모두 유기적으로 결합하며 오늘날의 자본주의 체제를 구성하고 있다.

이 가운데서도 정보통신기술의 혁명적 발달에 따른 세계화의 진전은 세계경제의 불안요인을 이 지역에서 저 지역으로 빠르게 전염시키는 요인이 되기도 하지만 동시에 불안의 징후를 조기에 포착해 이에 대한 국제적인, 그리고 순발력 있는 대응을 가능케 하는 측면도 있다. 특히 각국의 중앙은행과 국제금융기구들의 초대형 컴퓨터들은 국제금융시장의 자금이동을 소상히 들여다보고 있으며 이상징후가 나타날 경우 경고사인을 보낸다. 각 중앙은행의 투명성을 높이고 정보를 적시에 공개하는 방안도 마련되고 있다. 70년 전과 달리 오늘날에는 최소한 세계경제의 불안정에 대한 공통인식을 가능케 하는 시스템 정도는 마련되어 있다고 할 수 있다. 그만큼 경제불안의 초기국면에 국제공조를 취할 수 있는 기반이 갖추어져 있는 것이다.

앞서 지적했던 1998년 9~10월 G7 정상과 재무장관, 중앙은행 총재 등이 연달아 회동하며 불안의 원인에 대해 논의하고 금리인하를 비롯한 공동노선을 취하면서 대공황의 위기를 넘긴 것은 국제공조의 가능성을 잘 보여준 것이라 할 수 있다. 물론 각국의 이해가 일치하지 않아 일사불란하게 움직이지는 못했지만 이것조차도 70년 전에는 이루어지기 어려웠던 일이었다.

또 한 가지 간과해서는 안 될 사실은 변화의 '속도'다. 인류역사 이래 변화의 속도는 그야말로 가속페달을 밟고 내리막길을 달려가는 형국이다. 인류가 지구상에 등장한 후 농업혁명을 이루기까지는 수만 년의 세월을 기다려야 했다. 그러나 이로부터 고대국가를 건설하는 데 걸린 시간은 수천 년으로 축소되었고, 이 고대국가가 중세사회로 넘어오는 데는 1천~2천 년으로 단축되었다. 중세사회가 산업혁명으로 근대사회로 넘어오는 데는 수백 년으로 줄어들었고 20세기 1백 년간 나타난 변화는 이전 수만 년간 일어난 변화보다도 그 폭과 깊이가 훨씬 깊고 넓었다. 단순 산술적으로 오늘날 1~2년 사이에 벌어지는 변화는 인류역사 초기의 수백 년, 아니 수천 년의 변화에 버금가며 20세기초의 10여 년 동안 나타났던 변화가 오늘날에는 1~2년 또는 2~3년 만에 일어나고 있다. 그만큼 인류역사의 변화에 가속도가 붙고 있다.

경제적인 변화도 마찬가지다. 오늘날 사람들이 눈치채지 못하는 사이에 엄청난 변화가 우리를 휙휙 스쳐 지나가고 있다. 무수한 기업과 새로운 기술이 등장해 비약적으로 성장했다 소리 없이 사라지는가 하면, 어제의 이론이 하루가 지나면 낡은 이론으로 바뀌어버린다. 유행도 하루가 다르게 변하고 그 변화는 전지구적으로 거의 시차를 두지 않고 동시적으로 진행된다. 무감각하게 보내는 순간마다 인류역사의 시계는 달음박질을 치고 있는 것이다. 물론 이러한 변화의 '속도'를 단순히 오늘날의 국제경제 변화에 꿰맞출 수는 없다. 때로는 이것이 위험천만한 일이 될 수도 있으며 엉뚱한 결론으로 이어질 수도 있다. 하지만 갈수록 가속도를 내고 있는 변화의 속도를 엄연한 현실로 받아들인다면 이것이 현대 자본주의 체제의 변화에 얼마나 강력한 영향을 미치는가를 금방 알 수 있다.

이런 속도의 측면에서 봤을 때 동아시아 금융위기 이후 1~2년 동안 나타난 일들은 세기 초 10년 이상의 기간에 벌어진 일에 버금간다. 이 기간 동안 동아시아 국가들은 지난 1930년대의 대공황기 7~8년간 서방선진국들이 경험했던 것 이상의 혹독한 '공황'을 경험했다. 이를 러시아나 중남미, 그리고 동구의 국가들도 겪었거나 아직도 겪고 있다. 물론 이들 국가가 위기를 극복하고 새로운 발전의 기틀을 마련해나가는 과정은 1930년대와 분명히 다르다. 하지만 금융시장의 급속한 붕괴라는 '공황국면'에 처한 지 1년 안팎의 시간을 지나면서 여기에서 빠르게 벗어나고 있다. 또 1930년대에는 공황이 코앞에 닥쳤을 때 각국이 허겁지겁 대책마련에 나섰으나 그것은 이미 때가 늦은 것이었다. 오늘날에는 이보다 몇 배, 아니 몇십 배 빠르게 대응해 세계 동시공황을 차단하는 데 성공했다. 이러한 대응 역시 기술의 발달뿐만 아니라 '시간의 단축효과'를 보여주는 것이 아닐 수 없다.

이처럼 1930년대와 20세기말의 변화된 상황을 감안할 때 세계경제가 위기에 빠지더라도 이것이 1930년대와 같은 세계공황으로 곧바로 치닫기보다는 다른 양상을 나타낼 가능성이 높다. 국제사회의 발빠른 대응으로 세계동시공황을 차단할 가능성이 높아졌다는 얘기다. 실제로 선진국 지도자들은 개도국이나 저개발국의 금융위기가 나타나더라도 여러 가지 장치를 통해 이것이 세계동시공황으로 이어지지 않도록 필사의 노력을 하고 있다. 또 이를 가능케 하기 위한 조기대응 시스템도 모색하고 있다.

바로 이것이 세기말의 공황과 1930년대의 세계대공황이 갖는 근본적인 차이점이 될 것이다. 1930년대에는 각국의 뒤늦은 대응으로 세계공황을 맞았지만 오늘날에는 정교하게 고안된 시스템을 통해 이를 막아내면서 경제구조가 취약한 국가들을 연속적으로 무너뜨리며 글로벌 캐피털리즘 체제에 편입시키는 국지적 순환공황으로 마무리할 가능성이 높다. 동아시아와 러시아, 남미의 위기는 바로 이러한 국지적 순환공황의 한 형태이며, 이는 세계적 규모의 자산건전화 작업, 즉 글로벌 워크아웃의 의미를 지니고 있다.

이러한 과정을 거쳐 동아시아와 러시아, 남미, 동구 등은 차례로 글로벌 캐피털리즘에 강고하게 편입되었으며, 이로써 세계자본의 지배체제도 완성되어 가고 있는 것이다. 만일 이렇게 국지적 순환공

황이 지구촌을 휩쓸고 지나간다면, 그리고 서방선진국들이 70년 전
과 같은 세계대공황을 막아낸다면, 이는 글로벌 캐피털리즘을 완성
하는 결정적인 계기로 자리잡을 것이 분명하다. 또 이렇게 될 가능
성이 점차 높아지고 있다.

　소순환이든 대순환이든 경기순환이 반복될 때마다, 그리고 주기
적인 공황을 거칠 때마다 산업구조의 재편이 이루어지거나 자본주
의 체제의 변화가 나타났듯이 이번의 국지적 순환공황 역시 자본주
의의 새로운 단계인 글로벌 캐피털리즘의 탄생을 알리는 종소리가
될 것이다. 바로 여기에 아시아 금융위기로부터 시작된, 개도국과
체제전환국 경제의 연쇄적인 붕괴가 갖는 역사적 의미가 있다. 이는
세계체제를 붕괴시키지 않으면서 무한한 가치증식을 이루고자 하는
자본의 본래적 속성에 충실한 것이기도 하다.

제16장 미국식 자본주의의 종언

유럽의 '붉은 장미' 르네상스

1997년 5월 보수당을 누르고 노동당을 승리로 이끌며 총리에 오른 43세의 토니 블레어가 런던 다우닝 가 11번지의 총리관저로 이사하는 모습은 세계인들의 이목을 집중시키기에 충분했다. 그는 청바지와 티셔츠 차림으로 가재도구를 직접 날랐다. 그의 아내와 세 자녀도 자신들이 소중하게 여기는 물건들을 하나씩 차에서 내려 관저로 옮겼다. 거기에는 남편이 아내에게, 아빠와 엄마가 아이들에게, 그리고 아이들이 엄마와 아빠에게 생일선물로 준 책과 인형 같은 소품도 들어 있었다. 블레어가 자신의 짐을 손수 나르는 모습에서 대영제국의 최고권력자가 풍기는 권위와 격식은 찾기 어려웠다. 다만 이웃의 마음씨 좋은 아저씨, 가족과 가정을 사랑하는 자상한 영국 가장의 모습이 담겨 있었다.

이러한 블레어 총리의 서민적인 면모는, 확실히 그의 실용적인 정책노선과 잘 어울렸다. 거기에는 또 새로운 영국을 건설하고자 하는 그의 자신감이 담겨 있었다. 이사장면은 주요 언론들을 통해 상세하게 전달되어 그의 인기도를 무려 90%대로 끌어올리는 데 큰 역할을 했다. 블레어의 인기는 영국에서만 그치지 않고 인근 유럽지역으로 확산되었다. 전후 영국의 보수당과 노동당 지도자를 막론하고 이처럼 폭넓은 인기를 얻은 지도자는 없었다. 영국국민들은 대처에서 메이저에 이르기까지 18년간 정권을 독식해온 보수당을 대신해, 40대 초반의 이 젊은 지도자가 영국사회에 새로운 바람을 불러일으킬 것으로 기대했다. 이러한 영국국민들의 열망 역시 서유럽 주민들이 공통적으로 갖고 있던 것이었다.

유럽주민들은 1980년대 이후 시장경제논리에 따른 지속적인 구조조정과 규제개혁, 노동시장 유연화, 그리고 무한경쟁체제로 많은 고통을 받고 있었다. 특히 이들의 최대 골칫거리는 갈수록 높아지는 실업률이었다. 10여 년 동안 연간 2~3%의 완만한 성장률을 기록하고 있었음에도 실업률은 오히려 높아져 10%를 웃돌았다. 고용 없는 성장이 지속된 것이었다. 젊은층의 실업률은 더욱 높아 20%를 넘었다. 학교교육을 마치고 사회로 나오는 젊은이들 가운데 4분의 1 정도가 실업자로 방치되는 상황이었다. 그럼에도 유럽 각국의 우파 정권들은 1999년 1월의 화폐통합 요건을 충족시킨다는 명분 아래 사회복지를 축소하는 등 사태를 오히려 악화시키고 있었다.

이러한 '유럽병'이 1990년대 후반 유럽의 정치판도를 우파에서 좌파로 급속히 이동시켰다. 영국 블레어 총리의 인기는 이러한 권력 이동의 기폭제 역할을 했다. 유럽 사회주의의 상징인 '붉은 장미'가 꽃망울을 다시 틔우기 시작한 것이다. 동아시아와 러시아, 중남미 등 전세계 대부분의 개도국과 체제전환국들이 신자유주의를 기치로 하는 글로벌 캐피털리즘의 망령에서 헤어나지 못하고 있던 바로 그 때, 유럽에서는 신자유주의 물결이 퇴조하고 새로운 중도좌파의 바람이 불고 있었던 것이다.

영국총선이 실시된 후 1개월 뒤에는 프랑스에서 리오넬 조스펭이 이끄는 사회당이 치열한 접전 끝에 의회 다수의석을 장악하는 데 성공했다. 리오넬 조스펭은 젊은이들에게 70만 개의 일자리를 창출하고, 근본적인 실업감축을 위해 주당 노동시간을 39시간에서 35시간으로 줄이겠다는 공약을 내걸어 선거를 승리로 이끌었다. 유럽 통화통합을 위한 긴축정책과 신자유주의적 경제개혁을 추진하던 알렝 쥐페의 우파연합에 대한 국민적 반발이 조스펭의 인기를 높여주었다.

그로부터 다시 1년 2개월 후인 1998년 9월에는 독일에서 혁명이 일어났다. 54세의 게르하르트 슈뢰더 사민당 당수가 헬무트 콜의 기민당을 누르고 승리한 것이다. 전후 독일에서 사민당이 정권을 장악한 것은 이것이 처음이었다. 더구나 콜은 1980년대 초반 이후 16년 동안 집권하면서 독일통일을 이루고 유럽통화 및 경제통합의 기초를 마련한 유럽정치계의 거물 가운데 거물이었다. 이러한 콜을 누르고 슈뢰더가 집권한 것 자체로도 독일은 물론 유럽사회에 큰 충격이 아닐 수 없었다.

독일 좌파세력의 집권은 유럽 정치지형을 사실상 좌파로 통일시키는 역할을 했다. 1996년 이탈리아에서 올리브동맹이라는 좌파연합이 정권을 장악하며 불기 시작한 좌파바람이 '유럽경제의 기관차'로 불리는 독일까지 번짐으로써 유럽연합 15개국 가운데 스페인과 아일랜드 두 국가만 빼고 모두 좌파단독 또는 좌파가 참여한 연합세력이 정권을 장악한 것이다. 시장원리를 최고가치로 여기는 신자유주의와 이를 기치로 한 미국식 자본주의에 염증을 느낀 유권자들이 세기말 유럽 정치지형에 '붉은 장미의 르네상스'를 연출시킨 것이었다.

더욱이 좌파 바람을 일으킨 주역들은 1960년대 말~70년대 초의 자유분방한 지적 분위기 속에서 청년시절을 보낸 인물들이란 점에서 관심을 모았다. 1960년대 말 유럽학생운동을 주도했던 이른바 '68세대'가 유럽정치의 전면으로 등장한 것이다. 영국의 블레어는 학창시절 장발에 록 밴드를 조직하는 등 히피에 가까운 생활을 했고 독일의 슈뢰더 정권에는 1960년대 말 유럽학생운동 지도자들이 다수 참여하였다.

자본의 총체적 위기와 제3의 길

유럽 정치지형을 바꾼 이들 좌파들은 극단적 시장중심주의는 물론 경직된 사회주의 노선을 거부하면서 국가가 부분적으로 시장에 개입하는 새로운 세계질서를 주창하고 나섰다. 이에 앞장을 선 것이 영국의 블레어 총리였다. 그는 전세계 금융시장에 동시공황의 공포가 급격히 고조되던 1998년 10월 21일 미국 뉴욕 대에서 열린 세계경제에 관한 토론회에서 이러한 입장을 담은 '제3의 길'을 제창해 주목을 끌었다.

세계의 언론들은 블레어의 이날 발언을 대서특필했고, 그가 주장한 제3의 길은 자본의 총체적 위기가 눈앞의 현실로 다가온 1998년 가을 국제사회의 중심적인 화두로 급부상했다. 더욱이 블레어는 유럽 신(新)좌파의 상징적인 인물로 지목되던 터여서 더욱 많은 관심을 모았다. 게다가 미국의 클린턴은 르윈스키와의 섹스스캔들로, 러시아의 옐친은 국가파산과 자신의 건강문제로, 일본의 오부치는 자국경제난으로 각각 어려움에 처하는 등 세계지도력의 공백양상마저 나타나 블레어의 주장에 힘이 실리지 않을 수 없었다.

블레어는 뉴욕대 연설과 세계 각국의 주요 언론사에 기고문을 보내 제3의 길을 전파하는 데 열을 올렸다. 그는 제3의 길을 다음과 같이 설명했다.

제3의 길은 현대 사회민주주의의 혁신이자 계승이다. 이것은 좌와 우의 단순한 타협이 아니다. 제3의 길은 중도파와 중도좌파의 핵심적 가치를 취하여 이것을 근본적으로 변화된 사회 및 경제적 환경에 적용시키는 것이다. 우리는 그렇게 함으로써 낡은 이데올로기로부터 해방될 수 있다.

오늘날 우리는 가공할 위협에 직면해 있다. 지구촌 단일시장의 등장, 지속되는 빈곤과 사회적 소외, 증가하는 범죄, 가족의 해체, 여성 역할의 변화, 기술과 노동의 혁명적 변화, 정치에 대한 대중적 혐오와 민주개혁에 대한 깊은 열망, 그리고 광범위한 환경파괴와 사회안전의 위협 등 수없이 많은 도전이 우리 앞에 놓여 있으며 이들은 모두 국제사회의 공동대처를 요구하는 것들이다.

사람들은 새로운 지도력을 원하고 있다. 그들은 어떻게 변화해야 하고 번영해야 하는지, 그리고 변화하는 세계에서 안정과 안전을 어떻게 확보해야 하는지 알고 싶어한다. 그들은 결속과 사회정의, 책임과 기회라는 중도좌파의 전통적인 가치를 받아들인다. 그러나 낡은 사고방식에서 단호하게 벗어나야 한다고 생각한다. 국가에 의한 통제와 고세율, 생산자 이익에 경도된 구좌파의 노선은 물론 협소한 개인주의와 자유시장이 모든 문제에 해답을 제공한다는 신자유방임적 우파를 넘어서야 한다는 것 말이다.

제3의 길은 중도좌파 내에서의 새로운 출발을 주장한다. 20세기의 좌파는 두 가지의 흐름에 의해 지배되어왔다. 하나는 국가통제 자체를 하나의 목표로 간주하는 근본주의적 좌파이며, 다른 하나는 이러한 본질적 방향을 수용하면서도 타협을 선호하는 중도좌파이다. 제3의 길은 이에 대한 진지한 재평가이며 두 가지 흐름, 즉 민주적 사회주의와 자유주의를 통합함으로써 활력을 얻고자하는 새로운 시도라 할 수 있다.

유럽전역에서 구좌파와 신우파는 지금까지 서로 다른 길을 걸어왔고 지금도 걷고 있다. 거기에는 제3의 길에 대한 합의된 청사진이 없다. 그러나 유럽의 진보적인 정당들은 공동의 가치를 지니고 있으며 우리 모두 새로운 도전에 맞서 자신을 변화시킬 태세를 갖추고 있다.

영국 노동당은 수년 동안 야당으로 있으면서 거대정부를 옹호하는 민족주의적, 반기업적 정당으로 인식되어왔고 때로는 오해도 받아왔다. 범죄에 대해 온건하게 대처하고 가정생활 문제를 외면해왔으며 이익단체에 의해 좌지우지되는가 하면 더 많은 세금과 공공지출을 선호해왔던 것으로 비판받아왔다. 그러나 새로운 노동당은 이와 다른 제3의 길을 실행에 옮기려 한다.

우리의 경제정책은 자유방임도 아니고 간섭도 아니다. 정부의 역할은 거시경제의 안정을 도모하고, 의존이 아니라 자립을 촉진할 수 있는 세금제도와 복지정책을 만드는 데 있다. 교육을 강화함으로써 국민들의 업무적응 능력을 배양시키고 기간산업을 육성하며 기업, 특히 미래 지식산업을 육성하는 것이 바로 정부의 역할이다. 우리의 정책은 노동조합은 물론 기업지도자들로부터 지지를 받고 있다.

교육은 우선 순위가 높은 중요한 일이다. 높은 교육수준은 국제경쟁력을 높이고 포용력이 있는 미래사회를 여는 데 필수요소다. 대대적 교육투자는 과감한 교육개혁으로 이어질 것이다. 복지나 고용정책 면에서 제3의 길은 사회보장제도의 개혁을 통해 직업을 얻을 수 있도록 길을 열어줄 것을 주장한다. 이 정책은 세금삭감과 함께 고용창출을 저해하는 제재를 줄이는 것이다. 제3의 길은 또 권리와 의무간의 새로운 균형을 추구한다. 청소년 범죄에 대해 더욱 엄격히 대응하고 부모의 책임을 더욱 강조한다. 아동의 요구에 부응하고 가정과 직장이 균형을 갖도록 추구하는 것이다.[1]

이러한 블레어의 신(新)노동당 노선에 이론적 기반을 제시한 앤서니 기든스 런던정치경제대학 총장은 현존하는 복지제도를 완벽하게 현대화하고, 국가나 시장과 다른 이른바 시민사회라는 제3부문이 중요한 기능을 수행하는 새로운 경제체제로 '신혼합경제(New Mixed Economy)'를 주장한다. 전면적인 탈규제가 아니라 복지수준을 일정하게 유지하고, 공동체의 복원과 발전을 촉진시키기 위해 정부가 시민사회의 행위주체들과 동반자로 활동해야 한다는 것이다. 그는 또 "사회민주주의의 논쟁으로부터 실질적인 의제와 실천계획이 만들어지고 있다. 영국은 이 의제와 실천계획에 이바지할 바가 많다. 이 논쟁이 진정으로 여러 국가로 확산될수록 더욱 바람직하다"며 양극단을 뛰어넘는 새로운 노선을 제시하고 있다.[2]

어쨌든 블레어의 '제3의 길' 주장은 당시 국제사회에 확산되고 있던 국제금융시장 개편론과 엇물리며 큰 반향을 불러 일으켰다. 신자유주의 경제체제가 종말적인 위기상황에 처하면서, 무언가 이에 대한 보완장치, 나아가 새로운 자본주의 운영시스템이 필요하다는 공감대가 확산되고 있던 터에 블레어의 '제3의 길'이 적시타를 날린 셈이었다. 비슷한 시기에 집권한 독일 사민당의 슈뢰더 총리도 시장만능의 신자유주의 노선에서 탈피해 국가가 시장에 적절하게 개입하는 신(新)중도노선을 주장하여 국제사회의 반향은 더욱 커졌다.

이들이 주장하는 '제3의 길'이나 신중도노선이 국제금융시장의 구조적 불안정성을 치유하고 세계경제의 안정적·균형적 발전을 가

---

1) Tony Blair, "The Third Way—a Modern Social Democracy", *The Korea Herald*, 1998. 10. 24.
2) 앤서니 기든스, 앞의 책, pp. 225~227.

져올 대안이 될지 판단하기는 어렵다. 또 이것이 개도국과 체제전환국을 글로벌 캐피털리즘 체제에 폭력적으로 편입하며 이 지역주민들의 삶을 벼랑으로 몰아가고 있는 초국적자본의 광포한 움직임을 제어하는 대안이 될 수 있을지, 그리고 이들 세계자본의 대공세 앞에 떨고 있는 주변부국가들이 채택할 수 있는 대안이 될지는 더 따져봐야 할 것 같다.

더욱이 이들 유럽의 좌파들이 1980년대 지속적으로 우경화의 길을 걸어온 점과 이들이 내세우는 대부분의 경제정책이 신자유주의적인 처방과 유사하다는 점을 볼 때 이들 역시 많은 한계를 지니고 있는 것이 분명하다. 또 이들은 시장중심주의와 국가의 시장개입을 모두 부정하면서도 '시장의 논리' 쪽에 상당한 무게중심을 두고 있는 것도 사실이다.

블레어만 보더라도 그는 영국 노동당을 노동자 중심의 정당에서 국민의 정당으로 변화시킨 노동당 개혁의 선두주자이자 핵심인물이다. 그러나 그의 노동당 개혁은 경직된 사회민주주의를 현대적으로 발전시키기보다는 신자유주의적인 정책수단을 채택함으로써 노동당을 '대처리즘'과 큰 차이가 없는 정당으로 탈색시켜버렸다. 경쟁력 강화를 위한 기업의 구조조정과 공기업 민영화, 자본자유화 등의 분야에서는 노동당이 보수당의 정책을 거의 그대로 계승하고 있다.

그럼에도 불구하고 서방 지도자들이 위기에 처한 자본주의의 대안을 마련하기 위해 나섰다는 점에서 상당히 의미 있는 일이자 진보적인 사태전개임에 틀림없다. 더욱이 현실사회주의의 몰락과 신자유주의의 기치를 내건 세계자본의 대공세 앞에서 좌표를 잃고 방황하던 진보진영에게 새로운 가치의 준거를 제시했다는 데에 큰 의미가 있다. 또 실질적인 정치권력과 세계적인 영향력을 지니고 있는 이들이 세기말의 위기국면에서 새로운 가능성을 열어두고 있다는 점에서 주목해야 할 가치가 있다.

미국식 자본주의의 묵시록

유럽에서의 '붉은 장미 르네상스'와 '제3의 길' 등장은 1980년대 이후 전세계적으로 풍미해온 신자유주의, 미국식 자본주의의 포악성과 비인간성에 대한 엄중한 경고이자 명백한 반발이었다. 이러한 반발은 갈수록 확산되었다. 특히 미국식 자본주의의 모순이 폭발하면서 국제사회의 안정이 위협받자 이를 우려하는 목소리가 갈수록 커졌다. 각국의 정치 경제분야 지도자들은 물론 기업가, 각종 국제기구 대표들이 1년에 한 번씩 스위스의 휴양지인 다보스에서 지구촌 현안에 대해 논의하는 세계경제포럼(WEF)은 미국식 자본주의에 대한 성토장이 되어 버릴 정도였다.

1999년 1월 말에 열린 WEF에는 미국의 앨 고어 부통령, 게르하르트 슈뢰더 독일 총리, 코피 아난 유엔(UN) 사무총장, 호스니 무바라크 이집트 대통령, 스탠리 피셔 국제통화기금(IMF) 수석 부총재, 빌 게이츠 마이크로소프트(MS) 회장 등 이름만 들어도 쟁쟁한 그야말로 '세기말의 세계를 이끌어가는 지도자' 3천여 명이 모였다. '책임 있는 세계화'가 이번 포럼의 주제였다.

물론 회의 분위기가 좋을 리 없었다. 1년 6개월 전에 발발한 동아시아 금융위기가 해소되기는커녕 시간이 갈수록 확대되면서 세계경제 전체를 불안에 떨게 하고 있었기 때문이었다. 다보스 회의가 열리기 바로 전에는 남미경제의 40%를 차지하고 있는 브라질이 모라토리엄 위기에 몰리기까지 했다. 위기에 처한 각국의 금융 및 경제 시스템도 문제지만 세계자본주의의 작동시스템에 근본적인 문제가 있음을 드러내는 현상이 아닐 수 없었다. 회의에 참석한 각국 대표 역시 이러한 근본적인 결함에 우려를 표명했다.

코피 아난 유엔 사무총장은 "오늘날 세계화는 엄연한 삶의 현실이 되었다"고 전제하고 "이제 우리는 단기적 이익만 추구하는 세계화와, 인간의 얼굴을 한 세계화 가운데 하나를 선택해야 하는 기로에 놓였다"고 갈파했다. 자본의 이익에만 초점이 맞춰져 진행되는 세계화가 오늘날 지구촌 사회를 위기에 빠뜨리고 있다는 자기반성이기도 했다. 그는 "인간의 얼굴을 한 세계화를 실천하기 위해서는 재계지도자들이 개별기업 단위에서 인간적 가치를 포용하고 실천해야 하며 국제사회도 세계인권선언, 국제노동기구(ILO)선언, 리우환경선언을 실천에 옮기도록 노력해야 한다"고 강조했다.

호스니 무바라크 이집트 대통령도 "세계화 체제가 잊고 있는 것 가운데 중요한 하나는 부자 나라와 가난한 나라 사이의 격차가 갈수록 확대되고 있으며 이들 사이의 진정한 대화도 단절되었다는 점"이라고 말했다. 무바라크 대통령은 특히 "개도국들은 여러 해에 걸쳐 어렵게 이룩한 발전을 수포로 만들어버린 지금의 경제체제가 뭔가 잘못되었다는 느낌을 가지지 않을 수 없다"면서 선진국의 배만 불리는 세계화의 문제점을 지적했다.

이 밖에도 많은 지도자들이 이윤과 생산성에만 집착하는 세계화의 문제점을 성토했다. 미국식 자본주의를 기치로 전개되고 있는 '글로벌 캐피털리즘'에 대한 성토장으로 변한 듯한 착각이 일 정도였다. '세계화'의 선봉장들이 모여 진행하는 다보스 회의가 세계화에 대한 걱정과 우려를 토로하는 회의로 뒤바뀐 셈이었다.

이러한 우려가 표출된 것은 다보스 회의뿐만이 아니다. 심지어 경제문제에 대해서는 거의 언급을 하지 않는 교황조차도 미국식 자본주의의 폐해를 우려할 정도이다. 교황 요한 바오로 2세는 다보스 회의가 열리기 며칠 전 멕시코를 방문한 자리에서 이례적으로 '권고문'을 발표하고 카톨릭 교회는 자본주의의 착취성과 사악성에 주의를 기울여야 한다고 촉구했다. 그는 "이익과 시장의 법칙만을 강조하는 신자유주의가 미주대륙에서 확산되고 있다. 이러한 흐름에 바탕을 둔 세계화는 과거의 노예제도와 달리 더욱 미묘하고 새로운 노예제도를 만들고 있다. 사제들은 아무도 돌봐주지 않는 가난한 사람들을 위한 사회적 역할을 강화해야 하며, 가진 자들과 권력자들에게도 교리를 전파해야 한다"고 말했다. 교황의 이런 발표는 카톨릭

이 우려하는 대상이 기존의 맑스주의나 해방신학이 아니라 이제는 거칠 것 없이 질주하는 자본주의에 있음을 나타내는 것이었다.

동아시아 금융위기가 한국으로 번질 당시에만 해도 이를 미국 자본주의의 승리라고 찬양했던 미국의 언론들도 불과 1년을 넘기지 못하고 이의 폐해를 우려하는 분위기로 논조를 바꾸었다. 세계금융위기가 현실로 나타나자 《워싱턴 포스트》는 1998년 9월 7일 사설을 통해 미국식 시장경제가 사실상 실패했다고 지적했다.

> 불과 몇 개월 전만 해도 우리는 개발도상국들이 부국이 되려면 무엇을 해야 하는지 알고 있다고 생각했다. 우리는 공산주의 국가들이 어떻게 자본주의 국가로 변할 수 있는지도 알고 있다고 생각했다. 세계가 연결되면 될수록 세계경제가 번영하게 될 것이라고 믿었다. 그러나 러시아와 아시아 경제의 상당부분이 무너지고 동구권과 남미경제가 상처를 받고 아프리카의 후진이 계속되고 있다. 말레이시아의 마하티르는 세계자본주의가 총체적 위기에 직면해 있다고 선언했다. 불과 1년 전만 해도 그처럼 확실하게 보였던 것이 이제 모두 불확실한 것으로 바뀌었다.[3]

이 신문은 아시아와 러시아, 남미를 강타하고 있는 세계적 금융위기에 대한 미국과 IMF의 부적절한 대응과 정책의 실패, 그에 따른 위기의 확산, 그리고 클린턴 미국 대통령의 섹스 스캔들과 지도력의 위기 등이 모두 미국식 자본주의에서 비롯되고 있다며 자기반성의 필요성을 주장했다.

이 신문에 이어 《뉴욕 타임스》는 시장개방과 자본자유화로 자본이 가장 효율적으로 사용될 수 있다는 믿음은 이제 하나의 환상이 되어버렸다며, 중국이나 칠레처럼 자본 유출입을 규제하는 국가가 위기로부터 자유롭다는 사실을 근거로 "1980~90년대의 세계적 추세에 저항이 일기 시작하고 있다"고 지적했다.[4] 불과 9개월 전만

---

3) "Don't Quit on Capitalism Yet", *Washington Post*, 1998. 9. 7.

4) "The Invisible Hand's New Strong Arm", *The New York Times*, 1998. 9. 13.

해도 이 신문은 "아시아식 자본주의가 위기를 맞아 이제 미국식 자유시장체제로 변화를 요구받고 있다"5)며 미국식 자본주의의 승리를 소리 높여 외쳤다. 그러나 불과 9개월 후에 이러한 신조가 얼마나 허망했던가를 그대로 보여주었다. ≪크리스천 사이언스 모니터≫도 비슷한 시기에 서방 선진국 사이의 정책협조가 제대로 이루어지지 않고 말레이시아의 마하티르 총리가 자본통제에 들어가기 시작한 점, 매사추세츠 공과대학(MIT)의 폴 크루그먼 교수가 외환위기국들에게 일시적 외환통제를 권고한 점들을 예로 들며 "세계는 자본주의 사상에 냉담해지고 있다"6)고 토로하기도 했다.

세계적인 시사주간지인 ≪뉴스위크≫는 IMF와 세계은행, 재무부, 월가, 워싱턴의 싱크탱크들이 공유하는 이른바 '워싱턴 컨센서스'가 광범위한 계층으로부터 공격받고 있다며 "통제되지 않은 시장이 이제 더 이상 유토피아에 이르는 유일한 길이 아니다"라고 썼다.7) 워싱턴 컨센서스란 세계자본주의 체제를 자유시장 경제체제로 개편한다는 미국의 장기전략으로 IMF가 개도국에 부과한 재정건전화와 채무조정, 금융 및 경제구조조정 프로그램의 기반이 되기도 했다. 그러나 "태국의 바트화 평가절하 이후 18개월은 이러한 확고한 희망이 부서져 나간 기간이었다"는 것이 ≪뉴스위크≫의 분석이었다.

이러한 미국식 자본주의에 대한 우려는 세계금융위기가 현실화되면서 한때 유행처럼 번진 지식인들의 푸념이 아니다. 추상적인 논쟁도 아니다. 그것은 바로 세기말의 인류가 당면하고 있는 현실적인 삶, 그 자체이다. 오히려 지식인들과 언론들의 지적은 현실을 아주 '늦게' 반영한 것이다. 마치 IMF가 동아시아에서 위기가 발생하자

---

5) "Crisis Pushing Asian Capitalism Closer to US-Style Free Market", *The New York Times*, 1998. 1. 17.

6) "World Cools to Capitalist Idea", *Christian Science Monitor*, 1998. 9. 17.

7) "Unregulated Markets are No Longer Seen as the Only Possible Path to Utopia", *Newsweek International*, 1998. 10. 12.

‘소 잃고 외양간 고치듯이’ 이들 국가의 경제구조가 어떻고, 금융시스템이 어떻고 난리를 피운 것이나 다를 것이 없다. 이미 개도국과 저개발국, 체제전환국의 국민들은 이루 형언할 수 없는 고통을 겪었다. 서방의 언론들과 지식인들은 의도적이든, 의도적이지 않든 이를 외면하다가 금융위기가 자신들의 재산을 위협하자 자본주의 체제의 결함을 지적하고 있을 따름이다.

1998년 하반기의 세계경제위기가 선진국들의 공조와 이머징 마켓의 경제구조조정에 힘입어 조기 수습되었다고 해서 이러한 문제들이 완전히 해결된 것은 아니다. 오히려 미국식 자본주의가 지니고 있는 문제들은 세계자본주의 시스템에 더욱 더 강고하게 구조화되고 있을 따름이다. 지표상의 국내경제, 나아가 세계경제가 회복되고 있다고 해서, 이들 근본적인 문제들을 외면하고 덮어버린다면 우리와 인류의 미래는 더욱 암울해질 수밖에 없다. 보다 근본적인 관점에서 신자유주의, 그리고 미국식 자본주의가 지니고 있는 문제점을 해결할 방법을 찾아야 한다. 미국식 자본주의는 인류의 번영을 보장하는 방안이 아니라 심한 악취를 풍기고 있는 극복의 대상이기 때문이다.

제17장 혼돈과 절망을 넘어

IMF체제와 글로벌화의 양면성

1997년 말 최악의 외환위기로 우리나라가 IMF의 신탁통치를 받게 되었을 때 많은 지식인들과 국민들이 의식의 혼란을 경험했다. IMF의 구조조정 프로그램이 어떤 때에는 그 동안 지식인들이 주장해왔던 것을 그대로 수용한 것 같기도 하고, 어떤 때에는 한국경제를 '털도 안 뽑고 집어삼키려는' 서구자본의 대리인으로 비치기도 했다.

IMF가 요구한 재벌개혁과 정경유착 근절, 기업회계의 투명성 제고 등은 뜻 있는 지식인들과 사회운동세력들이 줄기차게 요구해왔던 것들이었다. 그러나 정리해고제와 근로자파견제 같은 노동시장 유연화조치는 정반대의 성격을 갖는 것이었다. 또 시장경제원리를 기반으로 한 공기업 민영화와 시장개방 확대, 적대적 기업인수합병(M&A) 허용 등은 한국경제의 독자적 생존기반을 위협하는 선진국 자본의 음흉한 속셈을 그대로 드러낸 것이었다.

외환위기의 주범으로 몰렸던 재벌들이 민족자본 운운하며 IMF와 김대중 정부의 재벌해체론에 정면으로 반발하고 나선 것은 이러한 혼란의 극치를 보여준 것이었다. 재벌들은 "그 동안 한국경제가 급성장 가도를 달려올 수 있었던 것은 재벌들이 있었기 때문이었다.

자동차, 석유화학, 반도체, 중공업분야에 대규모 자본을 투자해 선진국에 대항할 수 있었던 것도 재벌이 있었기에 가능했다. IMF가 이러한 재벌에 메스를 가하려는 것은 한국경제의 성장잠재력을 파괴하려는 것이나 다름없다. 재벌은 우리나라가 선진국을 따라잡는 데 결정적으로 공헌해온 민족자본이다. 민족자본을 보호해야 한다"는 논리를 폈다. 한때 매판자본으로 비난받던 재벌이 IMF 광풍 속에 갑자기 민족자본으로 둔갑한 것이다.

이런 혼란 속에 사회운동세력들은 정확한 대응방식을 찾지 못하고 한동안 우왕좌왕하는 모습을 보였다. 부정부패 척결 등 근본적인 경제개혁을 요구하는 IMF를 반대할 수도 없었고, 그렇다고 서구자본의 전위부대인 IMF를 지지할 수도 없었다. 그렇다면 이러한 혼란이 나타난 것은 과연 무엇 때문인가? 그것은 바로 IMF 체제가 지니고 있는 일종의 양면성이자 글로벌화의 양면성을 정확히 깨닫지 못했기 때문이었다.

IMF는 금융위기에 휩싸인 개도국 경제를 초국적자본의 입맛에 맞게 재편하면서, 이를 글로벌 캐피털리즘 체제에 편입시키는 역할을 한다. 글로벌 워크아웃의 전도사인 셈이다. 그렇지만 다른 한편으로는 개도국의 권위주의 체제를 허무는 역할을 하기도 한다. 시장경제는 철저한 개인주의에 기초하고 있으며 이는 개인과 기업의 창의성, 그리고 경제적 자유가 없이는 불가능하기 때문이다. 이를 방해하는 각종 규제는 완화 또는 폐지의 대상이 되며, 갖가지 규제장치를 통해 기업을 장악해왔던 권위주의적 국가체제나 독재체제는 더 이상 발붙이기 어려워진다.

이는 IMF 관리체제에 들어간 국가들이 일관되게 정권교체를 경험하며, 교체된 정권은 더욱 개방적이고, 외면상 민주적인 것으로 보이는 데서 잘 드러난다. 인도네시아에서는 33년 동안 철권을 휘둘러온 수하르토 체제가 막을 내렸고, 한국에서는 김대중 국민회의 후보가 대통령에 당선되며 역사상 처음으로 여야간 정권교체가 이루어졌다. 이에 앞서 1994년 말 페소화 위기를 겪으며 IMF 체제에 들어간 멕시코에서는 살리나스를 물리치고 야당 후보 세디요가 대통령에 당선되었다. 97년 11월 태국에서도 차왈릿 용차이웃에서 추안 릭파이 총리로 여야간 정권교체가 이루어졌다.

IMF가 이들 개도국의 부정부패 관행에 대한 개혁과 투명한 경제구조를 요구함에 따라 이들 국가에서도 이를 수행할 수 있는 정치개혁을 단행하지 않을 수 없었다. 그것이 이전의 독재정권이나 부패정권을 퇴진시키는 것으로 나타났던 것이며, 이로써 IMF 관리체제로의 진입은 이들 개도국에 서구식, 또는 부르주아적 민주주의 이념을 전파하는 계기가 되었다.

글로벌화는 역사발전과 인간인식의 확대 측면에서도 진보적인 일면을 지니고 있다. 사람들은 이제 지구 반대편에서 일어나는 일을 실시간으로 파악할 수 있게 되었고 일반상품과 금융상품을 더욱 더 자유롭게 거래할 수 있게 되었다. 다른 국가, 다른 지역의 풍습과 문화에 대해서도 더욱 높은 인식을 가질 수 있게 되었다. 글로벌화가 인식의 지평을 엄청나게 확장시킨 것만은 분명하다.

사회발전의 측면에서도 글로벌 체제는 세계적 사회변화 또는 체제변혁의 가능성을 높여준다. 거의 완전한 하나의 시스템으로 통합된 새로운 체제에서 특정국가가 실현하지 못했던, 또는 특정국가의 노력만으로는 이룩하기 어려웠던 사회변혁을 전지구적으로 이룰 수 있는 가능성이 그만큼 높아진 것이다. 글로벌화가 진행되면 될수록 국제연대활동의 공간도 넓어질 수밖에 없으며 이는 사회운동을 한 차원 발전된 형태로 전개할 수 있는 토대를 제공하기도 한다.

문제는 이러한 글로벌화가 '인간 중심'이 아닌 '자본 중심'으로 진행되고 있다는 데 있다. 그리고 소수의 자본가들이 글로벌화의 혜택을 독식하면서 오히려 더 많은 사람들의 삶을 질곡에 빠뜨리고 있다는 점이다.

따라서 이를 극복하고, 인간의 존엄성이 존중되고 삶의 질이 향상된 새로운 체제를 만들기 위해서는 글로벌화의 양면성을 정확히 이해하는 것이 선행되어야 한다. 글로벌화가 지니고 있는 인류역사의 발전적 측면을 수용하고 이를 더욱 발전시켜야 하는 이유가 바로 여기에 있다. 자본의 일방통행으로 이루어지는 오늘날의 글로벌화가 인류의 불행을 몰고 오고 있다고 해서 글로벌화 자체를 거부하고 이를 거꾸로 되돌리려는 것은 가능하지도 않으며 바람직한 일도 아니다.

인식의 대전환이 필요하다

글로벌 캐피털리즘 시대의 사회변혁 운동에도 새로운 패러다임이 필요하다. 이전에 지니고 있었던 사회운동방식 또는 운동논리를 과감히 벗어 던져야 한다. 가까운 예를 봐도 이전의 패러다임이 얼마나 많은 혼란을 가져오는지 금방 드러난다.

IMF 체제진입 이후 진행된 금융부문 구조조정 과정을 보자. 1998년 중반 정부는 IMF와의 합의에 따라 금융산업을 구조조정하기로 하고 은행권의 대대적인 합병을 추진하는 한편 구조조정 대상 9개 시중은행 노동자의 40%인 1만3천여 명을 정리해고하기로 했다. 그동안 열심히 일해온 은행노동자들에게는 날벼락이었다. 은행이 부실화된 것은 정치권과 행정부의 고위관료, 그리고 은행 최고경영진의 유착과 이들의 밀실거래, 부정대출 때문이지, 창구직원들이 일을 잘못 처리해 발생한 것이 아니었다. 이들은 분개했다. 잘못은 위에서, 즉 경영진들이 저질러놓고 그 책임은 노동자들에게 전가하는 것이나 다름없었다.

이들은 이에 대한 보상을 요구했다. 정리해고를 최소화하고 충분한 퇴직위로금을 지급할 것을 요구하며 투쟁을 벌이기 시작했다. 구조조정을 추진하던 금융감독위원회에서는 3개월분밖에 줄 수 없다고 제시했고, 은행노조는 최소한 9개월분 월급을 추가로 받아야 한다고 주장했다. 그 동안 열심히 일해왔으나, 정부와 경영진의 잘못

으로 하루아침에 직장에서 쫓겨나야 하는 은행노동자로서는 당연한
요구였다.

그러나 당시 대부분의 은행은 사실상 파산상태에 빠져 정부의 지
원 없이는 지탱이 어려운 상태였다. 정부에서는 은행들이 지니고 있
던 수조 원어치의 부실채권을 국고에서 매입해 은행의 파산을 막고
있었다. 이런 상태에서 퇴직위로금은 국고에서 나갈 수밖에 없었다.
국민의 세금이, 따지고 보면 은행부실화에 일정한 책임이 있던 은행
원들에게 빠져나가는 것이나 다름없었다.

중소기업이나 일용직 노동자로 열심히 일하다 기업파산이나 구조
조정으로 직장을 잃은 사람들은 퇴직금조차 제대로 받아가지 못하
던 상태에서 상대적으로 여유 있고, 심지어 극히 낮은 금리로 많은
자금까지 대출해 쓰던 은행원들에게 국고로, 퇴직금에다가 퇴직위
로금—8~9개월분의 위로금을 지급키로 최종합의했다—을 준다는 것은 무
언가 앞뒤가 잘 맞지 않는 일이었다. 매우 혼란스러운 일이 아닐 수
없었다.

교육개혁의 일환으로 김대중 정부가 추진하던 교육공무원 정년단
축 방안에 대한 전국교직원노동조합(전교조)의 대응도 많은 사람들을
어리둥절하게 만들었다. 잘 알려져 있다시피 전교조는 노태우 정권
시절에 입시위주의 주입식교육에서 탈피해 전인교육, 참교육을 외
치며 출범한 젊은 교사중심의 교원조직이다. 전교조는 교육계에 뿌
리깊이 박혀 있던 부정부패를 척결하고 왜곡된 학교교육을 정상화
하기 위해 많은 노력을 기울여왔다. 이 과정에서 많은 교사들이 교
단에서 쫓겨났고 핵심조합원들은 옥고까지 치렀다. 많은 학부모들
도 이들에게 적극적인 지지입장을 보냈다.

그러나 김대중 정부가 교육개혁의 일환으로 교원정년을 65세에서
60세로 낮추겠다고 발표하자 전교조가 반대입장을 천명하고 나섰
다. 정부에서는 60세가 넘은 교사들로는 21세기 첨단 정보사회에
적합한 인재를 양성하는 데 한계가 있을 뿐만 아니라, 다른 공무원

과 기업들의 정년이 57~60세인 것에 비해서도 지나치게 높게 책정되어 있다고 보고 여기에 메스를 가하고자 했다. 또 60세가 넘는 수만 명의 교원을 퇴임시킴으로써 교원적체로 임용을 받지 못한 젊은 인재들을 신규 고용할 수도 있었다. 교육계에 새바람을 불러일으키고, 실업문제도 해결하는 일거양득의 효과를 기대했다.

이에 대해 전교조에서는 교원정년단축이야말로 노인경시풍조를 부추길 것이며, 학생들을 잘 가르치고 있는 교사들을 퇴출시켜 실업문제를 해결하려는 것은 말도 안 되는 발상이라고 반기를 들었다. 오히려 경험이 많은 교사들의 경륜을 살리는 교육풍토를 만들어야 한다며, 이의 철회를 요구하는 성명서를 발표하고 교총과 공동집회를 개최하는가 하면 서명운동을 벌이기도 했다. 무엇보다 전교조는 전국의 교직공무원, 즉 교직노동자들의 권익을 옹호하는 노동조합이었기 때문에 이들의 권익을 침해하는 정부방침에 반기를 들지 않을 수 없었다.

반면 그 동안 전교조와 공동전선을 형성하며 참교육을 정착시키기 위해 노력해왔던 학부모단체들은 정부의 교원정년 단축방침을 적극 환영했다. 참교육을 위한 학부모회의는 많은 고령교사들이 타성에 젖어 수십 년 동안 행했던 교육방법을 지금까지 고수하고 있으며 교육개혁에도 극히 미온적이고 심지어 반대하는 계층이라며, 이들을 젊은 인재들로 대체할 때 진정한 교육개혁이 이루어질 것이라고 주장했다.

참교육을 외치며 같은 뿌리에서 출발한 전교조와 학부모회의가 이처럼 서로 엇갈리는 길을 걷게 된 것은 이들이 기반으로 하는 집단이 다르기 때문이다. 전교조는 교육을 제공하는 교사들의 이익집단인데 반해 학부모 단체는 교육을 받는 수용자의 이익집단이기 때문이다. 그렇다면 과연 어느 쪽의 주장이 옳은 것일까. 베이비붐으로 1960년대 학생수가 급격히 늘어남에 따라 이 수요를 충당하기 위해 60세에서 65세로 늘렸던 교원정년을 상황이 변한 21세기에도 그대로 유지하자는 전교조의 주장이 옳은가, 아니면 교사의 능력여하에 관계없이 나이가 많다는 이유로 60세 이상의 교원들을 교단에서 퇴출시키자는 학부모회의의 입장이 옳은가? 물론 사람에 따라 판단은 다를 수밖에 없고 여기서 시시비비를 따질 수도 없는 노릇이지만, 어려운 시절에 한 목소리로 참교육을 외쳤던 두 조직에 애정을 갖고 성원해왔던 국민들로서는 어리둥절하지 않을 수 없었다.

이러한 사례들은 그 동안 노동자, 그리고 노동조합이 사회변혁의 중심이 될 것이라고 믿어왔던 많은 사람들을 혼돈에 빠뜨리는 일들이다. 과연 노동조합은 새로운 사회체제 건설의 중심세력 또는 대안세력이 될 수 있을까? 노동조합은 자본가와 노동자, 그리고 수많은 실업자 및 자영업자, 전문기술자, 학생, 노인들이 공존하는 시대에서 노동자의 이익만을 옹호하고 고수하는 이익단체는 아닐까. 물론 노동조합도 실업문제에 많은 관심을 기울이고 있고, 또 실업자의 노조가입을 통해 공통의 목소리를 내려 하고 있지만, 환경오염 회사제품의 불매운동을 벌이는 환경단체와 해당 기업의 노조가 대승적인 차원에서 같은 목소리를 낼 수 있을까?

이러한 혼돈을 해결하기 위해서는 근본적인 발상의 전환이 필요하다. 이제 기존의 시각 또는 분석의 틀로는 급변하는 상황을 제대로 분석하기도 어렵고, 나아가 이에 대한 대안을 찾는 것도 어려워졌다. 과감한, 그리고 근본적인 발상의 전환만이 상황을 제대로 파악할 수 있게 된 것이다.

대안과 실천방안 마련을 위한 전제들

그렇다면 글로벌 캐피털리즘을 뛰어넘는 대안을 과연 어디에서 찾을 수 있을까? 물론 이를 한마디로 얘기하기는 불가능하며 필자의 능력을 뛰어넘는 것이기도 하다. 하지만 한 가지 중요한 점은, 지금까지 살펴본 바와 같이, 세계체제의 변화를 총체적으로 수용하고 여기에 적합한 대안과 실천방안을 만들어야 한다는 사실이다. 이

변화를 총체적으로 수용했느냐, 그렇지 못했느냐에 따라 사회변혁 운동의 성패가 달려 있다. 또 그렇게 해야만 지금까지 인류가 축적해온 생산력과 문화적 기반을 훼손하지 않고 이를 더욱 발전시킬 수 있다.

먼저 대안을 마련하기 위해서는 글로벌화가 지니고 있는 사회발전의 긍정적인 측면을 수용해야 한다. 글로벌화는 이제 거역할 수 없는 현실일 뿐만 아니라 인식의 지평을 넓혀주고 삶을 풍부하게 하는 인류역사의 발전된 단계이다. 따라서 모든 사회변혁은 글로벌한 인식에서 출발해 글로벌한 변혁으로 끝을 맺어야 한다. 글로벌 시스템에서 발생한 문제는 글로벌 시스템을 바꿈으로써 비로소, 그리고 궁극적으로 해결할 수 있다는 얘기다.

글로벌 시스템에서 발생한 문제를 국지적으로 해결하고자 할 때 그것이 때로는 고립되어 폐쇄적인 성격을 갖거나, 운동세력간의 수많은 충돌을 불러일으키기도 한다. 일본이나 유럽 등에서 활발하게 일어나고 있는 지역공동체운동이 그 나름대로 역사적 의미를 지니고 있지만 이들이 폐쇄적인 성격을 띠어 대중적인 사회운동으로 확산되지 못하고 있는 것도 이 때문이라 할 수 있다. 이들이 새로운 시대의 바람직한 생활양식으로 자리잡기 위해서는 글로벌 체제의 변화가 동시에 이루어져야 한다.

이렇게 보았을 때 글로벌 캐피털리즘 체제에서 세계정부로서 자리를 잡아가고 있는 세계무역기구(WTO)와 IMF, 세계은행을 변화시키는 것은 20세기 초반 사회혁명운동 과정에서 한 나라의 국가권력을 변화시키는 것—폭력적인 프롤레타리아혁명을 통한 것이든 아니면 의회 장악을 통한 것이든—과 같은 성격을 지닌다고 할 수 있다. 이들 국제기구를 서방 선진자본의 대리기구가 아니라 진정한 지구촌 사회발전을 담보할 수 있는 민중들의 대변기구로 만들거나, 이에 대체할 수 있는 새로운 글로벌 민중조직을 만들어 영향력을 확대해간다면 글로벌 체제의 변혁을 앞당길 수 있다.

가령 WTO가 각국 노동자들의 생존기반을 위협하는 '밑바닥을 향한 경주'를 원천적으로 봉쇄하기 위해 주당 노동시간을 30시간, 또는 주당 4일로 줄이고 최저임금 규정을 강화하는 새로운 국제노동규범을 만들 수 있다. 특정분야에서 세계시장의 일정수준 이상을 점유하는 초국적 독점사업자에 대해서 사업현황을 국제기구에 보고하도록 하고, 해당 기업의 독점적 이윤추구를 막아, 그야말로 글로벌 기업으로서의 공익적인 역할을 수행하도록 하는 규범을 만들 수도 있다. IMF와 세계은행, 또는 이를 통합한 세계중앙은행이 국제금융시장을 교란하는 핫머니 등 투기자본의 급격한 이동을 막는 새로운 규범을 만들고, 무역 및 투자에 있어서도 개도국과 저개발국의 잉여가치가 서방선진국으로 집중되지 않도록 하는 규범을 만들 수도 있다.

현재로서는 다소 황당하고 공허한 이야기처럼 들릴 수도 있으나, 꼭 그런 것만도 아니다. 지금도 글로벌 체제를 유지하기 위한 국제규범이 제정되어 가동되고 있다. 다만 현재 만들어지는 국제규범은 선진국 자본의 이해와 요구에 맞추어져 세계적인 불평등과 불균형, 그리고 소외를 가중시키고 있기 때문에 문제가 되는 것이다. 시장의 논리라는 말로 그럴 듯하게 포장된 '철저한 힘의 논리'가 작용하고 있는 것이다. 이제는 다양하고 포괄적인 분야에서 새로운 민중적 국제규범을 만들어 확산시켜야 한다.

이런 면에서 1990년대 들어 국제 연대활동을 추구하는 각종 사회운동단체와 비정부기구(NGO)들의 활동에 관심을 가질 필요가 있다. 이들은 다양한 국제민중규범을 만들어 이를 전파하는 데 적극 나서고 있고 이들의 영향력 또한 갈수록 확대되고 있다.

대안을 만드는 데 있어서 또 한 가지 빠뜨릴 수 없는 것은 모든 변혁은 사회구성원들의 의식의 변화가 동시에 이루어지지 않고서는 불가능하다는 점이다. 이는 소련, 동구 등 현실 사회주의권의 몰락을 통해서도 이미 확인된 것으로 구성원들의 의식의 변화가 없이는 어떠한 사회변혁도 완성될 수 없다. 이 의식의 변화는 또한 사회변화가 진정한 인간의 해방을 이루는 데 필수불가결한 요소이기도 하다. 각 개개인의 의식의 변화와 사회시스템의 변화가 동시에 이루어질 때 진정한 인간의 시대도 가능하기 때문이다.

이러한 의식의 변화를 위해서는 각 국가 또는 지역사회가 지니고 있는 가치와 문화, 그리고 생활방식을 존중하고 이를 고양하는 데서부터 출발하지 않으면 안 된다. 이를 위해서는 노동운동뿐만 아니라 지역자치운동, 환경운동, 문화운동, 종교운동 등 이른바 생활문화운동을 활성화하고 이를 뿌리내리도록 해야 한다. 이러한 생활운동이 깊이 뿌리를 내리면 내릴수록 의식과 생활의 변화를 이끌어낼 수 있다. 이러한 운동은 미래사회에서도 지속적으로 이루어져야 할 운동이다. 그래야만 사회의 건강성이 유지될 수 있다. 이는 노동운동을 사회운동의 중심으로 보고 다른 운동들을 여기에 종속시키던 편향된 운동방식으로부터의 탈피를 의미한다.

비약적인 발전을 이루고 있는 정보통신기술을 인류의 복된 미래를 위한 삶의 도구로 만들어야 한다는 사실도 새로운 사회의 대안을 찾고 이의 실천방안을 찾는 데 있어서 빠뜨리지 말아야 한다. 정보통신기술은 농업혁명과 산업혁명에 이어 인류역사의 3차 혁명을 이끌어내고 있는 핵심요소이며 오늘날 사회변화를 이끌어내고 있는 가장 큰 원동력 가운데 하나이다.

지금까지는 이 기술을 자본가들을 비롯한 소수의 지배계층이 독점하고 이를 노동착취 및 잉여가치 증식을 위한 도구로 사용해왔다. 이에 따라 기술발전이 사회복지를 향상시키는 도구라 아니라 거꾸로 인간을 억압하고 소외를 가중시키는 역작용을 해왔다. 그것은 18세기 산업혁명으로 사회적 생산력은 비약적으로 증대되었지만, 그 생산수단이 자본가의 이익에 복무하는 사적 소유물로 전락하면서 대다수 노동자들의 삶은 오히려 피폐해진 것과 같은 맥락이다.

이제는 이 기술을 진정한 인간의 것, 인류 공통의 역사적 소유물로 바꾸어야 한다. 정보통신기술이 가져오는 엄청난 효율성 및 생산력 증대효과를 일반 노동자들과 시민들이 공유할 수 있도록 해야 한다. 이는 정보통신 기술을 '인간화'시키는 것이기도 하다. 정보통신기술의 비약적인 발전이 가져오고 있는 인류역사의 3차 혁명을 진정한 인간해방으로 연결시켜야 한다.

맑스는 부활하는가?

대안을 찾는 데 있어서 마지막으로 고려해야 할 점은 20세기 지구촌의 3분의 1을 장악했던 사회주의권의 몰락원인에 대한 진지한 재검토와 자본주의적 경쟁원리의 높은 효율성을 어떻게 '인간화'시킬 것인가에 대한 문제이다. 어떻게 보면 정반대의 성격을 갖는 두 사회이지만, 이제는 선택의 문제가 아니라, 동시에 극복해야 할 대상들이다. 이 두 체제의 장단점을 합리적으로 재검토해 버릴 것은 버리고 수용할 것은 수용함으로써, 이들을 인류역사 발전에 도움이 되는 경험적 산물로 삼아야 한다는 얘기이다. 특히 러시아와 동구의 '실패한 사회주의 실험'에 대한 철저한 해부는 앞으로 만들어가야 할 사회를 연구하는 데 중요한 실마리를 제공해줄 것으로 본다.

확실히 맑스는 자본주의 체제에 대한 대안을 모색하는 지식인들이 되새겨 볼만한 세계적인 사상가이자 철학자요, 경제학자임에 틀림없다. 맑스만큼 자본주의 체제의 기본운영원리를 날카롭게 파헤치고 어떻게 사회체제를 변혁할지 그 대안을 제시한 인물을 찾아보기 어렵다. 그는 이미 1세기 전에 자본주의의 세계화와 전지구적인 독점체제의 형성, 주기적인 경제공황의 필연성, 그리고 소수의 자본가와 대다수 궁핍한 노동자로의 계급분화 등을 예견하고 이를 대체할 새로운 사회를 주창했다. 세기말에 현실화하고 있는 글로벌 캐피털리즘이야말로 맑스가 일찌감치 예견했던 자본주의 최후의 단계와 거의 닮은 꼴을 하고 있다.

그것은 글로벌 캐피털리즘 체제의 운영원리가 맑스가 살았던 19

세기와 여러 측면에서 매우 유사하기 때문이다. 19세기나 20세기말의 자본주의 체제는 자본의 사적 소유와 노동의 상품화, 그리고 잉여가치의 수탈로 요약되는 자본주의의 기본운영 원리에 아주 충실한 사회체제이다. 따라서 맑스의 분석방법은 이 체제의 본질을 보다 선명히 드러내주며 인식의 지평을 넓혀준다.

2차 세계대전 이후 자본주의 사회가 전통적인 자본주의와 사회주의를 절충한 혼합경제체제를 유지했을 때만 해도, 맑스가 제시했던 사회분석방법으로는 당시 체제를 제대로 분석해내기 힘들었다. 하지만 자본이 국가를 밀어내고 체제를 움직이는 강력한 힘으로 자리 잡으면서, 즉 19세기의 자유방임시대와 유사한 모습으로 돌아가면서 맑스 분석방법의 유용성이 더욱 높아졌다. 영국의 역사학자인 에릭 홉스봄이 영국의 잡지 ≪맑시즘 투데이≫ 1998년 겨울 특별판에서 지적(에릭 홉스봄 외 지음, 『제3의 길은 없다』, 노대명 옮김, 당대, 1999)하듯 1980년대 말 사회주의 몰락과 함께 무덤으로 돌아갔던 맑스는 신자유주의를 지도이념으로 하는 글로벌 캐피털리즘 시대에, "베를린 장벽의 깨진 돌 조각 틈에서" 다시 부활하고 있는 것처럼 보인다.

그러나 맑스가 살았던 시대와 오늘날은 다르다. 달라도 엄청나게 다르다. 무엇보다 19세기에 비해 오늘날의 사회가 엄청나게 다원화되어 있다. 앞서도 살펴본 것처럼 이제는 자본가와 노동자의 이분법적 대립만으로 사회를 바라보기 어렵게 되었다. 노동자의 이익을 옹호하는 것이 항상 진보적인 것만은 아니며, 노동운동이 종종 계급이기주의로 흐르기도 한다. 물론 사회의 중심축을 이루는 세력은 여전히 자본가와 노동자라고 할 수 있지만, 사회체제가 다원화된 만큼 진정한 사회변혁을 위해서는 이분법적 사고를 뛰어넘는 새로운 인식의 틀이 필요하다.

더욱이 그의 이론을 구현하려던 현실 사회주의는 70여 년간의 실험 끝에 비참한 종말을 맞았다. 아직도 지구 한편에서는 이에 대한 새로운 실험이 지속되고 있지만, 사회주의의 붕괴는 엄연한 역사적 사실이다. 현실 사회주의의 종말이 맑스주의를 잘못 해석해서 빚어진 것이며, 역사에서 몰락한 것은 현실 사회주의이지 맑스주의가 아니라고 주장하는 사람도 있다. 또 역사적으로 하나의 사회체제가 생성-발전-쇠퇴하는 데 짧게는 수백 년에서 길게는 수천 년이 걸리는데 현실 사회주의 역사는 고작해야 1세기도 안 되며, 이런 상태에서 사회주의 이념 자체의 몰락을 단정하는 것은 성급한 일이라고 주장할 수도 있다. 물론 이러한 주장에 타당성이 없는 것은 아니지만 더욱 중요한 것은 현실 사회주의가 무엇 때문에 자본주의에 패배하게 되었으며, 이 패배를 불러온 이론적, 또는 구조적 결함이 과연 무엇인지를 정확하게 인식하는 것이 중요하다.

특히 신자유주의자들이 사회주의를 비판할 때 어김없이 등장하는 철저한 국가중심의 사회체제와 이의 비민주성, 계획경제의 비능률성, 그리고 관료화 경향에 귀를 기울여야 한다. 그것이 이론적 결함에서 나오는 것인지, 아니면 자본주의와의 대립기라는 특수상황에서 발생한 것인지, 또 이를 극복할 수 있는 방법은 무엇인지에 대한 철저한 연구가 필요하다. 바로 여기에서 자본의 지배가 점점 강화되고 있는 오늘날 바람직한 사회운동의 틀이 만들어질 수도 있을 것이다.

아래로부터의 지구화, 지구화의 인간화

"우리는 이상적 처방이나 유일한 전략을 갖고 있지 않다. 그러나 우리는 평등과 정의의 사회를 건설하고 있으며, 우리의 일상적 생활영역에서 여성에 대한 차별을 없애고, 자연을 보존하며, 관용과 존경에 기초한 인간관계를 복원하고, 아동의 인권을 존중하고, 젊음의 목소리와 노인들의 지혜를 존중하는 삶을 실천하고 있다. 우리는 자본이 우리를 집어삼키려 하고 있다는 사실을 잘 알고 있다. 그러나 우리는 이곳 저곳, 세계의 곳곳에서 신자유주의적 제도에 대항할 것이며, 우리 스스로를 교육할 것이고, 착취를 거부하고, 시민적 불복종 운동을 조직할 것이다.”

우리나라가 IMF 구제금융 체제에 휩싸여 있던 1998년 9월 서울에서 열린 국제민중회의에 참석한 멕시코 사빠띠스따의 여성지도자 디아나 다미안이 ‘신자유주의에 맞서는 사빠띠스따들의 외침’이라는 주제발표를 통해 한 말이다. 이 국제민중회의의 주제는 ‘IMF에 도전하는 민중—신자유주의, IMF 그리고 국제연대’로, 유럽과 아시아, 남미 등의 민중운동가들이 대거 참가해 신자유주의적 세계화에 맞선 세계민중들의 연대를 모색했다. 당시 경제위기가 최고조에 달하고 있던 터여서 민중회의 열기 또한 뜨거웠다.

잘 알려져 있다시피 사빠띠스따는 NAFTA(북미자유무역협정)가 발효되던 1994년 1월 1일 멕시코 남동부 치아빠스 주에서 봉기한 무장단체이다. 다른 나라의 무장게릴라와 달리 세계에서 처음으로 신자유주의에 반대하고 국제연대를 주창하며 봉기했다. 세계의 진보적 지식인들과 단체들은 중남미의 사회·경제적 모순이 집약되어 있는 멕시코의 이 무장단체가 표명한 이념과 활동방식에 주목하며 성원을 보냈다.

서울민중회의에서 다미안이 행한 연설은 사빠띠스따의 현주소를 보여줌은 물론 신자유주의의 광풍에 맞서 싸우고 있는 세계민중운동의 현주소를 그대로 반영하고 있다. 사실 세기말 자본주의 체제의 문제점에 대해서는 모두 공감하고 있으나 이를 대체할 대안, 즉 ‘이상적 처방이나 유일한 전략’은 아직 마련하지 못한 것이 사실이다. 때문에 수년 동안의 투쟁경험을 축적하고 있는 사빠띠스따도 투쟁의 목표를 새로운 이상향의 체제를 설정해놓고 이를 달성하기 위한 것, 달리 말해 ‘권력쟁취’가 아니라 주민들의 자발적 참여와 협동을 통해 새로운 권력을 만들어 가는 과정, 즉 ‘새로운 권력의 창출’로 설정하고 있다. 이를 위해 사빠띠스타는 거창한 목표보다는 일상생활에서의 변화에 더 많은 노력을 기울이고 있으며, 궁극적인 세계변화를 위한 국제연대에 힘을 쏟고 있다.

사빠띠스따의 이같은 권력에의 접근방식과 운동방식은 앞으로의 사회를 진정으로 인간답고 민주적인 사회로 만들어나가는 데 있어 잊어서는 안 될 중요한 점을 시사해준다. 실제로 이전의 사회주의 진영처럼 특정한 사회건설을 지상과제 또는 이상형으로 설정해놓고, 이를 달성하기 위한 조직을 만들어 투쟁했던 운동들의 상당부분이 비민주적이고 권위주의적인 성격으로 변질되었다. 이러한 운동조직들이 권력을 잡은 후 초기의 민중적 또는 민주적 성질이 약화되면서 권위주의 체제로 변해 새롭게 인간을 소외시키고 억압했던 것을 역사는 보여주고 있다.

이제는 이러한 방식에서 탈피해 운동방식은 물론 운동조직을 철저하게 민주적인 것으로 만들어 실천해나가야 한다. 각 지역 또는 노동에서부터 여성, 환경, 인권, 사회안전망에 이르기까지 부문별 개혁과제를 도출해내고 이를 행동으로 옮기는 작업과 이를 아우르는 새로운 사회의 틀을 만들어내는, 그야말로 실천과 이론의 변증법적 통일과정이 필요하다. 이러한 운동들이 글로벌한 차원에서 이루어져야 하는 것은 물론이다. 이를 통해 다양한 분야에서 '시민사회의 힘'을 길러내야 한다. 또 여기에서 개개인이 스스로 자기자신을 변화시킴으로서 진정으로 '인간'이 역사의 중심으로, 그리고 인간을 자본의 노예나 사회조직의 부속품이 아니라 자기자신의 '삶의 주인'으로 다시 서도록 해야 한다.

그것은 인간을 특정한 사회를 건설하기 위한 수단으로 보거나 인간의 삶을 어떤 목표를 위해 희생하는 것으로 보지 않는 것이다. 인간의 삶은 참다운 가치를 실현하는 과정 그 자체이어야 하기 때문이다. 이것은 오늘날 선진국 자본이 중심이 되어 진행되고 있는 '위로부터의 세계화'를 인간이 중심이 된 '아래로부터의 세계화'로 바꾸어 놓는 것이며 '인간의 얼굴을 한 세계화'를 실현하는 토대가 되는 일이다.

신자유주의에 반대하는 운동들은 이제 출발점에 서 있다고 해도 과언이 아니다. 하지만 그 확산속도는 이루 말할 수 없을 정도로 빨라 최근 몇 년 사이에 세계적으로 수십만 개의 비정부기구(NGO)들이 생겨나 활발한 활동을 전개하고 있다. 이들은 '생각은 지구적으로, 행동은 지방적으로'라는 모토 아래 다양한 분야에서 독립적으로 또는 국제연대를 통한 활동을 벌여나가고 있다. 이들은 '아래로부터의 세계화'와 '지구적 연대'를 변증법적으로 통일시켜나가고 있으며, 이러한 과정에서 '지속가능한 경제개발 프로그램' 등 다양한 형태의 대안들을 만들어내고 있다.

새로운 밀레니엄을 앞두고 더욱 거세게 불어닥치고 있는 신자유주의, 미국식 자본주의의 망령과 광기가 아무리 거세다 하더라도 이러한 노력들이 하나씩 쌓여갈 때 우리 사회는, 그리고 지구촌은 희망이 있는 곳이 될 것이다. 또 이 희망을 잃지 않고 자기자신부터 행동과제를 만들어 하나씩 하나씩 실천해나가는 것이, 전혀 깨질 것처럼 보이지 않는 세계자본의 대공습을 막아내는 데 작지만 큰 힘이 되는 일이다.

사회개혁 프로그램

그러면 이제 마지막으로 우리 사회의 문제로 돌아가보자. 한국사회를 자본이 지배하는 이른바 '세계자본의 시대'에서 인간의 가치가 존중되고 인간의 삶의 질이 향상되는 '인간의 시대'로 질적인 변화를 이끌어내기 위한 방안은 없을까? 물론 이에 대한 해답을 몇 마디로 제시한다는 것은 불가능하다. 또 몇 가지 방안을 제시한다고 해도 이를 실천하는 것은 더욱 어려운 일이며, 이를 갖고 총체적인 사회개혁을 이룰 수도 없는 일이다.

하지만 길은 있다. 일거에 사회를 변혁시킬 수 없을지라도, 현재의 모순을 하나씩 해결해나가면서 거대한 사회변혁의 틀을 마련해나갈 수 있는 길이 있다. 글로벌 캐피털리즘의 파도가 아무리 강하고 격렬하다 하더라도 이 파도를 '어느 정도' 막아냄으로써, 아주 초보적이지만 좀더 인간다운 사회, '인간의 얼굴을 한 한국적 자본주의'를 만들 수 있는 방법들 말이다. 한국사회 변혁의 근본적인 대안은 되지 못할지라도, 지금 당장 실천함으로써 신자유주의, 미국식 자본주의의 광기로 인한 삶과 사회의 황폐화를 '최소화'할 수 있는 방법을 찾아야 한다.

첫째로 노사정 협약으로 대표되는 사회협약을 제대로 만들어 철저하게 이행하는 일이다. 이는 이미 유럽을 비롯한 많은 국가들이 실천에 옮기고 있는 일로, 우리 사회에 있어 이 사회협약은 IMF 체제 이후 급속도로 진행되고 있는 사회공동체의 붕괴를 막기 위한 최소한의 노력이기도 하다. 여기에는 경제개혁에 따른 고통을 자본가와 노동자가 분담하는 것에서부터 경제력 집중억제, 재벌개혁, 조세제도개혁, 정경유착 근절에 이르기까지 광범위한 분야의 사회개혁 프로그램이 포함되어야 한다.

어떻게 보면 이 사회협약은 미래사회에 대한 이상을 상실한 상태에서, 한 사회가 마련해 실천할 수 있는 '최소한의 합의된 사회개혁 프로그램'이라고도 할 수 있다. 동시에 이전의 국가권력이나, 오늘날의 자본이 사회를 획일적으로 끌고 나가는 사회가 아니라 국가와 자본, 그리고 노동자와 시민사회가 함께 참여해 새로운 사회를 만들어나가는 노력이기도 하며, 세계자본의 대공습으로 갈수록 위축되고 있는 국가의 조절기능을 복원해 새롭게 세우는 방법이기도 하다.

둘째로 꼽을 수 있는 것이 노동시간의 단축이다. 노동시간 단축은 그 동안 노동자들이 쌓아온 생산성 향상의 혜택을 자본가가 독식하는 것이 아니라, 생산성 향상의 주역인 노동자들에게 되돌려주는 핵심적인 방법이다. 또 앞으로 더욱 심화될 것으로 보이는 고효율·저고용의 사회를 '인간화'하는 데 있어서도 노동시간 단축은 긴요한 일이다. 노동시간 단축은 실업자를 구제하고, 실업률을 낮추기 위한 단순한 '일자리 나누기(Job Sharing)'가 아니다. 그것은 기술혁신과 생산성 향상을 사회구성원들의 삶의 질적 향상으로 연결하는 것이며, 동시에 21세기를 참다운 인간의 시대로 만드는 데 필요한 핵심적인 일이다.

비약적으로 발달하고 있는 생산기술과 정보통신기술을 바탕으로 기존에 10명이 하던 일을 1명이 처리할 수 있는 시스템이 만들어지면, 지금까지는 열심히 일하던 9명이 하루아침에 유휴인력으로 전락한다. 경영개혁 프로그램을 만들어 놓고 자신이 해고 대상자로 전락하는 것이 오늘의 현실이다. 그에 따른 이익은 소수의 경영진이나 자본가의 몫이었다. 이제는 이 몫을 보다 많은 사람들이 향유할 수 있는 체제로 바꾸어야 한다. 그 핵심이 바로 노동시간의 단축이다.

기업들은 노동시간을 단축할 경우 국제경쟁력이 약화되어 국내경제가 더 어려워지고, 따라서 실업자가 늘어나고 결과적으로 노동자들의 삶이 피폐해질 것이라고 주장한다. 그러나 노동시간 단축이 곧바로 국제경쟁력 저하로 연결된다는 것은 입증되지 않은 가설에 불과하다. 오히려 노동시간을 절감함으로써 노동자들의 노동의욕이 고양되어 강력한 경쟁력을 갖게 되었다는 사례도 있다. 더욱이 컴퓨터기술과 고도로 발달된 경영혁신 프로그램을 통해 노동시간을 절감하면서도 더 높은 생산성과 효율성을 낼 수도 있다. 기업들은 이제 경영혁신, 구조조정을 통해 인력을 줄이는 방안이 아니라, 어떻게 하면 적은 노동시간으로 생산성을 더 향상시킬 수 있을까 하는 방법을 찾아야 하며 정부에서도 이를 촉진할 수 있는 방안을 만들어야 한다.

셋째는 사회공동체의 유지에 대해서는 고려하지 않고 자유시장경제원리라는 말로 포장된 '자본의 논리'만을 앞세운 일방적인 구조조정을 중단해야 한다. 오늘날 신자유주의 신봉자라고 자처하며 가정에서부터 기업, 학교, 의료기관, 행정부, 심지어 군대조직까지 모두 시장원리에 맡겨야 한다고 주장하는 사람들이 많다. 이들은 이러한 구조조정의 핵심이 인력절감, 즉 노동자의 해고와 조직 구성원

사이의 경쟁촉진이라고 믿고 있다.

그러나 이처럼 자본의 효율성만을 앞세운 일방적 구조조정이 경제지표를 호전시켜놓을지는 몰라도, 이로 인해 국민들의 삶의 질은 더욱 저하되고 있다. 이제는 여기에서 벗어나야 한다. 비효율적인 조직을 효율적인 조직으로 탈바꿈시켜야 하는 것은 당연하지만, 그에 따른 부담을 힘없는 노동자에게만 전가하는 것은 옳지 않다. 기업경영에 시시콜콜 간여함으로써 경쟁력을 떨어뜨린 재벌기업의 대주주에게도 책임을 물어야 하며, 이러한 일이 다시는 반복되지 않도록 경영구조를 근본적으로 바꾸어야 한다. 이의 한 방법으로 노동자의 경영참여를 생각할 수 있다. 경영자는 물론 노동자가 열린 마음으로 함께 참여해 비효율성의 원인을 찾아내고 노동시간 단축 등을 통한 경영효율화의 합리적인 방안을 찾아야 하는 것이다.

넷째는 사회안전망(Social Safety Net)을 확충하는 일이다. IMF 체제에 진입하면서 급격하게 늘어난 실업자와 빈곤층, 소외계층을 그대로 두고는 진정한 사회발전을 기대하기 어렵다. 위에서 지적한 대로 경영자와 노동자가 머리를 맞대고 경영효율화의 방법을 찾는다 하더라도, 불가피하게 떨어져 나가는 사람이 있게 마련이다. 자본주의 경쟁체제에 대한 대안이 마련되지 않은 상태에서, 경쟁력이 떨어지는 기업이나 개인이 반드시 나타나게 마련이다. 사회안전망은 이들을 사회공동체로부터 유리시키지 않고 적극적으로 포용하기 위한 최소한의 장치이다.

사회조직에서 떨어져나온 이들에게 1차적으로 인간다운 생활을 할 수 있도록 사회보장제도를 구축해야 하며, 궁극적으로는 이들이 사회조직에 재진입할 수 있도록 도와주는 다양한 방안을 개발해야 한다. 실효성 있는 교육프로그램이 개발되어야 하며, 소외계층이 노동을 통해 사회조직에 참여할 수 있도록 연결해주는 국가적 차원의 조직과 체계가 마련되어야 한다.

다섯째는 민주적·생산적 정치질서의 확립과 '시민사회'의 기능을 고양하는 일이다. IMF체제 이후 구조조정이 가장 시급한 부문임에도 불구하고 철옹성처럼 버티고 있는 분야가 바로 정치이다. 이에 따라 정치는 불신의 차원을 넘어 혐오의 대상이 되고 있다. 그것은 정치가 국가와 민족의 발전을 위한 생산적인 토론의 장이 아니라, '정치인'이라고 하는 이익집단의 권력투쟁의 장으로 변질되어버렸기 때문이다. 이를 뜯어고치기 위해서는 각 분야에서 시민운동의 역량을 강화함으로써 정치행위를 감시하고 비판하며 대안을 제시해야 한다. 또 시민의 참여를 끌어낼 수 있는 다양한 사회참여 프로그램을 개발해야 하며, 정보접근권, 예산감시권, 특별검사제 등 법적·제도적 장치를 마련해야 한다.

여섯째는 투기적인 단기자금 이동에 대한 규제장치를 마련하는 일이다. 단기차익을 노리고 지구촌을 광속으로 누비는 투기자금의 해악성은 이미 동아시아에서부터 남미로 이어진 1997~98년의 세계경제위기를 통해 여실히 입증되었다. 이에 따라 1998년 말 이후 서방선진 7개국(G7)은 물론 IMF 등 국제기구에서 투기자금을 규제하기 위한 방안을 활발히 논의했다. 제한적이나마 직접적으로 규제해야 한다는 입장과 투명성 제고 등 간접적 규제를 선호하는 입장이 맞섰으나 서방선진국들은 간접적 규제로 가닥을 잡았다.

그러나 이들 투기자본의 광포한 운동으로 막대한 경제적 손실을 입었고, 앞으로 또다시 입을 가능성이 있는 개도국들은 입장이 다르다. 특히 한국은 직접적인 피해를 본 대표적인 국가로, 투기자본 규제방안을 마련해 국제적인 논의에 적극적으로 참여해 발언권을 높여야 한다. 동시에 독자적으로라도 투기자금의 급격한 이동으로 경제적 피해가 예상될 경우 이를 직접적으로 규제할 수 있는 프로그램을 만들어야 한다. 이미 자본규제를 단행한 말레이시아나 홍콩 등의 사례도 참고할 필요가 있다. 그것은 경제적 기초여건(펀더멘털)과 상관없이 약소국의 경제를 유린하는 초국적 금융자본의 횡포로부터 국가경제를 수호하는 최소한의 노력이기도 하다.

일곱째는 사회공동체 의식을 고양하고 도덕성을 회복하는 일이다. 언뜻 생각하면 추상적인 것 같지만 그렇지 않다. 아주 구체적인 일이다. 최근 몇 년 사이에 시장원리가 사회를 지배하면서 사회공동체 의식과 도덕성은 여지없이 무너져내렸다. 특히 빈익빈 부익부 현상이 심화되면서 사회가 양극단으로 치닫는데도, 이것을 마치 당연한 것으로 받아들이는 잘못된 인식이 환산되었다. 실업자가 넘쳐나고 생활고로 가족이 비관 자살하는 일까지 벌어지는 상황에서 '소비를 해야 경제가 산다'는 단순한 논리로 상류층의 과시적 소비를 부추기는 일까지 벌어졌다. 또 '자본주의 사회에서 불평등은 불가피하며 돈 있는 사람들이 자기 돈을 쓰는 데 간섭해서는 안 된다'는 극도로 개인주의적인 사고가 팽배하고 있다.

그러나 이것이 얼마나 반사회적이고 비인간적인 행위인지를 사회구성원들이 인식해야 한다. 부유층의 사치와 과시적 소비는 경제를 회복시키는 데 도움을 주지도 못할 뿐만 아니라 사회공동체의 붕괴와 극단적인 소외만 가중시킬 뿐이다. 물론 공동체 의식의 고양과 도덕성 회복을 개인의 노력에 맡길 수만은 없다. 제도적 장치와 정책적 노력을 통해 이에 대한 인식을 고양시켜야 한다. 가령 계층간의 위화감을 조성하는 사치성 소비재에 고율의 세금을 부과하는 제도와, 이들의 불법적인 유통을 철저하게 차단하는 정책적인 노력이 하나의 대안이 될 수 있다. IMF시대 이전에 유지해왔던 사치성 소비재에 대한 정부와 시민운동단체, 그리고 언론의 감시활동도 강화해야 한다. 그것은 건전한 경제구조를 만드는 것이면서 사회발전에 기여하는 일이다.

이밖에 음성·불로소득을 차단하고 빈익빈 부익부 현상을 막기 위한 조세제도의 개혁, 금융종합과세의 부활, 법치질서의 확립, 국가예산에 대한 시민감시제도의 확립 등 지금 해야 하고, 또 실천할 수 있는 일들이 엄청나게 많다. 앞서 지적한 대로 이러한 프로그램들이 행동에 옮겨진다고 해서 한국사회가 글로벌 캐피털리즘의 공포로부터 완전히 벗어날 수 있는 것은 아니다. 그렇지만 이러한 일들을 하나씩 실천에 옮겨 나갈 때, 그리고 이에 대한 시민들의 참여가 활발히 이루어질 때 우리 사회가 그래도 조금은 살맛 나는 세상이 될 수 있을 것이다. 또 거기에서 미래사회에 대한 희망도 발견할 수 있을 것이다.

나오는 말
자본의 시대에서 인간의 시대로

새로운 밀레니엄을 앞두고 지난 1백 년, 또는 1천 년의 인류역사를 조망하고 미래를 예상하는 글들이 쏟아져 나오고 있다. 그렇지만 말이 1백 년 또는 1천 년이지 그것은 아주 까마득한 일이다. 1천 년은 고사하고 지난 1백 년만을 보더라도 그 사이에는 너무나 깊은 간극이 자리잡고 있다. 1백 년 전과 오늘날을 비교할 수 없을 정도로 세계질서와 사회가 바뀌었기 때문이다.

지난 1백 년 사이에 해가 지지 않는 나라 대영제국은 쇠락하고 서유럽의 이민국가인 미국이 세계 유일의 수퍼파워 자리를 차지했다. 1917년 10월혁명으로 러시아 짜르 체제가 사회주의 체제로 바뀐 것도 예상을 뒤엎은 일이었지만, 그 체제가 70년만에 붕괴한 것 역시 아무도 예측하지 못한 일이었다. 1950년대 말~60년대 초만 하더라도 자본주의 진영의 지도자들조차 사회주의를 따라잡는 것이 불가능하다고 지적했을 정도였다. 식민지 영토확장을 둘러싸고 으르렁거리던 유럽의 열강들이 경제통합에 이어 정치통합을 진행하는 것도 마찬가지이다. 우리나라만 보더라도 1백 년 전 상투를 맨 민초들이 수레와 우마차를 끌고 다니던 서울 거리가 콘크리트 빌딩 숲으로 변모하리라고 예상조차 하지 못했다.

그렇지만 세계는 그렇게 변화되어 오늘날에 이르고 있다. 이전 수백 년 또는 수천 년 동안 진행된 변화보다 더욱 심대한 변화가 지난 1백 년 동안 진행되었다. 외형상의 변화뿐만 아니라 사람들의 구체적인 삶의 방식과 의식, 문화, 기술, 사회구조 등 내면적인 변화를 들여다보면 그 폭과 깊이를 헤아리기 어려울 정도이다.

이렇게 엄청난 변화가 진행된 지난 세기를 돌아보면서 다시금 그 의미를 되새기게 되는 말이 있다. "이 세상에서 변화하지 않는 것은 아무 것도 없다"는 말이다. 오늘날 절대적인 것처럼 보이는 것이 내일이면 과거의 일이 되어버리고, 모레가 되면 정반대의 것이 절대적인 것의 위치에 앉기도 한다. 지금 이 순간에도 세계는 변화하고 있고, 10년 후 또는 20년 후 세계는 전혀 예상하지 못한 모습을 하고 있을 것이다.

그렇지만 이러한 변화가 아무런 원칙 없이 일어나는 것은 아니다. 그 기저에 깔려 있는 일관된 흐름이 있다. 그 흐름은 자연과 사회, 그리고 각종 제도적 모순으로 인한 억압으로부터 인간을 해방시켜 온 과정이었다. 인간의 자유를 고양시키고 각종 사회·정치적 모순들을 제거하는 일들이 끊임없이 진행되어 왔던 것이다. 이것이 거대한 장벽에 부딪쳐 후퇴하기도 했지만 그것은 기나긴 역사의 흐름 속에서 보면 일시적인 일이었다. 세기초 세계를 휩쓸던 식민주의, 이어 나타난 군국주의, 전체주의도 한때는 도저히 깨지지 않을 것처럼 보였지만 결국 지구상에서 사라졌다. 지난 1백 년 동안 남녀간의 성차별, 인종차별도 많이 약화되었으며 지구상의 점점 더 많은 사람들이 정치적 자유와 민주주의를 누리고 있다.

더욱 중요한 것은 이러한 일들이 그냥 이루어지지 않았다는 사실이다. 각종 억압과 모순으로부터 벗어나 자유를 얻고자 하는 사회구성원들의 의지가 있었고 또 이를 위해 노력하는 사람들, 때로는 온몸을 던져 싸워왔던 사람들이 있었기에 역사는 발전해왔던 것이다.

이렇게 본다면 역사는 인간의 자유의지와 이를 억압하는 사회·정치적 모순 사이의 끊임없는 투쟁이라 할 수 있으며, 특정한 시기의 성격은 어느 세력이 더 많은 힘을 얻느냐에 따라 규정된다고 할 수 있다. 또 그 속에서 각각의 개인들이 어떠한 입장을 취하느냐에 따라 그의 사회·정치적 또는 역사적 성격이 규정된다 하겠다.

그렇다면 신자유주의, 미국식 자본주의와 글로벌화의 결합이 만들어내는 글로벌 캐피털리즘의 운명은 어떻게 될 것인가? 이 체제는 그 동안 인류가 축적해온 생산력과 기술을 기반으로 형성된 역사발전 과정의 한 측면임을 부인할 수 없다. 그렇지만 본질적으로는 '자본'이 역사의 전면에 다시 나서 '인간'을 억압하는 극단적인 인간소외의 한 형태임이 분명하다. 빈부격차를 확대하며, 사회공동체를 붕괴시키고 자본의 논리에 인간을 종속시키는 체제이다. 바로 이러한 모순이야말로 글로벌 캐피털리즘이 극복해야 할 대상이라는 점을 분명히 보여주고 있다.

21세기는 이 글로벌 캐피털리즘의 망령에서 해방되어 진정한 인간의 가치가 발휘되는 '인간의 시대'가 되어야 한다. 자본의 노예상태에서 벗어나 진정한 행복과 삶의 가치가 실현되는 사회를 만들어야 한다. 기나긴 역사의 흐름 속에서 본다면 오늘날 꺼지지 않을 것처럼 화려한 불빛을 토해내는 미국식 자본주의의 광기 역시 한 때의 유행으로 끝나버릴 가능성이 많다. 앞으로 10년, 또는 20년 동안 일어날 변화가 지난 50년, 또는 100년의 변화보다 더 클 것이라고 본다면 글로벌 캐피털리즘이 과연 언제까지 이를 유지할 수 있을지 근본적인 회의를 갖게 된다.

이제 우리는 자본주의 체제개편 과정에 대한 정확한 이해를 바탕으로 이를 대체할 수 있는 새로운 체제를 모색해야 한다. 오늘날 인간을 위기에 몰아넣고 있는 시장, 즉 자본의 전일적인 지배에서 벗어나야 한다. 그것이 오늘의 시각으로 보았을 때 막연하고 때로는 불가능한 것처럼 보일지 몰라도, 내일 또는 모레의 시각으로 본다면 그렇게 어려운 일이 아닐 수도 있다. 수천 년, 수만 년 동안 쌓아온 지혜와 기술과 지식은 이런 사회를 만들 능력을 제공하고 있다. 생산력도 비약적으로 발전해 진정한 인간의 시대를 위한 토대를 제공하고 있다. 좌익과 우익의 '대립의 시대', '극단의 시대'를 거치며 수많은 시행착오도 겪었다.

바로 그 출발은 우리가 발을 딛고 있는 현실이다. 오늘의 작은 한 걸음이, 그 출발은 미약할지 몰라도, 사실은 거대한 사회변화, 그리고 인류역사의 물줄기를 바꾸어 놓는 거대한 발걸음이 될 수 있다. 그러한 발걸음이 있는 한 우리의 미래, 그리고 인류의 역사는 결코 어둡지만은 않을 것이며 지구촌이 21세기에도 인간이 사는 삶의 공간으로 남을 수 있을 것이다.

이 세상에서 변화하지 않는 것은 아무 것도 없다.